大学院文化科学研究科

福祉政策と人権

金川めぐみ

生活健康科学プログラム

福祉政策と人権（'22）

©2022　金川めぐみ

装丁・ブックデザイン：畑中　猛

o-1

まえがき

　本書は，2022年4月に開講の授業科目「福祉政策と人権（'22）」の印刷教材としてまとめたものである。この科目は大学院生活健康科学プログラムのラジオ講座として位置付けられている。

　社会福祉の政策は，近代社会とともに展開し定着してきた。この講義では，20世紀に形成された福祉政策の歴史的な発展過程を追いつつ，福祉政策が人権理念を基礎としつつ，その政策の範囲と内容を豊かにしてきた点を確認する。さらに人権保障という点から，現代の福祉政策において，いかなる特徴と課題があるかを確認した上，今後の政策のあり方を立案するための考察を加える。

　これらを踏まえ，本書は大きく5つの視点を基に章を構成する。第1に，福祉政策の基礎としての人権規定をどのように理解するかであり，第1章−第3章では，日本国憲法における人権規定を軸に学修を深める。

　第2に，働く場面における人権と福祉政策との関連を探ることである。この問題意識に基づき，第4章−第5章では，長時間労働等をめぐる問題につき福祉政策との関連性を指摘する。そして第8章では，貧困や生活困窮に関わる福祉政策について論じる。人権視点から市場を捉えなおすとき，「貧困」の問題があらためて浮き彫りになる。

　第3に，権利侵害が起きやすい対象に対する固有の人権保障について検討することである。第6章では障害のある人の人権，第7章ではハンセン病・旧優生保護法における政策を歴史的に検証し，固有の人権保障が確保されていない現実と，人権保障の重要性を改めて確認する。

　第4に，少子高齢社会における，特に高齢者の人権保障をどのように考えるかである。第9章では介護における人権と福祉政策について述べる。この章では，高齢者における人権保障の視点と介護労働者における適切な人権保障の視点の両立が提示される。

　第5に，複合領域との対話を通じ，人権保障をどのように考えるかである。第10章−12章では，刑事政策と福祉政策の連携を通じての人権保障

のあり方を考える。第13章では，教育支援制度を題材に，制度の現状と福祉政策との関連を学修する。第14章では住み続ける権利と福祉政策のあり方を考える。このように本印刷教材では，複合領域との対話を通じ，単一の制度領域では捉えきれない複合的課題を抱えた主体における福祉政策のあり方を総合的に検討することを意識した。これにより読者は福祉政策の現代的課題につきさらに理解を深めることができるだろう。

なお本書では，議論の手がかりとして「障害」に関する領域をしばしば取り上げている。周知のように，日本語の「障害」という言葉は，これまでの具体的な政策展開や人々の意識の変化と関連しつつ，表記方法も多様である。そしてそのこと自体が，本書が目的とする，歴史と人権の交錯する状況をまさに示している。そのため，あえて本書全体を通じる統一的な表記方法を定めることはせず，該当章を担当する執筆担当者の思いを，その表記のなかに込めてもらうこととした。ただし，法令や規則等に記載されている用法（障害ないし障害者が多い）については，そのまま使用することとしている。この点をご了承頂ければ幸いである。

少子高齢化，国際化，情報化のさらなる進展において，今後の福祉政策は，より包括的かつ大胆な変革が求められる。だがそのような時代にあっても，政策形成の歴史から学ぶ視点と，その政策形成過程の根底にある人権保障の理念について振り返り考える視点を忘れてはならない。本書作成の基礎には，筆者たちのそのような思いがあり，本書の全ての章にこれらの視点が貫かれている。

最後に，この教材は大学院コースのために作成されたという経緯から，社会福祉についての基礎知識をすでに有し，実践に関わっている方々への更なる前進の手がかりを提供しようとするものである。本教材の各章を読みさらに学修を深めたいと思った方は，ぜひ各章末にある引用文献や参考文献にも眼を通すことを推奨する。並行して放送大学大学院の関連科目または学部の関係科目を履修し，総合的な学修を積み重ねていただきたい。

2021 年 10 月

金川めぐみ

目次

本書で使われる判例集・法令・通知の略称

1．判例集等略称

　判例を引用する際にも一定の約束事がある。例えば最大判昭和 42 年 5 月 24 日民集 21 巻 5 号 1043 頁という記載は，この判例が最高裁判所大法廷の昭和 42 年 5 月 24 日の判決であり，最高裁判所民事判例集第 21 巻 5 号 1043 頁以下に記載されている，という意味である。

①裁判所の略称

　　最高裁判所　最判，最決

　　最大判（最高裁判所大法廷判決）

　　高等裁判所　東京高判，大阪高決，等

　　地方裁判所　大阪地判，千葉地決，等

②判例集の略称

民集	最高裁判所民事判例集	判時	判例時報
刑集	最高裁判所刑事判例集	判自	判例地方自治
行集	行政事件裁判例集	労判	労働判例
賃社	賃金と社会保障		

2．法令の略称

育介	育児休業，介護休業等育児又は家族介護を行う労働者の福祉に関する法律（育児介護休業法）	厚年	厚生年金保険法
		国保	国民健康保険法
		雇保	雇用保険法
		社福	社会福祉法
介保	介護保険法	障基	障害者基本法
介保令	介護保険法施行令	障総	障害者の日常生活及び社会生活を総合的に支援するための法律（障害者総合支援法）
技能実習	外国人の技能実習の適正な実施及び技能実習生の保護に関する法律		
憲	日本国憲法	生保	生活保護法
健保	健康保険法	船保	船員保険法
		労基	労働基準法

3．通知の略称

基発	厚生（労働）省労働基準局長が各都道府県労働局長あてに発する通知
社援発	厚生労働省社会・援護局長が各都道府県知事・各指定都市市長・中核市市長あてに発する通知
社発	厚生省社会局長が各都道府県知事あてに発する通知

1 福祉政策と人権保障

金川めぐみ

　本章では，まず，成熟化社会における福祉政策の論点と本教材の位置づけを確認する。続いてわが国における人権理念の論点と理論的基盤を検証する。これらを踏まえた上で，普遍的福祉における人権保障のあるべき姿を描き，本教材のねらいを明らかにする。
《キーワード》　成熟化社会，福祉政策，人権の基礎

1．成熟化社会における福祉政策

（1）「高原の見晴らしを切り開く」こと

　本教材のタイトルである「福祉政策と人権」を考える前提として，そもそも私たちが今を生きる現代社会はいかなる特徴を有するのか，そして現代社会の福祉政策の分析にあたり，私たちはどのような点に留意しておくべきなのかの検討も必要になろう。以下，その点につきごく簡単に確認しておこう。

　社会学者の見田宗介は，現代社会は，第1の歴史の巨大な曲がり角に続く第2の巨大な曲がり角にさしかかっているとする（見田 2018：ⅰ）。見田のいう，第1の巨大な曲がり角は「軸の時代」と称され，現代に至る2千数百年間の人間の精神の骨組みとなる考え方が形成された時代とされる。現実からみるとこの時代は，急速に発展した貨幣経済と，これを基にする都市社会が勃興し社会の全域に浸透する時代であり，いわく「近代」という時代であった。

　続けて見田は，1970年代以降，人類は歴史の第2の巨大な曲がり角に立ったとする。貨幣経済と都市の原理により増殖と繁栄を尽くしてきたこの時代が，資源の有限性に直面し嫌が応にもその転換を迫られる時

代である。急速な変化を遂げた近代という爆発期を後に，それより変化の少ない安定平衡期の時代に向かって，どのように私たちの思想を転換させていくべきか，私たちにいかに「高原の見晴らしを切り開く」ことができるかとの問いを見田は読者に投げかける（見田 2018：17 − 18）。

　見田の問いには，今，本教材を手に取っている皆さん自身が，本教材学習後，じっくり向き合っていただきたい。ここでは見田の巨大な曲がり角にある時代との認識を前提に，現代社会の具体的側面を説明していく。

（２）成熟化社会における福祉政策の視点

　駒村康平は，見田の述べるこのような社会を「成熟化社会」の訪れと表現する（駒村編 2018：1）。駒村は，①急激な人口の高齢化，②低成長経済の定着，③経済におけるストック・資産の比率の上昇，の特徴をもつ社会を「成熟化社会」とし，日本はこのような変化に対し社会システム対応で遅れをとってきたと指摘する。そして社会保障制度における具体的な視点として，Ⓐ社会保障制度における主体，Ⓑ社会保障制度におけるサービス需要のあり方，Ⓒ社会保障制度における資源制約，の３点を指摘する（駒村編 2018：4 − 5）。

　Ⓐの「社会保障制度における主体」であるが，駒村は社会保障制度に対して，個人・家計・企業はかならずしも受け身でなく，制度や政策の変更に対しさまざまな対応を行うため，受け身の個人・企業を前提とするのではなく，積極的，動態的に制度・政策に反応する家計を前提に制度設計をする必要があるとする。このように駒村は経済学の観点から社会保障の主体像について説明するが，社会保障法学の分野からも社会保障制度における人間像をどのように措定するかについて一定の議論蓄積がある。この点は，第15章で論点として取り上げるが，今のところは，①急激な人口の高齢化，②低成長経済の定着を前提に，社会保障制度が成立するためにはいかなる人間像や主体像がそもそも想定されるべきかが，現代の福祉政策における議論の俎上に載せられていると理解していただきたい。

　Ⓑの「社会保障制度におけるサービス需要のあり方」であるが，駒村は，社会保障制度設計にせよ福祉サービスの実際の供給にせよ，供給者側の「倫理」「善意」を前提にした上で，専門職のもつ父権主義（パターナリスティック）な考え方に従って財源が確保されれば，自ずと制度が充実し，人々の満足度が上昇すると期待する見方もあると述べる。だが一方で，福祉サービスの需要の多様化により福祉サービスの主導権は消費者サイドに移っており，制度充実イコール満足増大ではない，とも述べる。

　駒村がいう福祉サービスの主導権は消費者サイドに移っているとの指摘には，筆者はにわかに肯首しかねる[1]。だが，サービス需要のあり方における質と量の問題は論点に値する。前述の①急激な人口の高齢化を受け，福祉サービスの利用主体の総体が拡大してきたのは事実であり，そこでのサービスが画一的・パターナリスティック的であってはならないのは当然である。このような意味において今なお社会福祉現場では，専門職が持つパターナリスティック的側面と，利用者の意思との調整は，重大な論点として提起されよう。

　Ⓒの「社会保障制度における資源制約」であるが，駒村は，社会保障政策の費用は最終的に国民の誰かが負担し，社会保障給付の財源をすべて公費で負担したとしても，それは当然ながら最終的には納税者が負担すると指摘する。無限の負担は不可能であり，投入できる資源には限界がある以上，優先順位を考えるべきである，とする。この指摘は，前述の①急激な人口の高齢化，②低成長経済の定着，③経済におけるストック・資産の比率の上昇すべてに関係する論点であり，例えば②からは社会保障政策における分野別施策において優先順位をいかに付し予算配分を行うかの課題が導きだされる。そして①や③からは，高齢者人口の増加と高齢分野の支出増大に伴い，ストックや資産を多く有する高齢者の保険料やサービス自己負担割合，そして給付をいかに設定すべきか，という点が問題となる。

　駒村が指摘する社会保障制度における上記3つの視点のほか，以下の点も指摘できよう。例えば，最近提唱される福祉の協働・民営化の理解

（本教材第3章），労働形態の変化に対する課題（同第4章），労働力の国
際移動の影響（同第5章），家族機能と形態の変化への対応（同第9章），
社会保障制度に隣接する複合領域との協働と連携（同第10章，第11章，
第12章，第13章，第14章）等である。ここではひとまず論点として提
示しておくのみにとどめる。

（3）「福祉政策」の概念と本教材での福祉政策の範囲

　さきほどまで転換期に直面する，成熟化社会における社会福祉制度の
論点について述べてきた。これまでは，主に社会保障制度という用語を
用い現代社会の様相を説明してきたものの，本教材ではそのタイトルに
「福祉政策」とある。本教材のキーワードである「福祉政策」につい
て，その概念をあらためてここで確認しておきたい。

　武川正吾は社会政策の観点から「経済政策との対で考えられる公共政
策」のことを福祉政策と称し，この意味には広義と狭義があるとする
（武川2001：157）。そして広義の福祉を目的とした公共政策と捉えるな
らば，福祉政策と社会政策は等視することができるとする。

　他方，武川は，狭義の福祉を目的とした公共政策が福祉政策と言われ
るとも指摘する。するとここでは社会福祉法に定められているような福
祉サービスに関係する公共政策が福祉政策ということになり，それは社
会政策の一分野と位置付けられる。後者は社会福祉政策とも称される。

　さらに近年では，新しい福祉政策の用語法として，社会政策としての
福祉政策と社会福祉政策としての福祉政策の中間に福祉政策を位置付け
ようとする考えもある。ここでは古川孝順による福祉政策の考え方を紹
介しておくが，そこでは「従来の社会福祉（政策）を基幹部分としなが
ら，所得保障，保健サービス，医療サービス，更生保護，司法福祉（青
少年サービス），人権擁護，権利擁護，後見制度，住宅政策，まちづく
り政策などと部分的に重なりあい，あるいはそれらの社会政策との連絡
調整，協働を通じて展開される施策」とされる（日本社会福祉学会編
2008：332）。

　なお社会保障制度は，通常「社会保険」「公的扶助」「社会福祉」「公

衆衛生」の4つに分類される。前述の3つの福祉政策の観点から言えば，広義，そしてその中間の福祉政策の概念中に当然，社会保障制度は含まれる。そして狭義の福祉政策は，社会保障制度中の社会福祉を主に指す概念と理解していい。

　ともあれこのように福祉政策は，「広義」「狭義」その「中間としての」福祉政策の3種類で通常，把握される。そして本教材では，古川が述べる「中間としての」福祉政策を射程に，後述する人権保障の概念からそれぞれの領域における論点を展開する。

　本教材が，中間領域としての福祉政策を対象とするのには理由がある。前述の現代社会の社会保障制度の3つの視点からも明らかなように，現代の社会保障制度は，その持続可能性や複雑性を考慮せねばならない。すなわち成熟化社会において，社会保障制度はそれ自体のシステムのみでの問題解決を困難とする時代に直面している。例えば「子どもの貧困」という問題を想起すると明らかだが，最低限度の生活を保障する生活保護制度や児童福祉分野のみの領域対応ではもはや，子どもの貧困問題は解決できない。子どもの貧困の解決には，社会保障制度のみならず教育施策や他施策とも連携しながら，関連領域を視野に入れつつ検討せねばならないこととなる。

　このような意味があり，本教材では特に社会保障制度における関連領域との関係を論点とする章を多く設定した。例えば第5章は，外国人労働者と福祉政策，第10章は刑事政策と福祉政策，第13章では，教育支援と福祉政策，第14章では住み続ける権利を軸としての地域定着支援の問題が扱われる。これらはいずれも，従来の社会保障制度では必ずしも注目されてこなかった問題であり，人権保障という点でも制度の狭間に置かれてきた故に課題が多い領域である。本教材はこのような意味において，中間としての福祉政策の領域における人権保障で課題を有するトピックスを中心に，論を展開していくものである。

2. 成熟化社会における人権

（1）キー概念，そして未完としての人権

　次にこの成熟化社会における人権の諸相について，論を進めていくことにする。

　大曽根寛は，社会福祉とは，人間社会が集団をつくり，自然や他の集団と闘争する場面を想定するのではなく，人間社会が構成員の生命と生存と暮らしを支える側面に最も強くアクセントを置く領域であるとし，そのような人間社会における人と人との関係について調整を行うためのキー概念として捉えることで人権が把握できると論じる（大曽根編 2018：11）。

　このような福祉社会を成立させるキー概念としての人権の把握もある一方，市野川容孝は成熟化社会における人権の危機と本質について次のように言い表す。

　　　私たちは人権というものを，それ自身に遅れる形でしか手にすることができない。常に未完の形でしか手にできていない。あるいは，人権に１つの形を与えることで，私たちは常にすでに人権そのものを裏切ってきた。しかし同時に，この人権の失敗と言うほかない事態ゆえにこそ，私たちは常に，人権とは何か，何でありうるかの問いの再開を迫られている（市野川編 2011：iii）。

　市野川が指摘するこの言葉から，筆者は，社会福祉現場における人権理念の貫徹と現実社会のジレンマという問題を想起する。後述の通り，憲法上の権利としての生存権や平等権は，確かに規定されている。しかしながら実際には，安全・安心な住居を持つことができない路上生活者がこの国では未だ 3,824 人存在する[2]（2021 年 1 月時点）。児童の権利条約を批准するこの国で，子どもの権利は最優先で考慮されねばならない重要な権利のはずだが，児童虐待相談件数は年々増加していくばかりである[3]。労働者の権利は守られねばならないはずだが，外国人技能実習

生という名のもとに，不当な労働契約や劣悪な労働状態を強いられている事実も数えきれない[4]。これら多くの事実が，市野川のいう未完の人権や，人権の失敗の一端を示している。

　それ故に私たちは，このような人権の危機にあるからこそ，人権とは何か，何でありうるかの問いを続けねばならない。本章ではこの問いに完全に答えるのは難しいかもしれないが，ヒントとなる論点を列挙していく。すなわち，①成熟化社会における人権の概念，②憲法上の基本的人権の諸類型，という点を福祉政策に関係して把握することにより，人権の諸相を検討していくことにしよう。

（2）成熟化社会における人権の概念

　人権とは何かと正面から問われると，この問いは非常に難しい。人権思想の歴史的変化，人権カタログの歴史的変遷，人権保障の在り方の各国での相違などのために，人権概念はさまざまに理解されており，一概に規定できるものでもない。一般的な憲法の教科書を紐解いてみると，人権とは「人がただ人間であるということにのみ基づいて当然にもっている権利」，「人間が生まれながらに持っている権利，すなわち，生来の権利」（宮沢 1976：77）や，「『人間の尊厳』性に由来する自然権的な権利」（芦部・高橋補訂 2019：80）とされている。やや平たく「すべての人間は生来自由で平等である」という命題，とするものや（笹沼 2010：22），「人が人格的自律の存在として自己を主張し，そのような存在としてあり続けるうえで不可欠な権利」（佐藤 1995：392）として，人格的自律に重点を置く人権概念を提起するものもある。

　このように仮に，人間が生まれながらに持っている権利を人権と理解するならば，その特徴は何だろうか。これも一般には，固有性（人間であることにより当然に有すること），不可侵性（不当に侵害ないしは制約されないこと，歴史的には主に公権力との関係で用いられることが多い），普遍性（人種や性などの区別に関係なくすべての人間が当然に有すること）などの特徴を有する。

　そしてこれらの人権の特徴は，いうまでもなく 1789 年のフランス人

権宣言をはじめとする近代的・個人的な人権思想の醸成により進展して
きたものであるといえる。

3. 福祉政策に関係する憲法上の人権類型

　次に，憲法上の人権の諸類型において福祉政策と関係するものを中心
にみていこう。ここでは自由権，社会権，法の下の平等など，基本的な
トピックスと福祉政策との関連を押さえておこう。

（1）福祉政策における自由権

　人権は大別して自由権，参政権，社会権などに分けることができる
が，まず自由権についてみていく。

　自由権は，国家が個人の領域に対して権力的に介入することを排除し
て，個人の自由な意思決定と活動を保障する人権である。「国家からの
自由」とも言われ，人権体系の中心を成す古典的な権利である。日本国
憲法では「奴隷的拘束及び苦役からの自由」（憲18条）に代表される人
身の自由，「思想及び良心の自由」（憲19条），「信教の自由」（憲20
条），「表現の自由」（憲21条）等の精神的自由，「居住移転・職業選択
の自由」（憲22条），「財産権」（憲29条）の経済的自由に分かれる。

　自由権は古典的な人権であるにもかかわらず，福祉政策との関係でい
えばあまり注目されなかった人権である。しかし福祉施設への入所を考
えた際には，本教材第7章におけるハンセン病の隔離施策の歴史をみて
も明らかなように，「居住移転・職業選択の自由」「財産権」等において
実質的な自由権が阻害されてきた。さらに本教材第11章における罪を
犯した者の地域移行や，第14章における複合的問題を抱えた人の地域
移行が論点となる現在，このような憲法上の自由権の側面を福祉政策か
ら再考する必要性に迫られている。

　なお福祉政策との関係で比較的論点とされるのは，憲法29条の財産
権との関係である。これは社会保険料の強制徴収が憲法29条に違反す
る財産権侵害にあたるかという問題と，社会保障給付の受給権が財産権
としての保障をどの程度受けるかという点が問われる。

　前者に関しては，いわゆる小城町国保条例事件〔最大判昭和 33（1958）年 2 月 12 日民集 12 巻 2 号 190 頁〕が参考になる。ここでは国民健康保険の強制加入および保険料の強制徴収を規定する町の条例が憲法 29 条違反かどうか争われたが，公共の福祉による財産権の制約として許容されると判断された。

　後者に関しては，社会保障給付の給付水準を引き下げるような法改正が財産権侵害として違憲になるかどうかが論点となる。判例は，財産権の内容の事後法による変更は，公共の福祉に適合するものである限り違憲とならないとし，変更が公共の福祉に適合するかは，①財産権の性質，②内容変更の程度，③変更によって保護される公益の性質などを総合的に勘案して判断されるとする〔最大判昭和 53（1978）年 7 月 12 日民集 32 巻 5 号 946 頁〕。確かに「1．成熟化社会における福祉政策」でみた通り，成熟化社会における社会保障制度の論点として資源の有限性が挙げられるものの，例えば生活保護制度における基準引き下げ等は，憲法 25 条が要請する健康で文化的な最低限度の生活水準に直結するものであり，当該社会保障の給付の内容と性質に即し，より厳密に判断されなければならないと考える。

（2）福祉政策における社会権

　社会権は，資本主義の高度化にともなって生じた失業・貧困・労働条件の悪化の弊害から，社会的・経済的弱者を守るために保障されるに至った 20 世紀的な人権である。「国家による自由」ともいわれ，国民が「真に人間に値する生活」を営むことができるように，国家の積極的な配慮を求めることができる権利である。日本国憲法では，「生存権」（憲25 条），教育を受ける権利（憲 26 条），労働基本権（憲 28 条）がある。

　憲法 25 条については本教材第 2 章で詳述されるが，その法的性格の理解，水準および内容の理解，理論的意義等が論点となろう。憲法 25 条は日本の福祉政策の内容および水準に直結する重大な権利であり，朝日訴訟や堀木訴訟など生存権に関する重要判例も存在する。是非，本教材の第 2 章において理解を深めていただきたい。

憲法26条における教育を受ける権利については，本教材の第13章で詳述されるように，いわゆる中嶋訴訟〔最小判平成16（2004）年3月16日民集58巻3号647頁〕に見られる生活保護世帯の高校進学等を題材にした，子どもの貧困との関係で問題となろう。またそれ以外に，障害児の保育所入所拒否等の関係でも論点となる。東大和市保育所入園拒否事件〔東京地判平成18（2006）年10月25日判時1956号62頁〕は，器官切開手術を受けカニューレを装着した園児の普通保育所への入園が拒否された事例であり，たん等の吸引と誤えんへの注意の点について格別の配慮を要するとしても，普通保育所への入園が可能であると判断された。この判例は直接，憲法26条について争ったものではないが，保育を児童の保護と教育を一体的に行う試みであると理解すれば，保育サービスの提供も子どもの教育を受ける権利とかかわりを持つことになる。

憲法28条は，労働基本権と呼ばれるものであり，団結権，団体交渉権，団体行動権の3つからなる。福祉政策との関連でいえば，本教材第4章で長時間労働をめぐる問題，第5章で外国人労働者をめぐる問題について確認する。高齢者介護現場において外国人労働者の受け入れが進んでいる一方で，社会福祉現場における賃金の低さや労働条件の問題は依然として残されている。

この点ももちろん課題だが，さらに障害者の福祉的就労と労働権とのあり方も，今日の福祉政策において見落とされている課題だろう。いわゆる札幌育成園事件〔札幌高判平成17（2005）年10月25日賃社1411号43頁〕は，知的障害者更生施設における障害基礎年金の横領と，施設作業のあり方が論点となった事件である。この事件では，施設内での6年間におよぶ農作業等の作業が一切評価されず，入所期間中の作業による収益が利用者に還元されなかったことが問題になった事例であり，判決ではこの農作業に対し，一定の対価性を認めて利用者に労務の対価を支払うべきとの判断を下した。しかしながらこの作業の利用者はそもそも，労働基準法の労働者には当てはまらない存在であり，この意味で障害者の福祉的就労において労働権はどのように解釈されるべきかの課題も，障害者の就労施策が進められつつある今，論点とされなければならな

い。

　なお，ここまで憲法上の自由権と社会権を分類して説明してきたが，その分類の相対性という点も指摘しておく。例えば社会権でいうと，教育を受ける権利や生存権など，これらは公権力によって不当に制限されてはならないという自由権的側面を有しており，それが裁判で問題となることもある（芦部・高橋補訂 2019：84）。

　さらに憲法 22 条の「居住移転」の自由についても，例えば障害者の移動手段をめぐる問題として解釈したとき，それは社会権的側面を有するとする学説もある。つまり車いす利用者などの移動制約者は，国家に対して「妨害するな」と要求しただけでは移動の自由を享受できないため，障害のない人が享受しうるものと同様の安全性と利便性を備えた移動の自由を享受しうるために，憲法 22 条に含まれる内容として，単に消極的権利としての「妨害排除請求」にとどまらず「私が自由に移動できるようにせよ」という積極的権利として憲法上移動環境の整備を要求しうる地位を認めるべきであるとするものである（池田 2002：205 － 206）。

　実際，2006 年に国連で採択された障害者権利条約は，その条約の構成として，自由権と社会権の混成であるという点が指摘されており（第 6 章参照），この条約を支える重要な柱である「非差別・平等」の原則は，自由権と社会権を含めたすべての権利群にも結び付けられている（長瀬ほか編 2008：16）。そしてこの条約では，いかなる権利の階層もつくらないようにするために，自由権と社会権という 2 つのカテゴリーの権利は分離されておらず，その両方のカテゴリーの権利を混和する手法をとる（長瀬ほか編 2008：18）。この意味では現代の福祉政策ではその人権の側面として，自由権と社会権に分離して考えること自体について検討の必要性もあるのかもしれない。

（3）福祉政策における法の下の平等（憲法 14 条）

　日本国憲法 14 条 1 項では「すべて国民は，法の下に平等であって，人種，信条，性別，社会的身分又は門地により，政治的，経済的，又は

社会的関係において，差別されない」と規定する。福祉政策において
は，適用対象者の選定，支給対象者の選定，支給額や給付内容の選定と
いった数々の場面で，給付を受ける者と受けない者，あるいは給付を受
ける者同士の区別を行っていることが多い。社会保障争訟では，上記の
区別が，法の下の平等を定める憲法14条1項に反しないかどうか問わ
れることも多くなってきている[5]。

　従来の憲法学説では，憲法14条1項は，合理的理由のない差別的取
扱いを禁止しており，差別の合理性は立法目的の正当性および目的とそ
れを達成するための手段の合理的関連性により判断されると解される
（芦部・高橋補訂 2019：133）。そして14条1項後段の列挙事由に基づく
差別についてはより厳格な審査を行うべきとの見解が有力である。

　この後段列挙事由は，前段の平等原則を例示的に説明したものであ
り，それらの列挙に該当しない場合でも，不合理な差別的取り扱いは前
段の原則によってすべて禁止されると解釈されている。だが後段列挙事
由に記載されていない年齢・学歴・財産等における差別的取扱い等が
14条の観点からいかに解釈されるかが福祉政策での論点となろう。

　さらに障害者差別などの観点は，社会的身分や社会的関係という点か
ら把握することが可能であるが，例えば学生無年金障害者訴訟では，平
成元年前の国民年金法が20歳以上の学生を強制加入とせず，そのため
20歳以上の学生とそれ以外の者との間で障害基礎年金の受給に差異が
生じていたことをもって，地裁レベルでは違憲判決が出されたものの，
最高裁では14条違反でないとしており，この点についてのさらなる緻
密な検討が求められる。

　このように憲法14条における法の下の平等の考え方を縷々述べてき
たが，そもそも成熟化社会における福祉政策を考えるにあたり，平等と
差別は，どのような関係性に立つと理解されるべきだろうか。これまで
明確に区別されていなかったこの点につき，法哲学の分野では近年，平
等の問題と差別の問題を区別して論じる傾向にある。すなわち差別が異
なる取扱いそのものの問題だとしたら，平等は何らかの分配状態の問題
として理解されるのである（関ほか 2020：15〔森悠一郎発言部分〕）。

　さらに平等を図る指標として，近年，①幸福の平等（幸福アプローチ），②資源の平等（資源アプローチ），③潜在能力の平等（潜在能力アプローチ）の3つの指標が提示される。①の「幸福の平等」とは，個人の主観的な幸福によって平等か不平等かを判断すべきという立場である。しかしこの幸福の平等には，各個人の生活に対する幸福感の判断レベルが，その個人の普段の生活状態により左右されてしまうという高価な嗜好問題がある。その結果，日常生活において裕福な生活を送る者にはより多くの所得を補償すべきという結論になり公平感という点では問題が残る。

　②の「資源の平等」は，個人の幸福そのものでなく，個人が幸福を追求するための所得や富等の手段を平等に配分すべきという立場である。このような考え方は一見妥当性を有するように見えるが，例えば障害者と健常者が同じだけの所得を与えられても，それを使い自己実現できる機会には格差があると指摘される。このような意味で言えば，富や所得といった金銭レベルで測定する資源の平等のみでは，社会福祉利用者が有する特別なニーズに結局対応できないという問題が残ることとなる。

　このような要請に応答したのが，③の「潜在能力の平等」である。これは前者の問題を解決すべく，個人が富や所得を使いどれだけの能力を発揮することができるかという潜在能力を平等の指標にすべきという立場である。この潜在能力の平等はその特質上，障害者が自由に移動できるかや健康が確保できているかといった日常生活の基本的ニーズだけでなく，ふさわしい身なりを保った上，共同体へ参加できるか等を含む社会的ニーズも含める傾向がある[6]。このような意味で平等の指標を理解するならば，2006年に採択された障害者権利条約はその条約内に合理的配慮の概念を含んでおり，これはまさに③のアプローチを基本とする概念と理解できる。

（4）福祉政策と憲法におけるその他の論点

　紙幅の関係上ここでは詳述はしないが，憲法13条を根拠にする幸福追求，自己決定に関する点を福祉政策でどのように扱うかの問題もあ

る。本教材第 7 章で展開される旧優生保護法における障害のある人への不妊手術や妊娠中絶の問題は，福祉政策と憲法 13 条との関連としてまさに問題となるものである。

　また憲法 12 条や 22 条，29 条における「公共の福祉」の文言は，福祉政策における一定の人権の制約の点について規定するものだが，この点についてもどのように議論をされているか私たちは理解しておく必要があろう。

4. 人権保障のあるべき姿に向けて

　以上，本章では現代が「高原の見晴らしを切り開く」時代にきており，また成熟化社会でもある点を確認した。そのうえで，成熟化社会における福祉政策の論点と本教材が射程とする福祉政策の範囲について確認した。さらにわが国における人権理念の論点と理論的基盤について検証を行った。これらを踏まえた上で，次章以降，福祉政策のさまざまな場面での人権保障のあるべき姿を描き，読者にその現状と課題について提起をしたいと考える。

》注

1）確かに介護保険をはじめ福祉サービスの多くは，契約により成立するサービスに移行した。そのため法的にはサービス提供者と利用者の関係は対等であり，利用者は提供者を選択できるため消費者サイドに主導権は移っているとの理解も可能である。だが現実問題として，例えば施設の待機待ちしかり，福祉サービスの利用に関しては，提供者がいまだ有利な状態にあり，利用者はサービス提供を拒否されないために，提供者に従わざるを得ない側面も有する。

2）厚生労働省「ホームレスの実態に関する全国調査（概数調査）結果について」（令和 3 年 1 月実施）。しかしながら本調査はあくまで冬場の目視調査で確認できた数であり，実際には目視で確認できないネットカフェ，映画館，友人の家などを転々とする住居喪失不安定就労者はその数に含まれない。

3）相談件数が増加するため，通報を通じて子どもの権利が守られうるという見方もできる。だがそれ以前として，虐待という事実により子どもの権利を侵害される事態に至る状態が起こっているということもこのデータは示す。

4）「技能実習，不正な裏契約　失踪したら賠償金　監理団体」朝日新聞朝刊 2019

年 10 月 8 日 3 面。「技能学べず「実習」骨抜き　重労働ばかり，国検査後解雇
も」朝日新聞朝刊 2019 年 9 月 7 日 2 面。
5）代表的な社会保障争訟として，例えば障害福祉年金と児童扶養手当の併給禁止
規定を争った堀木訴訟〔最大判昭和 57（1982）年 7 月 7 日民集 36 巻 7 号 1235
頁〕，国民年金の国籍規定を争った塩見訴訟〔最小判平成元（1989）年 3 月 2 日
判時 1363 号 68 頁〕を挙げておく。また近年では，社会保障関係法令が設ける
給付要件の男女格差の合憲性が争われる事例等が増えている。例えば労災保険
法の障害等級表の男女差について争ったものとして京都地判平成 22（2010）年 5
月 27 日労判 1010 号 11 頁がある。
6）例えば，A.センとともにこの潜在能力アプローチを提唱する M.ヌスバウムは
その著書において，「可能力リスト」として，「生命，身体の健康，身体の不可
侵性，感覚・想像力・思考力，感情，実践理解，連帯，ほかの種との共生，遊
び，自分の環境の管理」という 10 の人間の中心的な可能力を提示し，これを尊
厳のある人生の中心的な要求事項として正当化すべきであると主張する。詳し
くは M.ヌスバウム・神島裕子訳 2012：89 を参照。

引用文献

・芦部信喜（高橋和之補訂）（2019）『憲法（第 7 版）』岩波書店
・池田直樹（2002）「移動の権利と政策」河野正輝他編『講座　障害をもつ人の人
権　1 巻　権利保障のシステム』有斐閣
・市野川容孝編（2011）『講座　人権論の再定位 1　人権の再問』法律文化社
・大曽根寛編（2018）『改訂版　福祉政策の課題―人権保障への道―』放送大学教
育振興会
・駒村康平編（2018）『新・福祉の総合政策』創成社
・笹沼弘志（2010）「人権批判の系譜」愛敬浩二編『講座　人権論の再定位 2　人
権の主体』法律文化社
・佐藤幸治（1995）『憲法（第 3 版）』青林書院
・関ふ佐子・永野仁美・森悠一郎・柳澤武・菊池馨実（2020）「座談会　高齢・障
害と社会法」『法律時報』1155 号
・武川正吾（2001）『福祉社会〔新版〕』有斐閣
・長瀬修・東俊裕・川島聡編（2008）『障害者の権利条約と日本　概要と展望』生
活書院
・日本社会福祉学会編（2008）『福祉政策理論の検証と展望』中央法規
・M.ヌスバウム・神島裕子訳（2012）『正義のフロンティア』法政大学出版局

・見田宗介（2018）『現代社会はどこに向かうか―高原の見晴らしを切り開くこと』
　岩波新書
・宮沢俊義（1976）『憲法Ⅱ（新版)』有斐閣

参考文献

・加藤智章ほか編（2009）『新版　社会保障・社会福祉判例体系　１．憲法と社会
　保障制度』旬報社

🔋 研究課題

１．現代社会における福祉政策の論点は何か，教科書の記述を参考に，
　　具体的に考えてみよう。
２．社会福祉を基礎づける人権規定は何か，もう一度考えてみよう。

2 │ 福祉政策と生存権

藤澤宏樹

　憲法25条の解釈やその意義は，どのように考えられてきたのか。そして今日，どのような課題が残されているのか。解釈論の展開，判例の動向を振り返り，さらに，新しい研究成果として，「福祉権」構想を紹介する。
《キーワード》　生存権，生存権の規範的意義，福祉権

1. 福祉政策と生存権

　憲法25条は1項で「すべて国民は，健康で文化的な最低限度の生活を営む権利を有する」とし，2項で「国は，すべての生活部面について，社会福祉，社会保障及び公衆衛生の向上及び増進に努めなければならない」とする。いわゆる生存権規定である。福祉政策の憲法上の根拠の中心といってもいいこの規定は，どのように生まれ，どのように論じられてきたのか。本章では，生存権をめぐるこれまでの議論を振り返り，そして新しい理論状況について触れていく。手順としては，最初に，生存権規定の成立過程を簡単にまとめ，次に，生存権規定の解釈論の展開，つづいて，主な生存権訴訟とその成果について考え，最後に，新しい理論として，「福祉権」という考え方をとりあげる。

2. 生存権規定の成立

　生存権規定の成立過程を簡単に見ておく。マッカーサー草案では，もともとは「法律では，生活のすべての面につき，社会の福祉…の増進と伸長を目指すべきである」などとしていたが，そのあと「法律は，生活のすべての面について，社会の福祉，社会保障および公衆衛生の向上および増進のために立案されなければならない」と修正された。この段階

では，生存権規定に該当するものは存在していなかった。そこに，衆議
院の審議段階で，鈴木義男，森戸辰男ら社会党の議員が中心となって
「すべて国民は，健康で文化的な最低限度の生活を営む権利を有する」
という規定を加えることが提案された。政府側は当初，この提案に難色
を示したが，ついには折れ，生存権規定は日の目を見ることになった。

　本条成立に際しては，ワイマール憲法 151 条 1 項前段「経済生活の秩
序は，すべての人に人間たるに値する生活を保障することを目指す正義
の諸原則に適合しなければならない」や，高野岩三郎らの憲法研究会案
「国民ハ健康ニシテ文化的水準ノ生活ヲ営ム権利ヲ有ス」などの影響が
指摘されるところである[1]。

3. 生存権規定の解釈

　生存権は社会権に分類される。社会権とは，社会的・経済的弱者が
「人間に値する生活」を営むことができるように，国家の積極的配慮を
求める権利であるとされる（芦部 2019：84）。それでは，生存権規定は，
どのように解釈されてきたのだろうか。

（1）プログラム規定説

　憲法施行当初，生存権は，国の積極的配慮を求める権利ではあるが，
具体的な請求権を定めたものではないと考えられていた。憲法 25 条
は，国民の生存を確保すべき政治的・道義的義務を国に課したにとどま
り，個々の国民に対して具体的権利を保障したものではないとされたの
である。これをプログラム規定説という（芦部 2019：279）。生存権がプ
ログラム規定であると考えられた理由は，国の積極的施策は財政事情を
考慮して行われる必要があり，裁判所が決定して政府に強制的に行わせ
ることはできないこと，裁判所が国会に命じて法律を作らせることはで
きないことなどがあげられた。判例においても，後述の食糧管理法事件
最高裁判決が，憲法 25 条 1 項についてプログラム規定説とみることが
できる旨を判示したため，生存権は請求権としての性格を有さない，プ
ログラム的意義を有するにとどまるとする理解が広まった。しかし，近

年の研究では，プログラム規定説においても，生存権的基本権を侵害する国の行為に対する司法的救済は予定されているとの説が有力に主張されている（長谷部編 2020：6〔長谷部〕）。そうだとすると，プログラム規定説と，次に触れる抽象的権利説とは，共鳴する部分があることになろう。

（2）抽象的権利説

　抽象的権利説とは，生存権は憲法上すでに具体的権利として認められている権利ではないから，憲法 25 条 1 項を直接の根拠として国の立法や行政の不作為の違憲性を裁判で争うことは認められないが，生存権規定を具体化する法律が存在する場合には，当該法律の違憲性を裁判で主張できるというものである。後述の朝日訴訟第一審判決を契機として，抽象的権利説が支持を集め，プログラム規定説に代わることになった。現在の抽象的権利説では，広い立法・行政裁量を認めながら，裁量権の逸脱・濫用があれば違憲であるとする考え方がとられている。生活保護を例としていえば，何が最低限度の生活水準であるかは，特定の時代の特定の社会においては，ある程度客観的に決定できるので，それを下回る厚生労働大臣の基準設定は，違憲・違法となる場合がある（芦部 2019：280），というような形で考えることになる。

（3）具体的権利説

　これに対し，憲法 25 条を具体化する立法が存在しない場合でも，国の不作為の違憲確認訴訟を提起することができるというのが，具体的権利説である。具体的権利説については，25 条を具体化する立法が出揃った現状でこの説を採用することに実益があるのか，立法不作為の違憲確認訴訟について，判決はどのような形になるのか，一定内容の立法を議会に直接義務づけるとすれば立法権侵害の問題が生じないかなどの疑問が指摘されている（尾形 2011b：219）。

　近年，「ことばどおりの」具体的権利説が主張されている。すなわち，「健康で文化的な最低限度」を下回る特定の水準については，憲法

25条に基づいた具体的な給付請求を行うことが可能であるとする立場がそれである（棟居 1995：155）。この立場は，「健康で文化的な最低限度の生活」という概念は，「わいせつ」等の法概念と比べて特に抽象的であるとはいえず，政治部門の専門的・技術的裁量についても司法審査は可能であるし，予算の制約も司法審査を否定する理由とはならないとする。近年はこの立場への支持が広がっている（長谷部編 2020：7〔長谷部〕）。もっとも，この説についても，金額の算定方法が不明であり，「金銭給付訴訟を認める場合に，『健康で文化的な最低限度の生活』に対する立法府や行政の第1次的判断権を経ずして給付金額を決定してよいのか」（中村 2010：68）との疑問が寄せられている。

（4）法的権利としての生存権

　生存権の法的性格については，以上のような議論が展開されてきたのであるが，今日では，この3分類を論ずる意義はほとんどないように思われる。なぜなら，まず，今日では純然たるプログラム規定説は存在しないこと，次に，抽象的権利説と具体的権利説との対立は，生存権を具体化する立法が存在しない場合に，立法不作為の違憲性を争うことができるのかという点にあったが，しかしながら，生存権を具体化する立法がほぼ出揃っている現状のもとで，法律が存在しない場合を論じることにどれほどの意味があるか疑問があるからである。今日では，生存権が一定の範囲で裁判規範としての効力を有することを前提にして，いかなる訴訟類型において，いかなる違憲審査基準によって，生存権の裁判規範性を認めるかという問題が検討されるべきである（中村・永井 1989：73〔中村〕），というのが学説の共有されるところであろう。

（5）生存権の規範的意義

　生存権論においては，法的性格論のみならず，「生存権理念の探究」（尾形 2011b：219）ともいうべき議論が展開されてきた。生存権の基礎付け論とも呼ばれる。

　憲法制定直後の議論として，我妻栄の生存権的基本権論があげられ

る。我妻は，基本的人権を「自由権的基本権」と「生存権的基本権」に
二分し，憲法 25 条から 28 条までの権利を生存権的基本権に分類した。
両者の区別については，基本的人権の歴史的推移に着目して，前者が
「自由」という色調を持つのに対して，後者は「生存」という色調を持
つという差異があること，そして基本的人権の保障方法については，前
者は「国家権力の消極的な規整・制限」である一方，後者は「国家権力
の積極的な配慮・関与」であるとした。そして我妻は，生存権的基本権
の拠って立つものとして，「国家を一の協同体（Gemeinschaft）と観念
し，国家と個人（全体と個）との内面的・有機的結合を理想」とする協
同体思想を提示する。そして「その確認・保障する基本的人権は，国家
の積極的配慮と国民の積極的な努力によって，相協力して実現さるべき
国民の基本的な権利・義務である」とし，さらに「国民を現実の社会に
生活する人間と見て，そのすべての者のために実質的な自由と平等と幸
福の追求の理想を実現することのできるように国家が積極的な関与をす
るという思想は，国家を一の『協同体』（Gemeinschaft）と見るもの」
であるというのであった（我妻 1970：168-172）。

　我妻説を生存権の基礎付け論の先駆とするなら，宮沢俊義は，この議
論に憲法学的処理を行い，我妻説を通説化させた（中村 1983：5）。宮
沢は，自由権を成立させる「消極的な受益関係」，請願権，裁判を受け
る権利，参政権といった「能動的な関係」の間に，「積極的な受益関
係」という範疇を設けて「社会権」をそこに位置づけた。さらに「個人
を尊重する立場から，国民の一人一人に対して，人間たるに値する生活
をさせようとすることが，国家の使命であり，責任である」ことを自覚
した国家が「社会国家」であるとし，社会権とはこの社会国家の理念に
仕えるものであるとした（宮沢 1949：84, 102, 103, 146）。

　宮沢説と我妻説は，社会権を国家の積極的関与を要求する権利とする
点で共通するところがある。しかし他方で，我妻説が協同体思想に立脚
するのに対し，宮沢説は個人の尊重の立場から出発している。すなわ
ち，人権を基礎としている点に違いがあり，さらに「社会権は…，自由
権を実質的ならしめるために，その裏づけをしようとするもの」とし

て，自由権と社会権の関連性を指摘している点にも違いがある（宮沢1949：131）。

　1970年代に主張された中村睦男「下からの社会権論」も重要である。中村は，我妻説について，第一に，国家の役割の強調による個人の自由と生存の保障をはかる点において上からの社会権論であり，第二に，自由権と社会権の異質性の強調に問題があると総括した。その上で，社会権規定を，労働者を中心とする利害関係者の個人的，集団的権利・自由を軸とする「下からの社会権論」を主張した。下からの社会権論は，個人の主観的権利を承認し，当事者の自主的活動を強調し，国家の介入はあくまでもそれを補充するにすぎないとするものであった。さらに，「社会権の基底における自由権の存在と両者の相互関連性」を指摘した。（中村1973：294-298）（中村1983：82）。

　このあと，1980年代から90年代にかけて，生存権論に関する論考は減少傾向にあったが，近年，とりわけ2010年代以降，生存権の理論的基礎を探究する議論が盛んになっているようにみえる。すなわち，憲法学では，憲法25条とは「各人が，現実の社会状況下にあって，自己の生を自律的・主体的に構想し，かつ達成しようとする営みを支援することを目途としたもの」とする立場が有力に主張されている（尾形2011：127）。社会保障法学でも，個人の自律を重視する立場から，社会保障の目的を「自律した個人の主体的な生の追求による人格的利益の実現（それは第一義的に「自己決定の尊重」という考え方とも重なり合う）のための条件整備」ととらえる見解（菊池2000：140）が有力となっている。他方で，憲法学では個人の自律を重視する見解に批判的な立場もある[2]（笹沼2008）。社会保障法学でも，憲法13条を「人間の尊厳」理念を定めたものと位置づけて，憲法14条の平等原則規定を媒介させて，生存権を実現させようとする立場がある（小川1964）。

　この他にも，生存権の規範的内容を最低限度の確定だけに固執せず，さらなる充実を図る方向で考えるべきであり，その際には「ニーズ」「社会的シティズンシップ」の視点に注目すべきとする研究（葛西2011），政治部門による生存権の実現までを視野に入れて生存権保障の

あり方を考察する研究（遠藤 2018），憲法 25 条と連帯概念との連関を指摘する研究（柴田 2020）などがある。さらに，社会保障における社会・国家・個人の関係を再検討しようとする研究もあらわれている（岡田 2012）。

　こうしてみると，生存権論においては，興味深い学説が次々と登場しているようにみえる[3]。この学説状況を一言で表現することは難しいが，あえて言えば，個人の自律を重視する立場にどのような態度をとるか——共感するか批判的立場をとるか——が，学説の分水嶺であるように思われる[4]。

4. 生存権判例

（1）食糧管理法事件

　憲法制定当初の判例として，食糧管理法事件最高裁判決[5]がある。闇米を購入・運搬したために食糧管理法違反に問われた被告人が，当該行為は憲法 25 条の保障する権利の行使であり，これを違法とした同法は違憲であるとして争った事件である。最高裁は，憲法 25 条 1 項は「すべての国民が健康で文化的な最低限度の生活を営み得るよう国政を運営すべきことを国家の責務として宣言したもの」であり，「個々の国民に対して具体的，現実的にかかる義務を有するものではない。社会的立法及び社会的施設の創造拡充に従って，始めて個々の国民の具体的，現実的…生活権は設定充実せられてゆくのである」とした。

　この判決は，憲法 25 条は法的権利を定めた規定ではなく，国政の目標を定めたプログラム規定であることを示した判例と理解される。この理解によれば，憲法 25 条は，国が，すべての国民が健康で文化的な最低限度の生活を営み得るように努力することを国政の目標として宣言したものであり，国はこの努力を行う政治的道徳的義務を負うものである。したがって，国民は生存権を政治的要求としては主張できるが，法的権利としては主張できないということになる。本判決については，生存権判例としてふさわしいのかという疑問が残ったが，生存権論に与えた影響は大きかった。

（2）朝日訴訟

　朝日訴訟は，1956 年当時の生活扶助費 600 円が健康で文化的な最低限度の生活水準を維持するに足りるかどうかが争われた事件である。一審東京地裁判決[6] は，健康で文化的な最低限度の生活水準の具体的内容は固定的なものではないが，理論的には特定の国の特定の時点においては一応客観的に決定しうるから，厚生大臣の生活保護基準の設定行為は羈束行為であるといえ，最低生活水準を維持する程度の保護に欠ける場合は，生活保護法 3 条，8 条 2 項，そして実質的には憲法 25 条に反するとした。しかし，二審東京高裁判決[7] は，生活保護基準設定が羈束裁量行為であることは認めながらも，日用品費 600 円はいかにも低額であるが違法とまでは断言できないとして，一審判決を取り消した。

　最高裁[8] は，上告中に原告が死亡したため訴訟は終了したとしつつ，「念のため」として，「何が健康で文化的な最低限度の生活水準であるかの認定判断は，いちおう，厚生大臣の合目的的な裁量に委されており，その判断は，当不当の問題として政府の政治責任が問われることはあっても，直ちに違法の問題を生じることはない。ただ，現実の生活条件を無視して著しく低い基準を設定する等憲法および生活保護法の趣旨・目的に反し，法律によって与えられた裁量権の限界をこえた場合または裁量権を乱用した場合には，違法な行為として司法審査の対象となることをまぬかれない」と判示した。最高裁判決は，生存権をプログラム規定ととらえているようにみえるが，よく読むと，「行政の裁量権の限界をこえた場合または裁量権を乱用した場合」には司法審査の対象となるとしていることから，どちらかといえば抽象的権利に近いものと解される。

　朝日訴訟は原告敗訴に終わった。が，同時期に，生活保護基準額の改善がみられ，そして生存権論は飛躍的に発展した。朝日訴訟は生存権を日本に根付かせたと評価され，また，戦後の社会保障運動の原点ともいわれている（山田 2016：43）。

（3）堀木訴訟

　堀木訴訟は，国民年金法に基づく障害福祉年金と児童扶養手当との併

給禁止規定が違憲・違法であるとして争われた事件である。一審神戸地裁判決[9]は，当該併給禁止規定は，合理的理由がないにもかかわらず，性別と障害者であることによって，障害福祉年金を受けている者に児童扶養手当を支給しないという差別的取り扱いをするものであり，憲法 14 条 1 項（平等原則）に違反し無効であると判示した[10]。対して二審大阪高裁判決[11]は，原告敗訴とし，併給禁止規定は憲法 25 条および 14 条 1 項に反しないとした。その中で，憲法 25 条 1 項と 2 項とを分けて解釈する，いわゆる「1 項 2 項分離論」を採用した。すなわち 1 項は救貧規定であり，生活保護はここに分類されるから立法裁量は狭くなり，2 項は防貧規定であり，年金制度はここに分類されるから立法裁量は広くなるというものである。高裁判決は，本件併給禁止規定は 2 項の問題であるから広い立法裁量が妥当するとしたのであった[12]。

　最高裁[13]は，原告敗訴とした判決で，憲法 25 条の趣旨については食糧管理法事件最高裁判決を踏襲しつつ，「『健康で文化的な最低限度の生活』なるものは，きわめて抽象的・相対的な概念であって，その具体的内容は，その時々における文化の発達の程度，経済的・社会的条件，一般的な国民生活の状況等との相関関係において判断決定されるべきものであるとともに，右規定を現実の立法として具体化するに当たっては，国の財政事情を無視することができず，また，多方面にわたる複雑多様な，しかも高度の専門技術的な考察とこれに基づいた政策的判断を必要とするものである。したがって，憲法 25 条の規定の趣旨にこたえて具体的にどのような立法措置を講ずるかの選択決定は，立法府の広い裁量にゆだねられており，それが著しく合理性を欠き明らかに裁量の逸脱・濫用と見ざるをえないような場合を除き，裁判所が審査判断するには適しない事柄であるといわなければならない」と述べた。

　本判決は，憲法 25 条の理解についても，違憲審査基準についても，現在でもきわめて大きな影響を有しているといえる。本判決の憲法 25 条理解の特徴を述べると，①「健康で文化的な最低限度の生活」は抽象的・相対的概念であることを示したこと，②憲法 25 条について，食糧管理法事件最高裁判決を引用していることから，プログラム規定説を

採っているようにみえながら，裁量の逸脱・濫用に至った場合には裁判規範性を認めていることである。この②については「食糧管理法事件…によりながら，25条が裁判規範性として働く余地を残しつつ同条を『綱領的性格』…をもつものにとどめた本判決の重心は，従来の三分説を超えて，25条が広い立法裁量を許す規定であると断言したことにあるとみるべきだろう」（遠藤2008：7）との評価があり，妥当である。

（4） 学生無年金障害者訴訟

　学生無年金障害者訴訟とは，大学在学中に障害を負った原告らが，障害基礎年金の支給裁定を申請したところ，20歳以上の学生について任意加入をするかどうかを本人の意思に委ねていた国民年金法（平成元年改正前のもの）の規定により障害基礎年金を支給しない旨の処分を受けたため，当該規定は憲法25条，14条1項に違反するなどとして争った訴訟である。最高裁判決[14]は，憲法25条の理解については堀木訴訟の理解を踏襲しつつ，「保険方式を基本とする国民年金制度の趣旨を踏まえて…国民年金に加入するかどうかを20歳以上の学生の意思にゆだねることにした措置は，著しく合理性を欠くということはできず，加入等に関する区別が何ら合理的理由のない不当な差別的取り扱いであるということもできない」とし，「拠出性の年金である障害基礎年金等の受給に関し保険料の拠出に関する要件を緩和するかどうか，どの程度緩和するかは，国民年金事業の財政および国の財政事情にも密接に関連する事項であって，立法府は，これらの事項の決定について広範な裁量を有するというべきである」とした。さらに国民年金制度に補完的な無拠出制の年金を設けるかどうかについては，拠出制の年金の場合に比してさらに広範な裁量を有するとしたのであった。

　本件については，下級審では平等原則との関連で違憲とするものもあったが，最高裁は，制度設計について立法府の広い裁量に委ねられているとし，憲法25条と14条1項についての判断を包括的に示すものと評されている（廣田2016：23）。

（5）老齢加算廃止訴訟──判断過程審査

　老齢加算廃止訴訟とは，生活保護法にもとづく生活扶助に関する老齢加算の段階的廃止が違憲であるとして争われた訴訟をさす。最高裁判決[15]は，憲法 25 条の理解については堀木訴訟最高裁判決を踏襲し，その上で，当該保護基準の改定は「①当該改定の時点で 70 歳以上の高齢者には老齢加算に見合う特別な需要が認められず，高齢者に係る当該改定後の生活扶助基準の内容が高齢者の健康で文化的な生活水準を維持するに足りるものであるとした厚生労働大臣の判断に，最低限度の具体化に係る判断の過程及び手続における過誤，欠落の有無等の観点からみて裁量権の範囲の逸脱又はその濫用があると認められる場合，あるいは，②老齢加算の廃止に際し激変緩和等の措置を採るか否かについての方針及びこれを採る場合において現に選択した措置が相当であるとした同大臣の判断に，被保護者の期待的利益や生活への影響等の観点からみて裁量権の範囲の逸脱又はその濫用が認められる場合」には生活保護法 3 条，8 条 2 項に違反し，違法となるとした。結論としては，①②のいずれの観点からも「裁量権の範囲の逸脱又はその濫用があるということはできない」と判示した。

　本判決は，厚生労働大臣の保護基準設定行為にかかる司法審査に際して判断過程審査を行ったものといわれる。判断過程審査とは，裁量処分にいたる行政庁の判断形成過程に着目し，その合理性の有無という観点から裁量審査を行う手法のことである。本判決は，第一に，保護基準という行政立法に関わる社会保障給付において判断過程審査の手法を用いることで，手続的側面からの裁量統制の可能性を示したこと（上記①），第二に，保護基準の「改定」であることに着目した期待的利益への配慮から，実体的側面での裁量統制の可能性を示した最高裁判決として（上記②）位置づけられている（菊池 2016：9）。

　以上のような生存権訴訟の動向からは，朝日訴訟において生存権論が発展し，堀木訴訟最高裁判決が生存権の理解を明確にし，その後，堀木訴訟最高裁判決の採用した広い立法裁量論をいかにして乗り越えるかという形で，生存権訴訟が展開されてきたということがいえる。そして現在，

政治部門の裁量をいかにして統制するかが課題となっているのである。

5. 生存権論の最先端～福祉権の構想

　最後に，近年の生存権論において注目されている，「福祉権」の議論を紹介したい。尾形（2018a）によれば，福祉権とは「従来の『生存権』・『社会権』では必ずしも尽くされない，市民の生活に対し国家的支援ないし配慮が要請される場面を，市民の側から権利として理解するキーワード」であり，「単なる所得保障給付という意味のみならず，より広く市民の生活の質を確保するために承認されるべき権利を包摂するもの」として捉えられる。福祉権構想の意義は，まず，生存権の実現について，これまでの生存権論は，憲法25条1項の裁判規範性の論証が中心で，政治部門による生存権の実現については，議論がややもすると手薄になる傾向があったように思われる。しかし「憲法上の権利としての生存権論は，司法的救済の問題に吸収されつくすものではない」（葛西2011：2）。そこで，国家が市民に対して支援ないし配慮する場面を想定して議論する際に，福祉権の概念が有効となりうるのである。次に，生存権研究においては，社会学，社会福祉学や政治学といった他分野の議論を参照することが不可欠となる場合がある。福祉権という法学的でない語を用いることにより，学問領域相互の対話の契機となりうる点でも有効であるように思われる（尾形2018a：5）。

　福祉権においては，市民の生活の質を確保するための権利保障のあり方を問うことになるが，具体的には，教育・住居・生存・医療その他およびこれらに要する費用に対する積極的権利として理解でき，実定法の用例では，例えば「難民の地位に関する条約」第4章（福祉）に定める，配給（20条），住居（21条），公の教育（22条），公的扶助（23条），労働法制及び社会保障（24条）といったものが想定される（尾形2018a：5）。これを日本の法制度に展開させると，教育，障害，災害，財政など多様な観点から権利保障のあり方を考察できることになる。福祉権という構想は，裁判以外の局面における生存権の実現に目を向けた点で新味があるように思われる（多田2020：33）。

6. 生存権論のこれから

　福祉政策と生存権と題するこの章では，生存権論の進展を中心に述べ
てきた。まず，生存権論が，学説に関しては，法的性格論の研究から始
まったものが，近年は生存権の基礎づけなどの多様な議論へと展開され
つつあることを述べた。次に，判例に関しては，朝日訴訟をはじめとす
る生存権訴訟が権利論の進展に寄与し，政治部門の判断過程をいかに統
制するかが課題となっていることを示した。そして最先端の研究として
は，福祉権という考え方があることを紹介した。福祉権は，法学的でな
い語であるがゆえに，様々な領域との対話の糸口となり，生存権の実現
に資するものと期待される。

》》注

1 ）現行憲法制定過程に影響を与えたわけではないが，政府関係者にも，人間らし
　　い生活のミニマムを権利として保障しようとする発想があった。1945 年，内大
　　臣府御用掛として明治憲法改正の必要性の有無を検討した佐々木惣一は，『帝国
　　憲法改正ノ必要』を天皇あてに奉答したが，その中の憲法改正案 24 条に，「日
　　本臣民ハ法律ノ定ムル所ニ依リ人間必需ノ生活ヲ享受スルノ権利ヲ有ス」とい
　　う条文が含まれていた。遠藤（2011）参照のこと。
2 ）本書第 15 章も参照のこと。
3 ）生存権論のこれまでと最先端についてさらに知りたい人には，尾形（2017），
　　尾形（2018）を読むことを勧める。
4 ）植木（2020：83）は，社会保障の目的に「自律」（自立）があること——「憲法
　　25 条の保障するものの実体を『自由』や『自律』の原理と連続性をもったもの
　　と意識し続けること」が重要であること——に関して，憲法学説では共通了解が
　　生まれつつあるように思われるとする。
5 ）最大判昭和 23（1948）年 9 月 29 日刑集 2 巻 10 号 1235 頁。
6 ）東京地判昭和 35（1960）年 10 月 19 日行集 11 巻 10 号 2921 頁。
7 ）東京高判昭和 38（1963）年 11 月 4 日行集 14 巻 11 号 1963 頁。
8 ）最大判昭和 42（1967）年 5 月 24 日民集 21 巻 5 号 1043 頁。
9 ）神戸地判昭和 47（1972）年 9 月 20 日行集 23 巻 8 ＝ 9 号 711 頁。
10）生存権の問題を，憲法 14 条 1 項平等原則の問題として扱うというのは，1 つ
　　のアイディアであった。この議論は，「一定時点での給付水準をベースラインと

想定し，それからの後退については正当化が必要だとする」いわゆる「制度後退禁止原則」とも親和性を有する（長谷部 2020：222）。

11) 大阪高判昭和 50（1975）年 11 月 10 日行集 26 巻 10＝11 号 1268 頁。

12) 1 項 2 項分離論については，憲法 25 条 1 項を実現するための手段を 2 項が定めているものと解釈されるべきところ，これらを分離して解釈すること自体に疑問がある。しかし，生活保護領域については立法裁量を狭く解していることから，広い立法裁量論を収縮する工夫の一つだと見ることも，できなくはない（長谷部 2020：220）。

13) 最大判昭和 57（1982）年 7 月 7 日民集 36 巻 7 号 1235 頁。

14) 最判平成 19（2007）年 9 月 28 日民集 61 巻 6 号 2345 頁。

15) 最判平成 24（2012）年 2 月 28 日民集 66 巻 3 号 1240 頁。

引用文献

・芦部信喜（高橋和之補訂）（2019）『憲法（第七版）』岩波書店
・長谷部恭男（2020）『憲法講話』有斐閣
・山田隆司（2016）『戦後史で読む憲法判例』日本評論社
　このほかの文献については［生存権論文献リスト］参照

参考文献

　学習の便宜を図るため，生存権論文献リストを作成した。重要な文献を選んだつもりだが，筆者の好みによるところも大きいため，大切な文献を見落としている可能性がある。また，いうまでもなく，網羅的なものではないことをお断りしておく。講義を参考にして，興味を持ったものを，どれか読んでいただければうれしい。

［生存権論文献リスト］
［1960 年代まで］
・我妻栄（1970）「新憲法と基本的人権」我妻『民法研究Ⅷ』有斐閣，pp. 89-248（この論文の初出は 1948 年）
・宮澤俊義（1949）『憲法大意』有斐閣
・小川政亮（1964）『権利としての社会保障』勁草書房
［1970 年代］
・中村睦男（1973）『社会権法理の形成』有斐閣
・米沢広一（1978a, 1978b, 1978c）「福祉受給権をめぐる憲法問題（1）-（3・完）」『民商法雑誌』78 巻 6 号 pp. 800-817，79 巻 1 号 pp. 66-94，79 巻 2 号 pp. 243-266

［1980 年代］

・朝日訴訟運動史編纂委員会（1982）『朝日訴訟運動史』草土文化

・中村睦男（1983）『社会権の解釈』有斐閣

・大須賀明（1984）『生存権論』日本評論社

・堀木訴訟運動史編集委員会（1987）『堀木訴訟運動史』法律文化社

・中村睦男・永井憲一（1989）『生存権・教育権』法律文化社

［1990 年代］

・戸松秀典（1990）『平等原則と司法審査』有斐閣

・内野正幸（1991）『憲法解釈の論理と体系』有斐閣

・戸松秀典（1992）『立法裁量論』有斐閣

・松井茂記（1993）「福祉国家の憲法学」『ジュリスト』1022 号 pp. 69-75

・棟居快行（1995）「生存権の具体的権利性」長谷部恭男編『リーディングズ現代の憲法』日本評論社 pp. 155-175

・藤澤宏樹（1997）「福祉受給権と違憲審査の基準—アメリカ合衆国における福祉受給権判例の展開（1）—」『研究紀要』（福島工業高等専門学校）36 号 pp. 64-73

・藤澤宏樹（1998）「福祉受給権と合理性の基準—アメリカ合衆国における福祉受給権判例の展開（2）—」『研究紀要』（福島工業高等専門学校）37 号 pp. 82-90

・藤澤宏樹（1998）「福祉受給権と手続的デュー・プロセス—アメリカ合衆国における福祉受給権判例の展開（3）—」『研究紀要』（福島工業高等専門学校）38 号 pp. 159-166

・藤澤宏樹（1999）「福祉受給権と『二重の基準』論—アメリカ合衆国における福祉受給権判例の展開（4・完）—」『研究紀要』（福島工業高等専門学校）39 号 pp. 76-83

［2000 年代］

・菊池馨実（2000）『社会保障の法理念』有斐閣

・遠藤美奈（2000）「生活保護と自由の制約」『摂南法学』23 号 pp. 33-60

・遠藤美奈（2004）「『健康で文化的な最低限度の生活』の複眼的理解」斎藤純一編著『福祉国家／社会的連帯の理由』ミネルヴァ書房 pp. 155-186

・戸波江二（2005）「憲法学における社会権の権利性」『国際人権』16 号 pp. 61-73

・遠藤美奈（2006）「憲法 25 条がおかれたことの意味—生存権に関する今日的考察—」『季刊社会保障研究』41 巻 4 号 pp. 334-347

・木下秀雄（2007）「『権利の体系としての社会保障』の意義」『法律時報』79 巻 8 号 pp. 131-134

・遠藤美奈（2008）「障害福祉年金と児童扶養手当の併給禁止と違憲性—堀木訴訟」『社会保障判例百選［第 4 版］』有斐閣 pp. 6-7

・笹沼弘志（2008）『ホームレスと自立／排除』大月書店
・遠藤美奈（2009）「生存と傍観―私たちと他者」立命館言語文化研究 21 巻 1 号 pp. 115-126

［2010 年代以降］
・中村睦男（2010）「社会権再考」『季刊企業と法創造』第 6 巻 4 号 pp. 64-79
・小中信幸（2010）「朝日判決から半世紀『朝日訴訟』について」『社会保障』432 pp. 7-19
・尾形健（2011a）『福祉国家と憲法構造』有斐閣
・尾形健（2011b）「第 25 条」芹沢斉・市川正人・阪口正二郎編『新基本法コンメンタール憲法』日本評論社 pp. 214-225
・小中信幸（2011）「『朝日訴訟』を顧みて」『法学セミナー』58 巻 2 号 pp. 40-43
・葛西まゆこ（2011）『生存権の規範的意義』成文堂
・遠藤美奈（2011）「佐々木惣一の「人間必需ノ生活」権―「幻の」帝国憲法改正案における最低生活保障への権利―」『西南学院法学論集』43 巻 3・4 号 pp. 43-72
・山内敏弘（2012）「生存権の今日的課題」『龍谷法学』45 巻 2 号 pp. 175-216
・岡田正則（2012）「地方自治とナショナルミニマム―社会保障における国家・社会・個人」日本社会保障法学会編『ナショナルミニマムの再構築』法律文化社 pp. 49-66
・尾形健（2013）「『社会改革（social revolution）』への翹望―生存権の憲法的保障をめぐって」南野森編『憲法学の世界』pp. 245-258
・辻健太（2013）「個人から，再び国家へ：戦後日本憲法学における生存権論の批判的考察（1）（2・完）」『早稲田政治公法研究』103 号 pp. 9-24，104 号 pp. 27-40
・高橋和之（2013）「生存権の法的性格論を読み直す―客観法と主観的権利を区別する視点から―」『明治大学法科大学院論集』12 pp. 1-25
・石塚壮太郎（2014）「社会国家・社会国家原理・社会法：国家目標規定の規範的具体化の一局面」『法学政治学論究』101 pp. 197-229
・石塚壮太郎（2016）「生存権の法的性質：主観的権利としての成立とその意義」法学政治学論究 110 pp. 101-134
・菊池馨実（2016）「老齢加算廃止と生活保護法・憲法 25 条」『社会保障判例百選［第 5 版］』有斐閣 pp. 9-10
・辻健太（2016）「人間本性による生存権の基礎づけは可能か：アラン・ゲワースの道徳的人権論の意義と限界」『早稲田政治公法研究』112 pp. 19-38
・廣田久美子（2016）「任意加入の年金制度に起因する無年金障害者と憲法」『社会保障判例百選［第 5 版］』有斐閣 pp. 23-24
・尾形健（2017）「生存権保障の現況」長谷部恭男編『論究憲法』有斐閣 pp. 401-413

・遠藤美奈（2018）「生存権保障の現況と展開」『福祉権保障の現代的展開―生存権論のフロンティアへ』日本評論社 pp. 15-41

・尾形健編（2018a）『福祉権保障の現代的展開―生存権論のフロンティアへ』日本評論社

・尾形健（2018b）「生存権保障―その来歴・現在・未来」宍戸常寿・林知更編『総点検日本国憲法の 70 年』岩波書店 pp. 169-180

・松本奈津希（2019a, 2019b）「最低生活保障の法理と具体化（１）（２・完）」『一橋法学』18 巻 1 号 pp. 273-312，2 号 pp. 674-695

・山本龍彦（2019）「生存権の財政統制機能―生活最低保障における『財政事情』の位置」中林暁生・山本龍彦『憲法判例のコンテクスト』日本評論社 pp. 213-224

・松本奈津希（2020）「最低生活保障の交錯的構造：連邦憲法裁判所判例と連邦社会裁判所による行政裁量の枠付け」『一橋法学』19 巻 2 号 pp. 789-860

・多田一路（2020）「社会権は活きているか―生存権の具体的実現に向けての課題」『論究ジュリスト』33 pp. 31-38

・植木淳（2020）「社会保障法と憲法」山下慎一ほか『社会保障法の法源』信山社 pp. 67-88

・長谷部恭男編（2020）『注釈日本国憲法（３）』有斐閣

・柴田憲司（2020）「縮小する社会と生存権」『公法研究』82 pp. 109-121

・今川奈緒（2020）「措置入院と新しい法理念」岡村正幸編著『精神保健福祉システムの再構築―非拘束社会の地平―』ミネルヴァ書房 pp. 207-221

・坂田隆介（2020）「生存権」山本龍彦・横大道聡編著『憲法学の現在地』日本評論社 pp. 271-283

・吉見俊哉（2020）「『文化的』と戦後日本」駒村圭吾・吉見俊哉編著『戦後日本憲法政史講義　もうひとつの戦後史』pp. 340-358

・中村美帆（2021）『文化的に生きる権利―文化政策研究からみた憲法第 25 条の可能性』春風社

📖 研究課題

1．なぜ生存権が保障されなければならないのか。テキスト，参考文献を参照しながら議論の到達点を示し，今後の課題を検討してみよう。

2．参考文献の中から一つ選んで読み，書評を作ってみよう。

3 | 地域社会と福祉政策

| 金川めぐみ

本章では，まず地域社会で生きる人々と福祉制度はどのような力学関係にあるのかを検討する。次に「地域共生社会」「我が事・丸ごと」等の地域福祉における近年の政策動向を分析した上，我が国において地域社会で普通に暮らす，という点を人権保障の視点からあらためて再考する。

《キーワード》 地域福祉，地域共生社会，我が事・丸ごと

---

1. 地域社会と福祉の関係

（1） 地域 / 地域福祉の概念

本章では，地域社会に暮らす人々と人権という視点から，どのような立場にある人でも安心して地域社会に暮らすためにいかなる要素が求められているのかを検討する。

このことを論ずる前に，まず地域や地域福祉という概念を確認しておく。『広辞苑』（第7版）では「地域」として「区切られた土地。土地の区画。」との定義がなされ，「地域社会」は「一定の地域的範囲の上に，人々が住む環境基盤，地域の暮し，地域の自治の仕組みを含んで成立している生活共同体。コミュニティー。」であるとされる。さらに「コミュニティー」とは「一定の地域に居住し，所属意識を持つ人々の集団。」であると説明される。この3つの定義からわかるのは，地域とは一定の地域的範囲を指すばかりでなく地域自治，そして所属意識をも踏まえた組織体という点をも含む概念ということである[1]。

さらにその地域で展開される福祉，すなわち地域福祉の概念は，社会福祉学分野からさまざまな観点により論じられてきた。例えば，右田紀久恵によれば地域福祉とは「生活権と生活圏を基盤とする一定の地域社

会において，経済社会条件に規定されて地域住民が担わされてきた生活問題を，生活原則・権利原則・住民主体原則に立脚して軽減・除去し，または発生を予防し，労働者・地域住民の主体的生活全般にかかわる水準を保障し，より高めるための社会的施策と方法の総体であって，具体的には労働者・地域住民の生活権保障と，個としての社会的自己実現を目的とする公私の制度・サービス体系と，地域福祉計画・地域組織化・住民運動を基礎要件とする」とする（住谷・右田編 1973：1〔右田紀久恵執筆部分〕）。さらに永田幹夫は，地域福祉をサービス供給や資源の体系化から「社会福祉サービスを必要とする個人・家族の自立を地域社会の場において図ることを目的とし，それを可能とする地域社会の総合化および生活基盤形成に必要な生活・居住条件整備のための環境改善サービスの開発と，対人的福祉サービス体系の創設・改善・動員・運用，およびこれら実現のために進める組織化活動の総体」とする（永田 2000：55）。

　右田や永田による地域福祉の概念は，地域福祉を政策や資源から構成要件を明示し理念化したものである。他方，岡本栄一は，従来の地域福祉を４つの「志向軸」を設定し整理する。これは地域福祉の有り様を①コミュニティ重視志向軸，②政策制度志向軸，③在宅福祉志向軸，④住民の主体形成と参加志向軸，の４つの枠組みから定式化するものである（岡本 2001：12）。

　このように地域福祉はその理論化に際し，地域住民の福祉を実現する政策目標や制度・運動などを指すものから，地域社会における社会福祉活動の有り様に至るものまで種々の理解があり，定説はない。だが一方でその共通概念の整理も試みられており，「様々な次元のコミュニティ＝地域社会において，地域住民のもつ様々な福祉ニーズの充足に向けて，住民自らが主体的に取り組み，それを実現することで成り立つ概念」と整理するものもある（井村ほか 2006：9 - 10〔本多洋実執筆部分〕）。また上野谷加代子・斉藤弥生は「住み慣れた地域社会の中で，家族や近隣の人びと，知人，友人などとの社会関係を保ち，自らの能力を最大限に発揮し，誰もが自分らしく，誇りをもって，家族および地域社

46

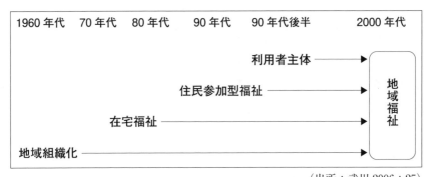

| 1960年代 | 70年代 | 80年代 | 90年代 | 90年代後半 | 2000年代 |

（出所：武川 2006：25）

図3－1　地域福祉の主流化の流れ

会の一員として，普通の生活，暮らしを送ることができるような状態を
創っていくこと」と定義する（上野谷・斉藤 2018：20）。このように最近
では，地域福祉における住民の主体性を重要な要素として，概念整理し
たものが多い。

（2）地域福祉の「主流化」

　では地域福祉が注目され始めたのはいつ頃からだろう。この点につき
武川正吾は，1960年代における社会福祉協議会等による地域福祉団体
の組織化運動や1970年代の在宅福祉の流れ等，地域福祉の動きは以前
から部分的に存在していたものの，福祉の世界で主流化したのは2000
年代以降だとする（図3－1）。そして武川は，1960年代から70年代の
地域組織化，70年代の在宅福祉，90年代前半の住民参加型福祉，90年
代後半の利用者主体という4つの政策理念の累積体が具体化したものが
地域福祉であると捉え，このうちのどれが欠けても地域福祉とはいえな
いとした。

（3）2000年以降の社会福祉法改正

　2000年，社会福祉分野における基本的な法律である社会福祉事業法
が改正され名称が社会福祉法となった。この社会福祉法1条では目的規
定に「福祉サービスの利益の保護及び地域における社会福祉（以下「地

域福祉」という）の増進を図るとともに…」と明記される。改正前の社会福祉事業法では地域福祉の増進は規定されておらず，この改正により地域福祉の増進が新たに盛り込まれた。そしてこの目的を達成するため，市町村が市町村地域福祉計画を策定し（社福107条），都道府県が都道府県地域福祉支援計画を策定することとなった（社福108条）。2000年当時，これらの計画は条文上の義務規定ではなかったが，地方自治法上策定する基本構想に則し一体的に定めるよう規定されたのである。

　この社会福祉法であるが，後述する2015年以降の「地域共生社会」の実現に向けての政策動向とあいまって，2017年に改正法が成立し，2018年4月に施行されている。この改正では，市町村および都道府県は，福祉に関し共通して取り組むべき事項を記載した市町村地域福祉計画および都道府県地域福祉支援計画を，それぞれ策定するように努めるとして，その計画策定が努力義務化された。さらに公布後3年を目途に，市町村の包括的な支援体制を全国的に整備するための方策について検討を加えるとされる。そして2017年改正では，地域福祉計画につき，各社会福祉分野の個別計画の上位計画に位置付けられる点が明記され，地域福祉を計画に位置付ける点の重要性が強調されたのである。

　この間，国も市町村地域福祉計画および都道府県地域福祉支援計画を積極的に各自治体が策定することを推奨しており，2002年に厚生労働省の審議機関である社会保障審議会福祉部会では「市町村地域福祉計画及び都道府県地域福祉支援計画策定指針のあり方について（一人ひとりの地域住民への訴え）」の報告書を発表している。ここでは住民参加の必要性や計画に盛り込む事項，具体的な策定手順等，市町村地域福祉計画や都道府県地域福祉支援計画を自主的に策定していくための具体的な基準や方法が示されており，今まで地域福祉計画を策定したことのない自治体も，積極的に各自治体が地域福祉計画を策定できるように配慮する。

　このような動きを受け自治体の策定率も，2020年4月1日時点で策定済市町村数が80.7％（1,405自治体，2010年3月31日時点では48.5％（850自治体））と，順調に上昇している。

2. 「地域共生社会」および「我が事・丸ごと」の分析

（1）「地域共生社会」および「我が事・丸ごと」の進展

　このように地域福祉計画が社会福祉法上，より重要視され位置付けられるのと同時に，2015 年 9 月に厚生労働省から「誰もが支え合う地域の構築に向けた福祉サービスの実現―新たな時代に対応した福祉の提供ビジョン―（新・福祉の提供ビジョン）」が公表された。この報告書では，福祉サービスの提供ビジョンのあり方として，①新しい地域包括支援体制の確立，②生産性の向上と効率的なサービス提供体制の確立，③総合的な福祉人材の確保・育成，の 3 点の方向性が示される。そして後述する「地域共生社会」や「我が事・丸ごと」の動きは，主に①の論点に関するものである。

　さらにこの報告書の後，2016 年 6 月には「ニッポン一億総活躍プラン」が閣議決定され，当該プランにおいて「地域共生社会」の実現が掲げられる。厚生労働省は同年 7 月に「『我が事・丸ごと』地域共生社会実現本部」を設置し，同年 10 月に「地域における住民主体の課題解決力強化・相談支援体制の在り方に関する検討会（以下，地域力強化検討会）」が置かれた。

　地域力強化検討会では地域共生社会の実現に向けた具体的な検討が行われた。2016 年 12 月には「地域力強化検討会中間とりまとめ～従来の福祉の地平を超えた，次のステージへ」が公表され，これを踏まえ 2017 年 2 月に厚生労働省から「『地域共生社会』の実現に向けて（当面の改革工程）」が示される。さらに 2017 年 9 月には「地域力強化検討会最終とりまとめ～地域共生社会の実現に向けた新しいステージへ～」が出されている。

　このように 2015 年以降，地域福祉分野で「地域共生社会」が注目され，政策に移されている。神野直彦はこの現象を地域福祉の「政策化」と述べる（神野 2018：22）。神野は共同体的人間関係に基づく慣習としての非公式の地域福祉を，地方自治体の公式化された地域福祉に転換することを，地域福祉の「政策化」と呼び，それは共同体的人間関係に基

づく相互扶助や協働作業による地域福祉を，地方自治体が代替して公共サービスとして提供することを意味すると解釈する。このような意味を持つ地域福祉の政策化についての評価は，次項にて検証する。

（2）「地域共生社会」の概念

　ではここで論点の「地域共生社会」とは一体いかなる概念を示すものであろうか。先述の「ニッポン一億総活躍プラン」では，地域共生社会を「支え手側と受け手側に分かれるのではなく，地域のあらゆる住民が役割を持ち，支え合いながら，自分らしく活躍できる地域コミュニティを育成し，福祉などの地域の公的サービスと協働して助け合いながら暮らすことのできる仕組み」と定義する。また「当面の改革工程」でも「『地域共生社会』とは，制度・分野ごとの『縦割り』や『支え手』『受け手』という関係を超えて，地域住民や地域の多様な主体が『我が事』として参画し，人と人，人と資源が世代や分野を超えて『丸ごと』つながることで，住民一人ひとりの暮らしと生きがい，地域をともに創っていく社会を目指すものである。」とする。このように政策では，地域共生社会は，支え手と受け手という従来の福祉サービスにおける関係性の脱却と我が事・丸ごとの支援体制を目指す仕組みとして説明される。

（3）地域共生社会に対する評価

　「地域共生社会」の政策動向に対する先行研究の評価にあたり，「共生」の意味そのものに着目しておこう。「共生（conviviality）」とは「異なる者同士が，自由で対等な相互活性化的関係を作って日常生活を営むこと」（栗原1999：206）である。そして共生社会の排除と包摂に着眼し「組織は包摂／排除という区別によってはじめて可能になる社会システム」であり「排除が可能である場合にのみ包摂がある。社会的な凝集性は，統合されない人々あるいは集団があってはじめて目に見えるようになる」し「排除なしの包摂という考え方をとるのだとすると，（中略）全体主義的な論理が必要にならざるをえない」とする研究もある（長岡2006：536 - 537）。

　武川正吾は「共生社会」というこの概念自体，かつての住民参加型福祉での主張と比較し目新しくはないものの，「共生社会」の言葉を政策が採用したこと自体，異なる者同士の相互承認と共存を前提としており，そこに新しさをみるべきだとする（武川 2018：43 − 44）。つまり似たもの同士が馴れ合いで過ごすことや，異なる者を排除すること，異なる者に同化を強いることなどは，共生社会論では許されず，この点を政策が強調した点が地域福祉にとって新しい訳である。

　しかし現代の地域福祉では「子どもの安全確保」というような誰もが認識できる「不安」のほうが，住民の動員は図りやすく，防犯や防災などの不安が住民をつなぎとめる統合シンボルになりやすい（松端 2017：19）。その結果，地域社会内の安全は確保されたとしても，見ず知らずの他者への過剰な警戒や，あまり交流のない他者への疑心暗鬼が生じる。結果的に地域内の福祉意識を高めることと背中合わせに排除と分断の影が常に付きまとうこととなる。

　この意味で私たちは地域共生社会を考えるにあたり，今後実行される地域福祉政策が真に共生社会の本来の意味を反映し，異なるもの同士の相互承認と共存に基づく施策となっているかを常に検証していく必要がある。

　二木立は，地域共生社会の理念自体には共感するが，その概念が法・行政的には具体性に欠けると指摘する（二木 2018：8）。二木は，地域包括ケアは 2014 年の介護保険改正法 2 条においてその定義がなされ，対象者も高齢者に限定されていると指摘する。だがこれに対し地域共生社会は，その概念自体が現在，法的に規定されておらず，対象者も「子ども・高齢者・障害者など全ての人々」と政策文書では示されるが，対象がやはり法的に規定されていない点が課題だと述べる。このように先行研究では，地域共生社会の理念自体には一定の賛同が示されるものの，この概念自体にはらむ排除／包摂の問題や，法的規定がなく抽象的理念にとどまっている点が指摘されており，この意味で地域福祉における人権保障の観点からみて，その動向を注視せねばならない概念だといえる。

（4）「我が事・丸ごと」の概念

　次いで，地域共生社会とともに近年の地域福祉政策で使用される「我が事・丸ごと」の概念を確認していこう。前述の我が事・丸ごと地域共生社会実現本部では，第1回目の会議に厚生労働省から「地域包括ケアの深化・地域共生社会の実現」と題した資料が提示されている。そこで示される「我が事・丸ごと」のイメージは図3－2の通りである。

　ここで示される「我が事」とは，主に地域づくりの観点から説明され，①住民主体による地域課題の解決力強化・体制づくり，②市町村による包括的な相談支援体制の整備，③地域づくりの総合化・包括化，④地域福祉計画の充実，各種計画の総合化・包括化が挙げられる。また「丸ごと」では，サービス・専門人材の丸ごと化が提唱されており，ここでは①公的福祉サービスの総合化・包括化，②専門人材のキャリアパスの複線化，が論点である。先ほどの地域共生社会との関連でいえば，地域共生社会の理念を具体化した地域福祉サービス手法が「我が事・丸ごと」であると解釈することができる。

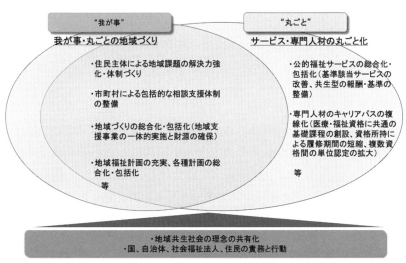

（出所：厚生労働省 2016：5）

図3－2　我が事・丸ごとのイメージ

（5）「我が事・丸ごと」に対する評価

　「我が事・丸ごと」の「我が事」に関し，藤井博志は「『我が事』という自発性や主体性の発信は，その主体である住民自身が使うべき用語」であり「政府が住民の自発性にまで手を突っ込む話ではない」し「『我が事』は他者に向ける言葉ではない」とし，「政府や自治体が『我が事』という場合は，自らが地域共生社会形成の責任主体としての『我が事』の課題として取り組む用語として発信すべきである」と述べる（藤井 2018：1）。確かに政策が「我が事」というのであれば，政府や自治体が地域共生社会の責任主体であり，我が事としてその内容に取り組まなければならない。その意味で福祉の政策化が議論される中，地域福祉を担う主体はいったい誰であり，複数のアクターが存在するのならば，それらの役割分担はどのようなものか，という点について私たちは今一度思いをはせる必要があろう。この点については次の項目および放送教材の第3回目で確認する。

　福祉サービスの「丸ごと」化について，いわゆる社会福祉の総合化の議論は 1970 年代ごろから見られる（上野谷・斉藤 2018：257）。その意味で，高齢・障害・児童といった制度の縦割りの弊害をなくし，包摂の原理に基づく地域福祉を実現する点も，さほど目新しいものではない。

　だが他方，総合化の意味について，私たちは改めて考えておく必要がある。この点につき，岩田正美は障害者総合支援法と介護保険法の関係について2つの側面を指摘する。高齢の障害者に対するいわゆる介護保険優先原則は，「障害者福祉と介護保険は，より共通のものとして，つまり『支援』の必要な 65 歳未満と 65 歳以上の年齢区分で仕分けられるような制度分野として，統合の方向性を明確にした」といえる（岩田 2016：61）。だが岩田は「このような統合化は，一面でこれまでの障害者証明を無用化し，たんにロングターム・ケアの必要な人びととというカテゴリによって，『差別的でない』支援を実践するかもしれない。（中略）他方でこれまで障害当事者やその支援者たちが，障害の『特性』を強調しつつ，『勝ち取ってきた』諸制度の前提が崩れることも確かであろう。」（岩田 2016：61 - 62）とし，サービスの総合化により利用者が長

年培ってきたエンパワメントの後退や，縦割りの福祉サービスが本来重視してきたはずの福祉サービス利用者の特性の否定にすらつながる点を指摘する。

　この論点は，福祉サービスにおける専門人材の丸ごと化にも通ずる指摘であろう。先述の当面の改革工程で厚生労働省は，専門人材の丸ごと化として「多様なキャリアパスの構築等を通じて人材の有効活用を図る観点から，保健医療福祉の各資格を通じた基礎的な知識や素養を身につけた専門人材を養成していくことが必要である。このため，各資格の専門性の確保に配慮しつつ，養成課程のあり方を『縦割り』から『丸ごと』へと見直していく。」と述べる（厚生労働省2017：6）。確かに「各資格の専門性の確保に配慮しつつ」とあるものの，念頭に置かれているのはこの間の介護・保育人材に代表される福祉人材不足であり，「人材の有効活用」という面もまたこの報告書では主張されている。この意味で，公的福祉サービスと専門人材の丸ごと化に対しては，人材確保の観点のみならず，その総合化とともに特性への配慮や特性に応じた専門性の確保をどのように講じるかが最大の論点となる。

3.　地域福祉と人権に関する論点

　この項目では，地域社会における福祉政策と人権という観点で，特に筆者が重要だと考える点を3点，述べていく。

（1）地域福祉の「政策化」に対する評価

　さきほど神野の地域福祉の政策化について説明した。神野は，共同体的人間関係に基づく相互扶助や協働作業による地域福祉を，地方自治体が代替して公共サービスとして提供することを意味すると解釈するが，この点に懐疑的な先行研究もある。例えば芝田英昭はこの間の地域共生社会の動向について，そもそも「その実態は国や地方自治体の責任を曖昧にし，地域住民に地域生活課題解決の責任を丸ごと丸投げする方向性」（芝田2017：7）と述べ，地域共生社会において公助の縮小を共助にすり替えるものであるとの理解を示す。この意味で，私たちは神野のい

う地域福祉の政策化が，いわゆる公助・共助・自助の関係にどのように影響を与えるのかを改めて考える必要がある。

　地域福祉の分野では，震災等を機に，地域社会での支え合いがより重視されるようになる傾向がある。「公助・共助・自助」はもともと阪神淡路大震災の経験以降，使われだした言葉であり，地域福祉の分野でもこの言葉が盛んに使用される。実際，2008年の厚生労働省・これからの地域福祉のあり方に関する研究会報告書では，近隣や地縁・機能団体を中心に「共助」を軸とし「新たな支え合い」を構築すべきとの提言がなされた。

　しかしながら，その言葉の使われ方に対しての理解は異なる。近年の社会保障政策分野では，社会保障制度改革国民会議の2015年の報告書が，「自助」を基本としながら，高齢や疾病・介護を始めとする生活上のリスクに対しては，社会連帯の精神に基づき，共同してリスクに備える仕組みである「共助」が自助を支え，自助や共助では対応できない困窮などの状況については，受給要件を定めた上で必要な生活保障を行う公的扶助や社会福祉などの「公助」が補完する仕組み，とその内容を説明する。つまり自助・共助が先であり，公助はそれを補完するという位置付けで論じられるのである。

　なお最近では，「共助」の概念を細分化して，NPOやボランティア等の組織体が中心となる「共助」と，近隣住民が主体となる「互助」の概念に分け，「公助・共助・互助・自助」の4つの枠組みをもって地域福祉が論じられることもある。放送教材の第3回ではこの点につきさらに言及するので，読者は放送教材も視聴してほしい。

　そしてこの点から考えると，地域福祉の政策化において神野が述べる文脈はどのように解されるのだろうか。地縁や血縁にもとづく自助・共助組織の希薄化により，地方自治体が代替して公共サービスとして提供するとしたとき，地域社会と公的組織の優先順位や役割はどのように決定されるのか，この間の地域共生社会の議論からはその点が明確にみえてこない。

（2）地域福祉の担い手

　次に課題になるのが，地域福祉は誰が，いかに担うのか，である。例えば厚生労働省・社会保障審議会福祉部会（2002）の報告書では，「社会福祉はあくまで地域住民にとっての社会福祉であり，かつ地域住民すべてで支える社会福祉として変わっていくことが求められる」とし，地域福祉の担い手として地方公共団体以外に，地域住民，自治会や町内会等の地縁団体，企業，ボランティアやNPO等の機能団体，社会福祉法人，地区社会福祉協議会等，多様な人々が関わるべきである点が示唆される。また2017年の改正社会福祉法では4条1項において，地域住民，福祉サービス経営者，地域の福祉活動者は協力して「福祉サービスを必要とする地域住民が地域社会を構成する一員として日常生活を営み，社会，経済，文化その他あらゆる分野の活動に参加する機会が確保されるように，地域福祉の推進に努めなければならない。」とされ，地域福祉の利用者であるとともに地域社会に参画する機会が確保される一員としての地域住民の姿が描かれる。

　これらの動向からは，地域福祉は住民をはじめ多様な主体が担うのであるが，特に地域共生社会においては地域住民が主体となって福祉サービスを担う点が強調されている。しかしながら，地域住民が主体となる住民参加型福祉サービスは，地域住民の組織化や再構築では大きな役割を果たすものの，一方で住民側のみに過大な負担が課されると，結果として地域福祉そのものがいきづまる可能性がある。そして過去の経験がそれを証明する。

　湯浅誠は次のような点から，地域福祉における住民参加型福祉サービスと行政の関係，そして住民側に一方的に課せられた負担を指摘した。ここでは生活保護の打ち切りで餓死した北九州市での事例をあげ，これは生活保護の運用を不当に狭く解釈し生活保護費削減を目的とする「ヤミの北九州方式」と断じている。しかしながら北九州市は，公助である生活保護を削減した代替機能を果たすものとして「市民センターを中心とした地域づくり事業」として市と社会福祉協議会および福祉協力員が中核となり高齢者への見守り活動など地域福祉活動を展開させていたと

主張した。だがこの地域福祉活動の実態につき，ある区の福祉協力員は「地域福祉活動をするのは月1回，訪問するのは7〜8件，気をつける程度の役割であって訪問をいらないと言われたらそれ以上立ち入らないし立ち入れない。ボランティア活動は本来自発的にやるものなのに，今は市がやるべきことを住民が肩代わりさせられている」（湯浅2007：131）と感じているとする。さらに当時，北九州市はこの餓死事件に対して，生活保護の運用は適正であり，餓死が起こったのは地域の共助が足りなかったから，とすら述べている。地域住民の主体的な思いを軸にした「共助」が，結果的に行政の活動を補助する安上がりの手法になってしまう構図が見て取れる。住民参加型福祉サービスにおける「公助」と「共助」のバランスや「協働」のあり方につき，どのように適切な関係を維持すべきかが問われる。

　同様の点は，宮本太郎も述べている。宮本は，手段としての共生という点につき「共生や支え合いという言葉は，『かくあるべきだ』という規範的な調子を伴う。特に普遍主義的な社会保障改革がしかるべき財政的裏付けをもって進展せず，地域で介護や子育ての資源が枯渇し，政府がそれを補うべく『共生』や『支え合い』を持ち出すとすれば，助け合いの押し付けというトーンが強まる」（宮本2017：194）として，手段としての共生の危険性とその本質を見事に表現する。地域福祉の担い手とその負担の問題を考えるとき，では本来の共生はどのようになされるべきか常に検討しておく必要があろう。

　なお「地域福祉の主流化」という考え方において，地域福祉の推進力となったのが，社会福祉法の改正とその一連の流れとなった社会福祉基礎構造改革である。一般に社会福祉基礎構造改革とは，2000年に成立した社会福祉事業法の立法作業とそれに関する準備作業を指すとともに，近年の社会福祉サービスの劇的な変化の内容を指す。「福祉の措置」概念でひとくくりされていた福祉サービス給付のあり方を，契約制度をはじめさまざまな給付システムに分離したプロセスとして社会福祉基礎構造改革は解釈される。この改革の実行理念として，1998年に中央社会福祉審議会社会福祉構造改革分科会は，①サービス利用者と提供

者の対等な関係確立，②地域での総合支援，③福祉サービスへの多様な
主体の参入促進，等をあげており，特に②と③は先ほど述べた地域福祉
の考え方に相応する。

　多様な主体の参入が促される一方，社会福祉基礎構造改革により，福
祉サービスが市場競争にさらされ，政府の福祉サービス供給責任が結果
的に後退したとの意見もある。この意味で社会福祉基礎構造改革以降の
地域福祉計画の動向が，結果的に地域に生きる人々の人権を不当に狭め
ることになっていないかについて，今一度注視する必要がある。

（3）地域福祉の独自性

　最後，地域福祉は誰のためにあるのか，その独自性について指摘して
おく。先ほど，地域は一定の範囲と地域自治，そして所属意識をもつ組
織体であると述べた。だが自治体で地域福祉計画を策定する際に，この
「地域は独自の地域自治を持つ」「所属意識を持つ」という独自点がどれ
ほど計画に反映されて生かされているかが地域福祉の課題である。

　確かに市町村の地域福祉計画の策定率は上昇しているが，肝心の計画
の内容をみると，市町村名を変えただけで他の市町村とほぼ同じもので
あるというパターンがしばしばである。地域福祉計画は，その当該地域
の独自性が的確に反映されるためには，住民が計画づくり段階から参加
する，ないしは住民懇談会やワークショップ等住民の意見やニーズを把
握した上でそれを計画に反映させていくという点が必須であるが，この
点がきちんと認識されて計画づくりがなされている市町村はさほど多く
ない。さらに，地域福祉計画の策定作業を通じて，実際に地域で具体的
に活動できるリーダーや担い手を発掘していく作業が，地域福祉では求
められる。だがこの点が意識されず机上のみで計画が策定されることに
より，実際にはその地域の独自性が的確に反映されない地域福祉計画に
なってしまう。地域の独自性を踏まえた生きた計画づくりをいかに行う
かが肝要である[2]。

4. 地域福祉と人権

1. では，地域福祉の概念とその主流化の流れにつき歴史的に説明し，また近年の社会福祉法の改正動向について説明した。2. では地域福祉における最近の動向としての「地域共生社会」および「我が事・丸ごと」についてその概念を分析した。3. では，地域社会と福祉政策をめぐる問題について，地域福祉の政策化の評価，地域福祉の担い手，地域福祉の独自性という点からそれらの理解について紹介した。

「地域社会と福祉政策」という点につき，読者の理解は深まっただろうか。近年「共助」の概念の重要性と再構築が指摘されるが，「公助」の下支えと適切な役割分担がなされないままの「共助」では，地域で生きる人に支え合いを押し付け，逆に地域で生活する人々の権利性を狭める危険性がある。そのことを意識しつつ，「共助」を軸とするならば，「公・共・私」の適切な役割分担バランスとその有り方がどのようにあるべきか，という点を，この章を通じていま一度考えていただきたい。

》注

1）なお大橋謙策は，地域福祉における地域という点につき「"地域"とは基礎自治体である市区町村を基盤として地域を考え，かつ心理的に支え合いたいと思える心理的アイデンティティ（同一性の感情）の持てる地域，身近なところでサービス面として，システムとして利用できる生活圏域としての地域として考える必要がある」とする（大橋 2008：207）。

2）「生きた」地域福祉計画の策定例として，以下の参考文献を紹介しておく。
　　・牧里毎治・野口定久編（2007）『協働と参加の地域福祉計画』ミネルヴァ書房
　　・上野谷加代子・杉崎千洋・松端克文編（2006）『松江市の地域福祉計画』ミネルヴァ書房

引用文献

・井村圭壮ほか（2006）『地域福祉の基本体系』勁草書房
・岩田正美（2016）『社会福祉のトポス』有斐閣
・上野谷加代子，斎藤弥生（2018）『地域福祉の現状と課題』放送大学教育振興会

・大橋謙策（2008）『社会福祉入門』放送大学教育振興会
・岡本栄一（2001）「地域福祉の考え方の発展」『地域福祉論』中央法規出版
・閣議決定（2016）「ニッポン一億総活躍プラン」（平成 28 年 6 月 2 日）
・栗原彬（1999）「共生」『福祉社会事典』弘文堂
・厚生労働省「我が事・丸ごと」地域共生社会実現本部（2017）「『地域共生社会』の実現に向けて（当面の改革工程）」（平成 29 年 2 月 7 日）
・厚生労働省（2016）「地域包括ケアの深化・地域共生社会の実現」（平成 28 年 7 月 15 日）
・厚生労働省・社会保障審議会福祉部会（2002）「市町村地域福祉計画及び都道府県地域福祉支援計画策定指針のあり方について（一人ひとりの地域住民への訴え）」
・芝田英昭（2017）「社会保障制度基盤を揺るがす「改革」：「地域共生社会」で強調される自助・共助」『住民と自治』2017 年 7 月号　自治体問題研究社
・神野直彦（2018）「地域福祉の「政策化」の検証—日本型福祉社会論から地域共生社会まで」『社会福祉研究』第 132 号
・社会保障制度改革国民会議（2015）「社会保障制度改革国民会議報告書〜確かな社会保障を将来世代に伝えるための道筋〜」（平成 25 年 8 月 6 日）
・住谷磐，右田紀久恵編（1973）『現代の地域福祉』法律文化社
・武川正吾（2018）「地域福祉と地域共生社会」『社会福祉研究』第 132 号
・武川正吾（2006）『地域福祉の主流化』法律文化社
・長岡克行（2006）『ルーマン／社会の理論の革命』勁草書房
・永田幹夫（2000）『地域福祉論［改訂 2 版］』全国社会福祉協議会
・二木立（2018）「地域共生社会・地域包括ケアと医療との関わり」『地域福祉研究』No.46，日本生命済生会社会事業局
・藤井博志（2018）「『我が事』とは誰の誰に対する言葉か」『同志社社会福祉学ニュースレター 91』同志社大学
・松端克文（2017）「地域福祉計画を実効性のあるものとしていくために」『月刊福祉』100（9），全国社会福祉協議会
・宮本太郎（2017）『共生保障〈支え合い〉の戦略』岩波新書
・湯浅誠（2007）『貧困襲来』山吹書店

参考文献

・厚生労働省・これからの地域福祉のあり方に関する研究会（2008）「地域における「新たな支え合い」を求めて—住民と行政の協働による新しい福祉」

・中央社会福祉審議会社会福祉構造改革分科会（1998）「社会福祉基礎構造改革について（中間まとめ）」

🔓 研究課題

1．地域福祉についての「公助」「共助」のバランスにつき，その現状と課題を把握してみよう。
2．あなたが住んでいる又は関係がある自治体の地域福祉計画の策定状況とその概要を確認した上，当該地域の独自性が反映されているかどうかについて考えてみよう。

4 | 労働者保護と人権保障

根岸　忠

　現在，長時間労働，過労死・過労自殺，同一労働同一賃金，非正規労働者の処遇，少子化や高齢化に対する企業の取組みや労働人口の減少など，雇用をめぐる課題が山積している。

　本章では，大きな議論を呼んだ「働き方改革」をはじめ，労働時間，ワーク・ライフ・バランスといった働き方にかかわる政策についてみよう。

《キーワード》 働き方改革，労働時間規制，ワーク・ライフ・バランス

---

1. 働き方改革とは

　2019 年 4 月に改正労働基準法など「働き方改革」を実施する一連の法律が施行された。現在，雇用をめぐる課題としては，長時間労働，非正規労働者の待遇，育児や介護に関する企業の取組み，労働人口の減少などがある。大きな議論を呼んだ，この働き方改革とは何だろうか。

　働き方改革は，一億総活躍社会（家庭，職場，地域といったあらゆる場で，誰もが活躍できる社会をいう）に向けて，「希望を生み出す強い経済」，「夢をつむぐ子育て支援」，「安心につながる社会保障」の「新三本の矢」の実現を目的とした 2016 年 6 月の政府による「ニッポン一億総活躍プラン」を実現するためのものである。つまり，働き方改革は，多様な働き方を可能とし，成長と分配の好循環を実現するため，働く人の立場・視点で取り組むものとされている。2017 年 3 月に「働き方改革実行計画」が策定され，それを受けて，政府により，労働基準法等を一括改正するための「働き方改革を推進するための関係法律の整備に関する法律」が国会に提出され，2018 年 6 月に可決・成立した。

　この計画は，総理自ら議長となり，労働者側，使用者側及び有識者が

議論をかわし，合意形成したものである。そのため，各当事者はこれを尊重し，政府は関係法律案等を早期に国会に提出することが求められていた。とりわけ，罰則付きの時間外労働の上限規制はこれまで長年議論されてきたが，労使が合意できたことは画期的なことであると述べている。

　ここで重要なことは，働き方改革はわが国の経済を再生するための働き方の改革であるという点である。もちろん，雇用問題は，我が国の経済成長のあり方を検討するにあたってきわめて重要である。従来，雇用政策については，政労使の三者構成からなる労働政策審議会で議論が重ねられた上で厚生労働省により法案が作成され，国会に提出されるという流れであった。しかし，働き方改革の議論にあたっては，先述した首相の私的諮問機関である働き方改革実現会議において行われ，官邸主導でなされた点に大きな特徴がある。

　本来，雇用政策は，労使の利害が鋭く対立するために，三者構成の会議で議論を行うことが望ましい。だが，働き方改革の議論では，官邸主導で行われ，また，働き方改革実現会議の構成員のうち，労働者側を代表する委員が，連合の会長のみであるという点に，当事者である労働者側の意見がどの程度反映されたのかという疑念がぬぐい切れない。

　総務省統計局による 2021 年 8 月の労働力調査によれば，正規労働者3,582 万人（全労働者に占める割合63.5％）に対し，非正規労働者は2,060 万人（同36.5％）に上っている[1]。通常，非正規労働者は，正規労働者よりも雇用が不安定であり，給与が低く，賞与や退職金が支給されないか支給されたとしても低額であることが多い。実際に，2014 年の厚生労働省による調査によれば，「より多くの収入を得たいから」（78.1％），「正社員の方が雇用が安定しているから」（76.9％）といった理由から[2]，正規雇用を望む者がいるのは当然であろう。

　こうした正規労働者と非正規労働者との間の労働条件の差について，成文法はどういった保護を行っているのだろうか。旧労働契約法 20 条は，期間の定めによる不合理な労働条件を禁止しており，近時，同条違反と判断した最高裁判決（ハマキョウレックス［差戻審］事件［最二判

平成 30（2018）年 6 月 1 日民集 72 巻 2 号 88 頁］）が出され，同一労働同一賃金を推進する法律として，2015 年 9 月に労働者の職務に応じた待遇の確保等のための施策の推進に関する法律が制定された。くわえて，2018 年に「短時間・有期雇用労働者及び派遣労働者に対する不合理な待遇の禁止等に関する指針」（同一労働同一賃金ガイドライン）（平成 30 年 12 月 28 日厚生労働省告示第 430 号）が策定された。同一労働同一賃金に関して，従来のパートタイマーのほかに，有期雇用労働者も対象として加えたことから，労働契約法 20 条は削除され，短時間労働者の雇用管理の改善等に関する法律が「短時間労働者及び有期雇用労働者の雇用管理の改善等に関する法律」へと法律名の変更が行われ，また，労働者派遣事業の適正な運営の確保及び派遣労働者の保護等に関する法律が改正された。

2.　現在に至るまでの労働時間をめぐる政策

　2012 年から最新の 2018 年までの労働時間に関する統計によれば，所定内労働時間を中心に減少している。所定内・所定外いずれの労働時間も減少している非正規労働者がいる一方，所定内は減少しているのにもかかわらず，所定外労働時間は増加している正規労働者が存在する。また，週 60 時間以上働く正規労働者は減っているが，週 40 〜 48 時間就労する者は増えている[3]。上記の調査結果から考えると，総労働時間が減ったのは，非正規労働者が増えたことによるといえよう。

　このように，長時間労働がずっと問題とされてきたが，ここでは，我が国の労働時間規制の歴史をみてみよう。ILO（国際労働機関）は，1919 年に「工業的企業に於ける労働時間を 1 日 8 時間かつ 1 週 48 時間に制限する条約」（1 号条約，我が国は未批准）を採択した。同条約 2 条は，家内労働者を除く，工業分野でのすべての労働者の労働時間を 1 日 8 時間，1 週 48 時間を超えてはならない旨定めている。戦前の工場法の時代からすでに長時間労働であったが，こうした状況を改善するため，1947 年の労基法制定時に法定労働時間を定めるにあたって，当時の世界基準を定めた同条約を考慮に入れている。しかし，経済復興やそ

の後の高度経済成長期を通じて，一貫して長時間労働であった。政府は労働時間の短縮を目指してきたが，それを果たすことはできず，1980年代には，家庭電化製品や自動車等の分野で深刻な日米貿易摩擦が生じたことから，国内外の批判をかわすために，1987年に労基法が改正され，1週あたりの法定労働時間の上限が週40時間へと短縮された。劇的に労働時間の短縮を図ることは難しいとの認識の下に，それを漸進的に進めるために，1992年に労働時間の短縮の促進に関する臨時措置法（2006年に「労働時間等の設定の改善に関する特別措置法」に法律名変更）が制定された。もっとも，週の法定労働時間は40時間へと短縮されても，依然として長時間労働であり，近年は，違法な時間外労働である「サービス残業」の蔓延や過労死・過労自殺への対策が重要な政策課題となっている。

　こうした状況から，改正労働時間等の設定の改善に関する特別措置法が2019年に施行され，同法4条1項に基づく労働時間等設定改善指針（平成20年3月24日厚生労働省告示第108号）は，使用者に対し，勤務間インターバル制度（前日の終業時間と翌日の始業時間との間に一定時間の休息を確保する制度）導入の努力義務を課すこととなった。東京，大阪などの大都市圏では通勤時間が1時間，またはそれ以上かかるため，休息時間が少ない者もいる。また，EU指令では，終業時間と始業時間との間に11時間の休息時間が確保されている。こうしたことから考えると，同制度導入の努力義務が課されたことは評価すべきではあるが，将来的には義務にすべきであろう。

3. 家族的責任とワーク・ライフ・バランス

（1）家族的責任

1）育児にかかわる制度

　育児介護休業法上，一定の要件を備えた労働者が育児休業を取得することができるが，基本的には正規労働者を対象としている。育児休業は，1歳未満の子をもつ労働者が，その子が満1歳になるまで取得することができる（育介5条以下）（2009年の育児介護休業法の改正によっ

て，父母がともに育児休業を取得する場合には，子が 1 歳 2 か月になるまで 1 年間育児休業を取得することができるようになった。通称「パパ・ママ育休プラス」)。ただし，保育所を利用することができない等の事由がある場合，例外として最長で子が 2 歳になるまで取得することができる。

育児休業期間は無給となることから，所得保障制度として育児休業給付金がある。2014 年雇用保険法改正により，育児休業の開始日から 180 日までは育児休業開始前の月給相当額の 67 ％，それ以後は従来どおり 50 ％（ただし，当分の間の暫定措置，それ以後は 40 ％）に相当する額である（雇保 61 条の 6 〜 61 条の 8）。

従来，育児休業基本給付金（育児休業期間中に従前賃金の 30 ％を支給）と育児休業者職場復帰給付金（育児休業を終了し職場復帰してから 6 か月を経過したときに従前賃金の 20 ％を支給）があったが，2010 年 4 月以降に育児介護休業法上の育児休業を取得した者には，両給付金が統合された前述の育児休業給付金が支給されることとなった。

無給であるが，小学校就学前の子を養育する労働者は，子 1 人につき年 5 日（2 人以上の場合は 10 日）まで看護休暇を取得することができる（育介 16 条の 2 以下）。2021 年 1 月より時間単位で取得することができるようになった。

そのほかに，3 歳に満たない子や小学校に上がるまでの子を養育する労働者には所定外労働時間等の免除（育介 16 条の 8 以下），3 歳に満たない子を養育する者には所定労働時間の短縮措置等（育介 23 条 1 項 2 項）がある。

2）介護にかかわる制度

介護休業（育介 11 条以下）は，育児休業と同様に，基本的には正規労働者を対象にしているが，家族を介護するために，1 人につき最大で 93 日取得することができる。その対象となる家族は，要介護状態にある配偶者（事実婚を含む），父母，子，配偶者の父母にくわえて，労働者が同居し，かつ扶養している祖父母，兄弟姉妹，孫である。従来は，

66

表４−１　育児介護休業法の概要

希望するすべての労働者が育児や介護を行いながら安心して働くことができる社会の実現のため、出産後の継続就業率や男性の育児休業取得率の向上等を目指し、育児・介護休業法に基づく両立支援制度の整備、両立支援制度を利用しやすい職場環境づくり等を行っている。

育児・介護休業法の概要

育児休業
○ 子が1歳（保育所に入所できないなど、一定の場合は、最長2歳）に達するまでの育児休業の権利を保障
○ 父母ともに育児休業を取得する場合は、子が1歳2か月に達するまでの間の1年間【パパ・ママ育休プラス】
○ 父親が出産後8週間以内に育児休業を取得した場合、再度の育児休業の取得が可能

介護休業
○ 対象家族1人につき、通算93日の範囲内で合計3回まで、介護休業の権利を保障
※ 有期契約労働者は、下記の要件を満たせば取得可能（介護も同趣旨）
　① 同一の事業主に引き続き1年以上雇用
　② 子が1歳6か月（2歳までの育児休業の場合は2歳）になる前日までに労働契約（更新される場合には更新後の契約）の期間が満了することが明らかでないこと

子の看護休暇
○ 小学校就学前の子を養育する場合に年5日（2人以上であれば年10日）を限度として取得できる（1日又は半日単位（※））

介護休暇
○ 介護等をする場合に年5日（対象家族が2人以上であれば年10日）を限度として取得できる（1日又は半日単位（※））
※令和3年1月1日より、1日又は時間単位

所定外労働・時間外労働・深夜業の制限
○ 3歳に達するまでの子を養育し、又は介護を行う労働者が請求した場合、所定外労働を制限
○ 小学校就学前までの子を養育し、又は介護を行う労働者が請求した場合、月24時間、年150時間を超える時間外労働を制限
○ 小学校就学前までの子を養育し、又は介護を行う労働者が請求した場合、深夜業（午後10時から午前5時まで）を制限

短時間勤務の措置等
○ 3歳に達するまでの子を養育する労働者について、短時間勤務の措置（1日原則6時間）を義務づけ
○ 介護を行う労働者について、3年の間で2回以上利用できる次のいずれかの措置を義務づけ
　① 短時間勤務制度　② フレックスタイム制　③ 始業・終業時刻の繰上げ・繰下げ　④ 介護費用の援助措置

不利益取扱いの禁止等
○ 事業主が、育児休業等を取得したこと等を理由として解雇その他の不利益取扱いをすることを禁止
○ 事業主に、上司・同僚等からの育児休業等に関するハラスメントの防止措置を講じることを義務付け、事業主に育児休業等に関するハラスメントに関し相談したこと等を理由とした不利益取扱いの禁止

実効性の確保
○ 苦情処理・紛争解決援助、調停
○ 勧告に従わない事業所名の公表

（出所：厚生労働省「令和３年版　厚生労働白書」p. 174）

家族１人につき介護休業を取得した場合には，原則として，その人についてはもはや介護休業を取得することができなかったが，2016年の育児介護休業法改正により，2017年１月から３回まで分割取得することができるようになった。

　育児休業と同じく，介護休業期間は無給となるため，所得保障制度として介護休業給付金があるが，介護休業開始前の月給相当額の67％に相当する額である（雇保61条の４，61条の５）。

　また，子の看護休暇と同様に無給であるが，家族を介護する労働者は，その家族１人につき年５日（２人以上の場合は10日）まで介護休暇を取得することができる。対象となる家族の範囲は介護休業と同じである（育介16条の５以下）。子の看護休暇と同じように，2021年１月より時間単位で取得することができるようになった。

　くわえて，要介護状態にある対象家族を介護する労働者に対し，所定外労働時間等の免除（育介16条の９）や所定労働時間の短縮措置等（育

表4－2　育児休業取得率

（単位：%）

	出産した女性労働者に占める育児休業取得者の割合	配偶者が出産した男性労働者に占める育児休業取得者の割合
2007年度	89.7	1.56
2008年度	90.6	1.23
2009年度	85.6	1.72
2010年度	83.7 [84.3]	1.38 [1.34]
2011年度	[87.8]	[2.63]
2012年度	83.6	1.89
2013年度	83.0	2.03
2014年度	86.6	2.30
2015年度	81.5	2.65
2016年度	81.8	3.16
2017年度	83.2	5.14
2018年度	82.2	6.16
2019年度	83.0	7.48

資料：厚生労働省雇用環境・均等局「雇用均等基本調査」
(注) 2010 年度及び 2011 年度の [　] 内の比率は，岩手県，宮城県及び福島県を除く全国の結果。

（出所：厚生労働省「令和 3 年版　厚生労働白書」p. 175）

表4－3　介護休業取得率

（単位：%）

	男女計	男性	女性
2017年度	1.2	1.1	1.2

※介護をしている雇用者に占める取得者割合
資料：総務省「就業構造基本調査」（平成29年）

（出所：厚生労働省「令和 3 年版　厚生労働白書」p. 175）

介 23 条 3 項 4 項）がある。

　厚生労働省の統計によれば，2017 年度の介護休業の取得率は男女間でほとんど差がない一方，育児休業のそれは大きな差がある。男性の育児休業取得率は年を追うごとに高くなっているが，それでも圧倒的に女性の取得率が高い。男女間で賃金格差が存在していることから，育児休業給付金を受給できるとしても，母親が取得するほうが家計に与える打撃が少なくなるからである。

（2）ワーク・ライフ・バランスの背景

　ここではワーク・ライフ・バランスが主張されるようになった背景をみよう。生活のなかで労働にかかわる時間（労働に従事している時間のみならず，通勤時間を含む）が大きな割合を占める正規労働者は多く，

結果として，退勤後に自宅でゆっくり過ごしたり，娯楽を楽しんだりすることが難しくなっている。また，長時間労働のために過労死や過労自殺が増えていることも大きな問題といえるだろう。

　くわえて，近年，仕事も私生活も重視したいと考える者が男女問わず増えているが，男性は仕事，女性は家庭というように，いずれかを優先せざるをえない者が多い[4]。

　社会構造が大きく変化するなかで，国が 2007 年に仕事と生活の調和（ワーク・ライフ・バランス）憲章（以下「憲章」という）及びその行動指針（以下「行動指針」という）を策定したことをきっかけに，近時ワーク・ライフ・バランスが声高に主張されている。また，同年に労働契約法が制定され，ワーク・ライフ・バランスに関する 3 条 3 項（「労働契約は，労働者及び使用者が仕事と生活の調和にも配慮しつつ締結し，又は変更すべきものとする」）が盛り込まれた。

　憲章が述べるように，現在「人々の働き方に関する意識や環境が社会経済構造の変化に必ずしも適応しきれず，仕事と生活が両立しにくい現実に直面している」からこそ，政労使の合意によって憲章及び行動指針が策定された。国は憲章や行動指針を策定することによって，仕事と私生活の調和がとれた社会へと国民の意識改革を促そうとしている。

（3）ワーク・ライフ・バランスの淵源
1）男女雇用平等

　ワーク・ライフ・バランスの淵源の 1 つとして男女雇用平等が挙げられるが，男女雇用平等が強く意識されるようになったのは，男女雇用機会均等法の制定による。同法は，「夫は外で働き，妻は家を守る」というこれまで前提とされてきた我が国の社会構造を変えるために制定されたからである。

　我が国は 1985 年に女子に対するあらゆる形態の差別の撤廃に関する条約（女子差別撤廃条約）を批准した結果，国内法の整備を迫られることとなった。その批准に向けて，1972 年に制定された勤労婦人福祉法が 1985 年に改正され，男女雇用機会均等法（正式名称は「雇用の分野

における男女の均等な機会及び待遇の確保等女子労働者の福祉の増進に関する法律」）として制定されるに至った。ただし，このときの同法は，性別にかかわりなく雇用上の差別を禁止する法律ではなく，あくまで女性への雇用差別を禁止するものであり，また，募集，採用，配置及び昇進については，使用者の努力義務にとどまるのであって，違反行為について罰則も設けられなかった。

　このように，制定当初の男女雇用機会均等法は，差別禁止法としての実効性につき疑問符がつくものであった。その後，同法は 2 度大幅な改正がなされることとなる。1 度目の改正は 1997 年に行われたが，このときに法律の正式名称（「雇用の分野における男女の均等な機会及び待遇の確保等に関する法律」）が変更され，先ほど述べた募集等の努力義務規定を禁止規定とし，セクシュアル・ハラスメントの禁止，さらに積極的差別是正措置の導入等を行うなどの改正がなされた。ただし，この時点ではいまだ女性に対する雇用差別のみを禁止したものであったから，依然として性差別禁止法としては不十分であった。2 度目の改正は 2006 年に行われ，同法は，制定当初からの女性差別禁止法より男性に対する雇用差別も禁止する性差別禁止法へと生まれ変わった。間接性差別概念の導入，妊娠・出産・産前産後休業の取得を理由とする差別の禁止等の改正がなされた。

　さらに，雇用を含む男女平等をより推し進めるための基本法として，1999 年に男女共同参画社会基本法が制定された。同法は，国及び都道府県にそれぞれ男女共同参画基本計画（13 条）及び都道府県男女共同参画計画の策定義務（14 条），市町村に市町村男女共同参画計画策定の努力義務（同条）を課し，内閣府に男女共同参画会議を置く根拠（21 条以下）となっている。「社会における制度又は慣行が男女の社会における活動の選択に対して及ぼす影響をできる限り中立なものとするように配慮されなければならない」（4 条）旨定め，「男は仕事・女は家庭」，「男性は主要な業務・女性は補助的業務」といった性別による固定的な役割分担の見直しを求めている[5]。

2）両立支援

　ワーク・ライフ・バランスのもう1つの源流は，両立支援策である。先述した男女雇用機会均等法の制定をきっかけにして，女性の就業率が上昇した一方，仕事と育児や介護等の家庭責任との両立支援が不十分であったために，晩婚化や晩産化となり，少子化が進んだと評価しえよう[6]。女性の社会進出が進む一方，多くの場合に育児や介護を女性がいまだ担っている状況では，就業における男女格差を是正することはできなかったからである。

　1989年に合計特殊出生率が1.57となった「1.57ショック」をきっかけに両立支援が進められることになった。まず，1991年に育児休業等に関する法律が制定され，育児休業が制度化された。1995年には，我が国はILOの家族的責任を有する男女労働者の機会及び待遇の均等に関する条約（156号条約　家族的責任を有する労働者条約）を批准した。

　さらに，高齢化により介護を要する者が増えていることから介護休業を制度化する機運が高まり，同年に法律名が育児介護休業法と改正され，介護休業が事業主の努力義務として制度化された。

　前述の男女共同参画社会基本法6条は，「男女共同参画社会の形成は，家族を構成する男女が，相互の協力と社会の支援の下に，子の養育，家族の介護その他の家庭生活における活動について家族の一員としての役割を円滑に果たし，かつ，当該活動以外の活動を行うことができるようにすることを旨として，行われなければならない」旨定め，両立支援について規定している。

　くわえて，1999年に「少子化対策推進基本方針」及び上記方針に基づく具体的な実施計画である「重点的に推進すべき少子化対策の具体的実施計画について」（新エンゼルプラン）が策定された。新エンゼルプランでは，保育だけでなく，雇用，母子保健，相談，教育に至る幅広い事業が少子化対策として推進されることとなった。

　しかし，これらだけでは少子化対策として不十分との認識から，2002年に「少子化対策プラスワン」が出された[7]。ここでは基本的な考え方として「『夫婦出生力の低下』という新たな現象を踏まえ，少子化の流

れを変えるため，少子化対策推進基本方針の下で，もう一段の少子化対策」及び「『子育てと仕事の両立支援』が中心であった従前の対策に加え，『男性を含めた働き方の見直し』など 4 つの柱に沿った対策を総合的かつ計画的に推進」することが示された[8]。

　先述のとおり，これまでの両立支援策は，女性が育児や介護といった家庭責任を負っているという前提から，基本的には女性に対するものと考えられていたが，「少子化対策プラスワン」では男性も含む働き方の見直しや多様な働き方にまで踏み込んでいるあたり，ワーク・ライフ・バランスにつながるものと指摘することができよう。

　2003 年に制定された次世代育成支援対策推進法は，都道府県及び市町村並びに事業主に対し，次世代育成支援のための行動計画策定義務を課し，実施するよう求めている。また，同年制定の少子化社会対策基本法は，国及び地方公共団体に対し，育児休業のみならず，労働時間の短縮の促進，再就職の促進，情報通信ネットワークを利用した就労形態の多様化等による多様な就労の機会の確保その他必要な雇用環境の整備のための施策を講ずるものとし（10 条 1 項），さらに，子どもを養育する者がその有する能力を有効に発揮することの妨げとなっている雇用慣行の是正が図られるよう配慮するものとする（同条 2 項）と規定している。

　このように，2003 年に制定された次世代育成支援対策推進法及び少子化社会対策基本法によって，両立支援策が，これまでの主として女性労働者に対する就労支援から男性労働者も含めた働き方全般にかかわる施策へと変わることが決定づけられたといえるだろう。もっとも，両立支援策とはいっても，育児以外の介護その他の家庭における活動については，育児支援ほど重点が置かれなかった。というのは，両法は少子化対策の一環として制定されたため，育児支援以外の両立支援策には関心を持っていなかったからである。

　2001 年改正の際に付加され，2002 年に施行された育児介護休業法 26条は，「事業主は，その雇用する労働者の配置の変更で就業の場所の変更を伴うものをしようとする場合において，その就業の場所の変更により就業しつつその子の養育又は家族の介護を行うことが困難となること

となる労働者がいるときは，当該労働者の子の養育又は家族の介護の状況に配慮しなければならない」旨規定し，使用者の配慮義務を定めている。同条により，仕事と家庭生活との調整を行うことが実定法上の義務として，使用者に課されることとなった。

（4）ワーク・ライフ・バランス施策の登場

前述したように，男女雇用平等と両立支援策は，いわば車の両輪として位置づけられてきたといえよう。初期には女性が家庭責任を負いながらでも働くことができる環境を整えるために，育児休業や介護休業が制度化されたが，共働き家庭が増え，女性のみに家庭責任を負わせることが難しくなった。そこで，男性にも育児休業や介護休業の利用を促し，家庭責任を負わせることとした。

こういった状況のなかで，2004年に厚生労働省より出された「仕事と生活の調和に関する検討会議報告書」は，まず，「多様な個性や価値観を持つ個々人が生涯にわたって可能な限り意欲と能力を発揮できるようにするとともに，急速な人口構造の変化が進む中で，次代を支える意欲と能力を備えた人材が早急かつ着実に育成されるよう，政労使が一体となって取り組むことが必要である」との認識を示し，国を挙げて取り組むことが必要と述べている。

仕事よりも私生活を優先しようとする者も増えてきた状況を踏まえて，先述したように，憲章と同じ2007年に制定された労働契約法には3条3項が挿入された。

2010年には，「ディーセント・ワーク（働きがいのある人間らしい仕事）」や「新しい公共」といった新しい理念や取り組みも盛り込んだ，新たな憲章及び行動指針が策定された。新しい憲章及び行動指針では，「ディーセント・ワークの推進は，就業を促進し，自立支援につなげるという観点からも必要である」とし，「仕事と生活の調和の実現は，個人の時間の価値を高め，安心と希望を実現できる社会づくりに寄与するもの」であり，「『新しい公共』の活動等への参加機会の拡大などを通じて地域社会の活性化にもつながるもの」とされている。また，行動指針

では 2020 年までに達成すべき数値目標が掲げられている⁹⁾。

　これまで見てきたように，ワーク・ライフ・バランスは，男女雇用平等と両立支援策をその源流としている。憲章の策定をきっかけにして，国は家事，育児，介護といった家庭責任のみならず，地域での活動やボランティア活動を含む仕事以外の私生活と仕事との調和を求めるに至ったとみるのが妥当である。広く国民一般にまでワーク・ライフ・バランスの調和を求める憲章が策定されたことにより，ワーク・ライフ・バランスは国が行うあらゆる政策における重要な指針としての位置づけを与えられた。

（5）ワーク・ライフ・バランスのこれから

　すでに述べたように，男女雇用平等と両立支援がワーク・ライフ・バランスの淵源であった。そのうち，後者のなかでも，社会的再生産にかかわるため，少子化対策としての育児支援に重点が置かれてきたことは間違いない。しかし，我が国はすでに人口減少に入っており，さらなる高齢化が進展するのは間違いないため，2014 年から国により「地方創生」と呼ばれる政策が実施されている。人口減少に歯止めをかけ，東京への一極集中の是正，さらに成長力の確保を目的として，政府による多岐にわたる施策が実施されている。

　こうしたことから考えると，育児支援はもちろん，その地域で暮らし続ける者にとって，介護や地域での活動の支援も重要であることから，使用者が育児及び家族介護に責任を有する労働者についてのみ配慮する育児介護休業法 26 条の定めは妥当なのだろうか。育児や介護以外の消防団や祭礼等の地域での活動についても，成文法によってなんらかの配慮を行うべきなのかもしれない。

　もっとも，使用者は，労働時間以外のことについて労働者に尋ねることや配慮を行うのは筋違いであることから，育児や介護を含め，労働者の私事について一切配慮しないという考え方もありうる。いずれにせよ，育児や介護についてのみ成文法で配慮するのは妥当ではないといえよう。

また，そもそもワーク・ライフ・バランスが，あくまで仕事を主にし，私生活を従にした考え方であることから，睡眠時間や趣味の時間を含む労働者の「生活時間」という観点から，労働時間を規制すべきとの指摘も重要である[10]。

4. これからの労働者保護政策

　我が国はすでに人口減少となっていることから，今後労働人口をどう賄うかが至上命題である。そのため，在留資格「特定技能」を設け，外国人材を受入れる（第5章参照）一方，増大する高齢者にも70歳まで働いてもらうために，2020年に改正された高年齢者等の雇用の安定等に関する法律が2021年度から施行された。事業主には70歳までの定年年齢の引き上げ等の就業確保措置を行う努力義務が課されることとなった。

　また，Uber Eats等のクラウドワーカーやフリーランスといった，これまでとは異なる働き方で働く者が増えることは間違いないことから，従来の労働法が前提としていた労働者像から外れる者をどう保護すべきか，早急に検討しなければなるまい。

〉〉 注

1）総務省統計局「労働力調査（基本集計）2021年（令和3年）8月分」（https://www.stat.go.jp/data/roudou/sokuhou/tsuki/pdf/gaiyou.pdf）p. 2。
2）「平成26年就業形態の多様化に関する総合実態調査の概況」（https://www.mhlw.go.jp/toukei/itiran/roudou/koyou/keitai/14/dl/gaikyo.pdf）p. 27。
3）厚生労働省「令和元年版　労働経済の分析」pp. 47-50。
4）「仕事」，「家庭生活」，「地域・個人の生活」の優先度についての希望と現実を尋ねた，内閣府「男女共同参画社会に関する世論調査（令和元年9月）」によれば，男性は「『仕事』と『家庭生活』をともに優先したい」，「『家庭生活』を優先したい」，女性は「『家庭生活』を優先したい」，「『仕事』と『家庭生活』をともに優先したい」の順で高くなっている。しかし，現実には，男性は「『仕事』を優先している」，女性は「『家庭生活』を優先している」割合がもっとも高い。
5）内閣府男女共同参画基本法逐条解説（http://www.gender.go.jp/about_danjo/law/kihon/chikujyou04.html）（2020年12月27日閲覧）。

6 ）内閣府編「平成 16 年版　少子化社会白書」p. 25 以下参照。

7 ）厚生労働省「少子化対策プラスワン（要点）」（http://www.mhlw.go.jp/
houdou/2002/09/h0920-1.html）（2020 年 12 月 27 日閲覧）。

8 ） 4 つの柱とは，「男性を含めた働き方の見直し」，「地域における子育て支援」，
「社会保障における次世代支援」及び「子供の社会性の向上や自立の促進」をい
う。

9 ）憲章及び行動指針策定以後のワーク・ライフ・バランス施策の展開について
は，内閣府「令和 2 年度　少子化社会対策白書」p. 96 以下参照。

10）毛塚勝利「新たな労働時間法を―生活時間アプローチの基本コンセプト」労働
法律旬報 1884 号（2017 年）p. 6 以下参照。

参考文献

・濱口桂一郎（2018）『日本の労働法政策』労働政策研究・研修機構
・川口美貴（2021）『労働法　第 5 版』信山社

🔋 研究課題

1 ．我が国の労働時間が長い理由として年次有給休暇の消化率が低いこ
とも挙げられる。国はその消化率を上げようとしているが，低い原因
は何なのだろうか。考えてみよう。

2 ．我が国の労働時間が長いことは世界的にも有名であるが，日本以外
に長時間労働が問題となっている国はあるだろうか。また，その国の
労働時間が長い原因を調べてみよう。

5 | 外国人労働者と福祉政策

根岸　忠

　本章では，近年増加している外国人労働者について，現在までのその受入れをめぐる政策をみた後に，近時の受入れ政策及び外国人労働者の保護について考えることとする（ただし，外国人介護労働者は第9章で述べるため，ここでは扱わない）。

《キーワード》　外国人労働者，受入れ政策

1. 近年の外国人労働者受入れをめぐる議論

　2018年に出入国管理及び難民認定法（以下「入管法」という）が改正され，在留資格「特定技能」が創設されたことをきっかけに，外国人労働者をめぐる議論が活発になされ，後述するように，2020年10月時点で過去最多の外国人労働者数となった。近時，外国人労働者受入れをめぐり，さまざまな議論がなされているが，その受入れがなされるようになった背景をみてみよう。

　総務省統計局の調査によると，2021年4月の我が国の総人口は1億2,541万7,000人，前年同月に比べ51万3,000人減り，すでに人口減社会となっている[1]。国立社会保障・人口問題研究所による2017年4月の推計結果によれば，今後長期にわたり人口減少となるため，2040年の1億1,092万人を経て，2053年には1億人を割り（9,924万人），2065年には8,808万人になるとされている[2]。

　当然ながら，人口減少は日本社会のさまざまな面に影響を及ぼさざるをえない。そのなかでも重要なのが労働力の減少である。その対策として，2015年の女性の職業生活における活躍の推進に関する法律の制定や2020年改正の高年齢者等の雇用の安定等に関する法律における，事

業主への70歳までの高齢者の就業機会の確保措置の努力義務を課すというように，女性や高齢者にもさらに働いてもらうといった政策が実施されている。しかし，こうした対応を行っても，建設，漁業，農業，介護では，労働条件が低いこともあって，いまのままではこれら分野で労働者が足りなくなるとの見解が示されるようになった。

　政府は，2014年6月の閣議決定である「『日本再興戦略』改訂2014―未来への挑戦―」において，「人材の獲得競争が激化する中，日本経済の更なる活性化を図り，競争力を高めていくためには，優秀な人材を我が国に呼び込み，定着させることが重要である」旨述べ，2015年から，「外国人材活躍推進プログラム」として，大学の留学・就職担当者向けセミナーや企業向けセミナー等を行っている。ただし，そこでは，明確に「中長期的な外国人材の受入れの在り方については，移民政策と誤解されないように配慮し，かつ国民的なコンセンサスを形成しつつ，総合的な検討を進めていく」と述べており，外国人労働者受入れに関する反対論や慎重論がある中で，あくまで限定的な受入れとの建前を崩していない[3]。日本経済団体連合会は，2016年11月の「外国人材受入促進に向けた基本的考え方」にて，「わが国が本格的な人口減少社会を迎える中，わが国経済のみならず社会活力の維持・強化にとっても，外国人材の受け入れ促進は不可欠であり，一層の体制整備が必要とされている」旨述べている[4]。

　こうした議論があるなかで，経済界から人手不足解消を求められたため，政府は対策を講じることとした。後述するように，これまで外国人労働者受入れの是非が論じられてきたが，在留資格「特定技能」が創設された結果，どのように受入れるかに議論の焦点が移っているといえよう。

2.　外国人労働者の現状

　ここでは，2021年1月に公表された厚生労働省「『外国人雇用状況』の届出状況まとめ（令和2年10月）」から，2020年10月時点での我が国における外国人労働者の現状をみよう。

　外国人労働者を雇用している事業所数は 26 万 7,243 か所，外国人労働者数は 172 万 4,328 人であった。これは前年同月の 24 万 2,608 か所，165 万 8,804 人に対し，2 万 4,635 か所（10.2%），6 万 5,524 人（4.0%）の増加である。事業所数及び外国人労働者数ともに 2007 年に届出が義務化されて以来，過去最高の数値を更新した。

　国籍別では，ベトナムが最も多く 44 万 3,998 人（全外国人労働者に占める割合 25.7%）である。ついで，中国 41 万 9,431 人（同 24.3%），フィリピン 18 万 4,850 人（同 10.7%），ブラジル 13 万 1,112 人（同 7.6%），ネパール 9 万 9,628 人（同 5.8%）の順である。これまでずっと中国がもっとも多かったが，ベトナムがその数を抜いた。

　在留資格別では，永住者や日本人の配偶者といった「身分に基づく在留資格」54 万 6,469 人（同 31.7%）[5]，「技能実習」40 万 2,356 人（同 23.3%），留学を含む「資格外活動」37 万 346 人（同 21.5%），教授，芸術，宗教，高度専門職等の「専門的・技術的分野の在留資格」35 万 9,520 人（同 20.8%）[6]，ワーキング・ホリデー等の「特定活動」4 万 5,565 人（同 2.6%）の順となっている。「技能実習」は前年同期と比べて 1 万 8,378 人（4.8%），2019 年 4 月より受入れが始まった「特定技能」7,262 人を含む「専門的・技術的分野の在留資格」は同様に 3 万 486 人（9.3%）増加している。

　都道府県別でみると，東京 49 万 6,954 人（同 28.8%），愛知 17 万 5,114 人（同 10.2%），大阪 11 万 7,596 人（同 6.8%），神奈川 9 万 4,489 人（同 5.5%），埼玉 8 万 1,721 人（同 4.7%）の順となっている。この 5 都府県で 96 万 5,874 人（同 56%）となっていることから，外国人労働者は大都市に集中していることがわかる。

　産業別では，「製造業」48 万 2,002 人（同 28%），「サービス業（他に分類されないもの）」27 万 6,951 人（同 16.1%），「卸売業，小売業」23 万 2,014 人（同 13.5%），「宿泊業，飲食サービス業」20 万 2,913 人（同 11.8%），「建設業」11 万 898 人（同 6.4%）の順である。

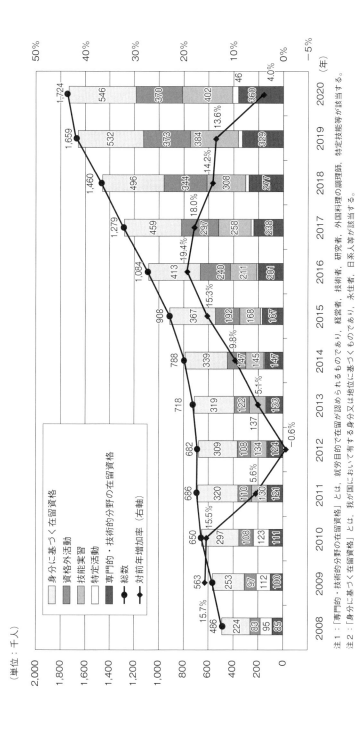

（単位：千人）

注 1：「専門的・技術的分野の在留資格」とは、就労目的で在留が認められるものであり、経営者、技術者、研究者、外国料理の調理師、特定技能等が該当する。
注 2：「身分に基づく在留資格」とは、我が国において有する身分又は地位に基づくものであり、永住者、日系人等が該当する。
注 3：「特定活動」とは、法務大臣が個々の外国人について特に指定する活動を行うものである。
注 4：「資格外活動」とは、本来の在留目的である活動以外に就労活動を行うもの（原則週 28 時間以内）であり、留学生のアルバイト等が該当する。

（出所：厚生労働省資料「『外国人雇用状況』の届出状況まとめ（令和 2 年 10 月末現在）」［本文］） p. 2）

図 5 − 1　在留資格別外国人労働者数の推移

3. 外国人労働者をめぐるこれまでの政策

　戦後から現在に至るまでの外国人労働者をめぐる政策を概観しよう。

　戦後しばらく外国人をめぐっては，かつての大日本帝国領であった台湾等の日本国籍を保持していた者（彼らを「特別永住者」という）の処遇をどうするかが議論されてきた。しかし，1970年代になってようやく外国人労働者の受入れが本格的に検討されるようになった。というのは，高度経済成長期においては，非熟練労働者につき，東北や北陸といった農村部から中学校卒業者を「金の卵」として大量に調達することができたため，わざわざ外国人を受入れる選択肢はとらなくてもよかったからである。

　そのため，1967年の閣議決定である「第1次雇用対策基本計画」で受入れは行わないとされてきた。しかし，1988年の「第6次雇用対策基本計画」では専門職・技術職といった熟練労働者は積極的に受入れる一方，非熟練労働者の受入れは慎重に判断するといった方針が示され，それが今日に至るまで続いている。

　だが，こうした政府の方針について，「これまで日本には日系人や技能実習生などの外国人労働者がいたはずである」との疑問をもつ読者がいるかもしれない。実際には，労働力不足への対応から，これら計画を迂回する形で受入れが行われてきた。

　以下では，日系人や外国人技能実習制度など在留資格別に外国人労働者について概観しよう。

（1）日系人

　1980年代後半から1990年代前半まで続いたバブル経済により，人手不足は深刻なものとなった。先述のとおり，農村部からの余剰人員がすでに都市部に流れた結果，過疎化の進展により，農村部はもはや労働者を大量に供給する環境にはなかったからである。とりわけ，我が国の経済を支える家庭電化製品や自動車工場での人手不足は深刻化した。そこで，1990年に入管法の改正により在留資格「定住者」が創設され，ブ

ラジルやペルーから日系3世までの者を受入れ，これら工場での就労を認めることとした。

　戦前からブラジルやペルーでは日本人が大規模に移住しており，政府は，日系人ならば日本人と血縁関係があることから，文化的な摩擦が少なく，すんなり我が国社会に定着することができると考えたためである。もっとも，見た目は日本人であったとしても，1世はともかく，2世や3世に至っては日本語に不自由なことも多く，各地で摩擦が生じたことから，日本政府の考えは甘かったといわざるをえない。

　彼らは有期契約，派遣や偽装請負といった非正規雇用で就労している者が多い。言葉に不自由な者が多いことから，労働基準法等の法の不知を利用し，不当に低い労働条件で働かせている事例もある。

（2）研修生・技能実習生

　外国人技能実習制度は，発展途上国の者を技能実習生として受入れ，実習生が実際の実務を通じて，実践的な技術や技能・知識を学び，帰国後母国の経済発展に役立ててもらうことを目的とした制度である。

　技能実習生を受入れようとする際には，①企業単独型と②団体監理型の2つがある。前者（企業単独型）は，外国の支店，現地法人の職員又は我が国の企業となんらかの関係を有する外国の事業所の職員を受入れるものであり，後者（団体監理型）は，非営利団体，たとえば，商工会議所，中小企業団体等が監理団体となり，これら団体の下で，その傘下企業が受入れるというものである。

　まず，現在に至るまでの制度の概要をみよう。1981年の入管法の改正により，1年研修に従事することができる在留資格が創設された。その後，1990年の法改正で在留資格「研修」が設けられ，受入れ基準がより明確化された。1993年には研修で一定の技能を習得した者を従前と同じ企業等で受入れ，その際には当該企業等と労働契約を結び，さらなる技能の修得を目的とする在留資格「技能実習」が設けられ，最大3年間技能実習生として我が国に滞在することができる道が開かれた。

　ただし，2009年の入管法改正（翌年施行）までは，入管法上1年目

は，在留資格「研修」として受入れ，かりに農業や漁業等の生産活動に従事させたとしても，研修生に労働者性はなく，労基法等の労働法，厚生年金保険法等の社会保険法の適用を受けないとされた。2年目，3年目は，在留資格「特定活動」（法務大臣が個々に活動内容を指定する在留資格）に従事する労働者として，労働法及び社会保険法の適用を受けることとなった。

しかし，上記のような扱いに対し，1年目と2年目以降とで同様のことを行っているのに，労働法・社会保険法の扱いがなぜ異なるのか疑問が呈されたことから，2009年に法改正されることとなった[7]。

2009年入管法改正以降も，企業単独型又は団体監理型で受入れる点は変わらないが，1年目から労働法・社会保険法の適用を受ける点が従来と異なる。技能実習生は，入国後1年目は在留資格「技能実習1号」に基づき実習を行い，1年目満了までに一定の技能検定に合格すると「技能実習2号」と在留資格が変更され，さらに2年間我が国に滞在できることとなった。

その後，2014年6月の閣議決定である「『日本再興戦略』改訂2014」で対象職種の拡大，実習期間の延長等が述べられており[8]，くわえて，かねてより技能実習生の保護が不十分であったとの批判がなされていたことから，2016年に外国人の技能実習の適正な実施及び技能実習生の保護に関する法律（以下「技能実習法」という）が制定され，入管法に規定されていた技能実習生の部分が独立することとなった（2017年11月施行）。在留資格「技能実習3号」を設けたことにより，これまでの在留期間3年にくわえて，さらに2年我が国で実習を受けることができるようになり，あわせて最長5年滞在することができるようになった。「技能実習3号」に進むには，技能実習2号で一定の目標を達成していること，受入れ側が，受入れ機関・監理団体ともに優良な機関であることが必要とされている。

以上から，現在最長5年間技能実習生として我が国に滞在することができるようになったが，技能実習という建前からいえば，あまりに長いのではないか。また，技能実習法は，監理団体が技能実習生から保証金

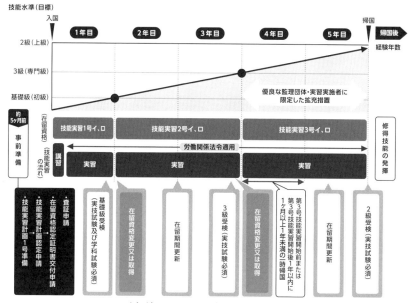

（出所：JITCO 総合パンフレット（2021 年 4 月版）p. 16）

図５－２　技能実習生の入国から帰国までの流れ

等の名目での手数料又は報酬の受け取りや技能実習生に対する人権侵害行為等について禁止した上で，違反者に罰則を科し，くわえて，技能実習生に対する相談や情報提供等を行う旨定めている。これら規定の整備は，技能実習生がおかれた過酷な状況から考えると，首肯することができるが，問題は実効性の担保である。いかに規定を整備したとしても，実効性が担保されなければ絵に描いた餅となる。

　そもそも技能実習制度の本来の目的は，「人材育成を通じた開発途上地域等への技能，技術又は知識……の移転による国際協力を推進すること」（技能実習法１条）であるが，実際には，技能実習生が人手不足の解消に貢献していることから，目的と実態が大きくかい離している。また，制度の趣旨から，技能実習修了者の再入国は認められておらず，また，家族の帯同も認められない（ただし，後述の例外がある）。

84

（3）留学生，ワーキング・ホリデー査証取得者

　留学生は資格外活動許可を受けた場合には週28時間（ただし，大学等の長期休暇中は週40時間）まで就労することができる。いうまでもなく，留学生の本分は勉学にあるが，就労目的で専門学校，日本語学校に入学する者もいる。

　ワーキング・ホリデーは1980年オーストラリアとの間で始まったのを皮切りに，26か国・地域との間で導入している（2021年現在）。我が国のワーキング・ホリデー査証を取得している相手国・地域の者は，年間約1万5,000人に上っており，在留資格「特定活動」により労働時間や業種等就労上の制約がない。

　東京，大阪，名古屋といった大都市のコンビニエンスストア，ファミリーレストラン，居酒屋では留学生，ワーキング・ホリデーで就労している者が多く，彼らなしではもはや経営が成り立たないといわれている。また，留学生のなかには，先に述べた就労可能な時間を超過している者もいる。

（4）特定技能

　2018年6月の閣議決定である「経済財政運営と改革の基本方針2018〜少子高齢化の克服による持続的な成長経路の実現〜」に基づき[9]，同年末に入管法の改正，2019年4月の同法の施行により，在留資格「特定技能1号」及び「特定技能2号」が創設された。前者は，人材確保を図るべき分野で，相当程度の知識又は経験を必要とする技能を要する業務に従事する者，後者は，人材確保が必要な分野で熟練した技能を要する業務に従事する者を対象とした在留資格である。前者は最長5年滞在することができ，また，技能実習生と同様に家族の帯同はできない一方，後者は在留期間の制限はなく，永住や家族の帯同もできる点が大きく異なる。さらに，前者は，介護や宿泊，農業，建設，造船，飲食といった14業種が指定されている一方，後者は，そのなかでも建設及び造船の2業種のみが指定されている。

　「特定技能2号」の創設によって，我が国は，非熟練外国人労働者の

表5-1　在留資格「特定技能」の概要

○ **特定技能1号**：特定産業分野に属する相当程度の知識又は経験を必要とする技能を要する業務に従事する外国人向けの在留資格
○ **特定技能2号**：特定産業分野に属する熟練した技能を要する業務に従事する外国人向けの在留資格

特定産業分野（14分野）：介護、ビルクリーニング、素形材産業、産業機械製造業、電気・電子情報関連産業、建設、造船・舶用工業、自動車整備、航空、宿泊、農業、漁業、飲食料品製造業、外食業
（特定技能2号は下線部の2分野のみ受入れ可）

特定技能1号のポイント
○ 在留期間：1年、6か月又は4か月ごとの更新、通算で上限5年まで
○ 技能水準：試験等で確認（技能実習2号を修了した外国人は試験等免除）
○ 日本語能力水準：生活や業務に必要な日本語能力を試験等で確認（技能実習2号を修了した外国人は試験等免除）
○ 家族の帯同：基本的に認めない
○ 受入れ機関又は登録支援機関による支援の対象

特定技能2号のポイント
○ 在留期間：3年、1年又は6か月ごとの更新
○ 技能水準：試験等で確認
○ 日本語能力水準：試験等での確認は不要
○ 家族の帯同：要件を満たせば可能（配偶者、子）
○ 受入れ機関又は登録支援機関による支援の対象外

【就労が認められる在留資格の技能水準】

これまでの在留資格
「高度専門職（1号・2号）」
「教授」
「技術・人文知識・国際業務」
「介護」
「技能」 等

新たに創設された在留資格
「特定技能2号」
「特定技能1号」

「技能実習」

専門的・技術的分野
非専門的・技術的分野

（出所：出入国在留管理庁資料「新たな外国人材の受入れ及び共生社会実現に向けた取組」p. 6）

門戸開放に踏み切ったか否か等さまざまな議論がなされているが，「特定技能2号」で滞在が認められた者は，将来的に永住や家族の帯同が可能な点が，従来の非熟練外国人労働者への対応と大きく異なっているの

は間違いないだろう。もっとも，「特定技能1号」から「特定技能2号」への移行も想定されているが，先述のように，永住可能性や家族帯同の可否によって，両者の間には異なる点が多いことから，はたして両者をひとくくりにして論じていいのか疑問が残る。

(5) 高度人材

先に述べたように，1988年の「第6次雇用対策基本計画」では専門職・技術職といった，熟練労働者を積極的に受入れることとしたが，近年はそのなかでも高度人材をさらに受入れるための政策が展開されている。

内閣府に設置された高度人材受入推進会議による，2009年発表の「外国高度人材受入政策の本格的展開を（報告書）」では，「多様な価値観，経験，ノウハウ，技術を持った外国高度人材を積極的に受け入れることにより，新たなイノベーションを生み出して行くことが重要である」旨述べ[10]，それを受けて，2012年より高度人材ポイント制（ポイントの合計が一定点数［70点］に達した場合に，在留管理上の優遇措置を行うことによって，高度人材の受入れ促進を図るもの）を開始し，さらに2014年に在留資格「高度専門職」の創設，また，外国人家事労働者の雇用を認めるなどの優遇措置を行っている。

(6) その他

前述のとおり，本来，技能実習制度の目的からして，かつて技能実習生であった者の再入国は予定されていない。しかし，2020年に開催が予定されていた東京オリンピック・パラリンピックに向けて，建設労働者の不足が見込まれたことから，2015年から建設業や造船業に従事する技能者の就労を円滑化するための緊急措置として技能実習修了者を受入れている。

また，国家戦略特別区域法に基づく家事支援人材・農業支援人材の受入れもなされている。

4. 外国人労働者の処遇

　これまで見たように，さまざまな在留資格で外国人労働者は我が国に滞在しているが，彼らの保護はどのようになされているのかみよう。

（1）労働法の適用

　我が国で就労する者は，かりにその者が不法就労者であったとしても，日本人と同一の制度が適用される（「外国人の不法就労等に係る対応について」（昭和 63 年 1 月 26 日基発第 50 号・職発第 31 号））。

　労働施策の総合的な推進並びに労働者の雇用の安定及び職業生活の充実等に関する法律は，使用者への外国人労働者の再就職の支援に関する努力義務や国が外国人の雇用管理の改善及び再就職の促進等の措置を行う旨定め，8 条に基づき，「外国人労働者の雇用管理の改善等に関して事業主が適切に対処するための指針」（平成 19 年 8 月 3 日厚生労働省告示276 号）（以下「指針」という）が策定されている（7 条，8 条，28 条〜 30条）。指針は，使用者に対し，外国人労働者の再就職を援助する際に一定の措置を行う努力義務，外国人労働者の雇用状況を届け出る義務を課し，また，厚生労働大臣は，法務大臣又は出入国在留管理庁長官との連絡又は協力を求めることができる旨定めている。

　労基法 3 条は，「使用者は，労働者の国籍，信条又は社会的身分を理由として，賃金，労働時間その他の労働条件について，差別的取扱をしてはならない」旨定め，「差別的取扱」には，解雇や減給等，不利益な取扱いはもちろん，有利な取扱いをすることも含まれており，こうした行為を行うことが禁止されている。もっとも，最高裁（三菱樹脂事件［最大判昭和 48（1973）年 12 月 12 日民集 27 巻 11 号 1536 頁]）は，同条が，「雇入れ後における労働条件についての制限であって，雇入れそのものを制約する規定ではない」として，募集や採用は含まれないとされている。しかし，外国人労働者の採用にあたって，指針は，「事業主は，外国人労働者について，在留資格の範囲内で，外国人労働者がその有する能力を有効に発揮できるよう，公平な採用選考に努める」旨定め

ていることから，実際には，かりにある国籍の者の雇入れを拒む又はある国籍の者のみを雇入れることは，労基法3条違反となりえよう。

（2）社会保障法の適用

我が国は，1976年にILOによる「社会保障の最低基準に関する条約」（102号条約），1979年に国際連合の「経済的・社会的及び文化的権利に関する国際規約」（社会権規約・A規約），1981年に国連による「難民の地位に関する条約」を批准した。内外人平等を定めるこれら条約を批准した結果，現在多くの社会保障立法から国籍条項が削除されていることから，各制度により異なるが，適法な在留資格を有し，雇用されている者であれば適用される。しかし，制度により適用要件は同じではない。被用者保険（健康保険，厚生年金保険，労災保険及び雇用保険）では，我が国で適法に就労する者は，誰であろうと適用される一方，住民保険（国民健康保険，後期高齢者医療制度，介護保険及び国民年金［第1号被保険者］）では，在留期間が3か月を超える又は超えて滞在する見込みがある者に加入義務が課されている。児童手当は短期滞在以外で適法に在留資格を有する者に支給される。

ただし，ILO 102号条約は，「主として公の資金を財源とする給付又は給付の部分及び過渡的な制度」については，外国人に対し特別な制度を定めることを認めている（68条1項ただし書）ことから，生活保護法は適用されない。だが，1954年当時の厚生省の通達「生活に困窮する外国人に対する生活保護の措置について」（昭和29年5月8日社発第382号）に基づき，行政措置により永住者には準用されている。

こうした対応について，少なくとも我が国に適法に滞在している者には，日本人と同一の制度を適用すべきとして，現行の扱いは妥当との考え方もあるだろう。しかし，その一方で，先述の条約は各制度の性質や在留期間の長短をほとんど考慮に入れておらず，とりわけ，社会保険には社会連帯が必要との考えから，日本人と連帯意識を持つ見込みのある者（永住者等長期滞在を予定している者）のみを対象とすべきだろう。

たとえば，老齢厚生年金の受給資格期間は，従前25年であったが，

2017 年に 10 年に短縮された。技能実習生は最長 5 年，「特定技能 1 号」で来日する者も同様に 5 年滞在できるが，このように短期で滞在する見込みの者も，日本人や永住者等長期にわたり滞在する見込みの外国人と同一の制度に加入させるべきなのだろうか。我が国と社会保障協定を結んでいる国の労働者は，受給資格期間が通算されるため，厚生年金に加入させても問題ないといえよう。先述の指針は，厚生年金について，加入期間が 6 か月以上の外国人労働者が帰国する場合，帰国後，加入期間等に応じた脱退一時金の支給を請求しうる旨定めている。しかし，納付した保険料よりも受け取る脱退一時金の額は通常少なくなるため，当然不満をもつ者はいるだろう。

　そう考えると，適用対象の決定にあたり，保険料の二重払いを防ぐために，我が国と社会保障協定を結んでいる国の国民か否かを考慮に入れるのも 1 つの案であろう（とりわけ年金保険が問題となる）。さらに，彼らは入管法に基づき滞在することから，同法の規定（22 条の 4・1 項 6 号によれば，職を失ってから，3 か月［高度専門職では 6 か月］以上正当な理由なく就労しない場合には，在留資格が取消されることがありうる）も考慮すべきだろう。

　以上から，労災保険及び医療保険については，滞在期間の長短にかかわりなく，労災発生や病気・けがへの対応から加入させる必要があるだろうが，受給権を得るために 10 年の受給資格期間が必要となる年金保険については，必ずしも加入させず，（受給資格期間を満たすことのできる）10 年以上の長期滞在を前提としている者や短期滞在であったとしても，社会保障協定を結んでいる国の国民のみ加入させる方法をとることもありえよう[11) 12)]。介護保険は，長期滞在し，老後も我が国で過ごす見込みのある者のみを加入させるべきだろう。また，雇用保険は，先の入管法の規定により，離職後 3 か月［又は 6 か月］以内に正当な理由なく就労することができない場合には，在留資格を失うおそれがあることから，加入させるべきではない。

　もっとも，こうした扱いが前記条約に抵触しないかが問題になる。とりわけ，社会保険には日本人や永住者との連帯意識が必要となることか

表5－2　協定を結んでいる国との協定発効時期及び対象となる
社会保険制度

相手国	協定発効年月	期間通算	二重加入防止の対象となる社会保険制度	
			日本	相手国
ドイツ	2000年2月	○	公的年金制度	公的年金制度
英国	2001年2月	－	公的年金制度	公的年金制度
韓国	2005年4月	－	公的年金制度	公的年金制度
アメリカ	2005年10月	○	公的年金制度 公的医療保険制度	公的年金制度（社会保障制度） 公的医療保険制度（メディケア）
ベルギー	2007年1月	○	公的年金制度 公的医療保険制度	公的年金制度 公的医療保険制度 公的労災保険制度 公的雇用保険制度
フランス	2007年6月	○	公的年金制度 公的医療保険制度	公的年金制度 公的医療保険制度 公的労災保険制度
カナダ	2008年3月	○	公的年金制度	公的年金制度 ※ケベック州年金制度を除く
オーストラリア	2009年1月	○	公的年金制度	退職年金保障制度
オランダ	2009年3月	○	公的年金制度 公的医療保険制度	公的年金制度 公的医療保険制度 公的雇用保険制度
チェコ	2009年6月	○	公的年金制度 公的医療保険制度	公的年金制度 公的医療保険制度 公的雇用保険制度
スペイン	2010年12月	○	公的年金制度	公的年金制度
アイルランド	2010年12月	○	公的年金制度	公的年金制度
ブラジル	2012年3月	○	公的年金制度	公的年金制度
スイス	2012年3月	○	公的年金制度 公的医療保険制度	公的年金制度 公的医療保険制度
ハンガリー	2014年1月	○	公的年金制度 公的医療保険制度	公的年金制度 公的医療保険制度 公的雇用保険制度
インド	2016年10月	○	公的年金制度	公的年金制度

ルクセンブルク	2017 年 8 月	○	公的年金制度 公的医療保険制度	公的年金制度 公的医療保険制度 公的労災保険制度 公的雇用保険制度 公的介護保険 公的家族給付
フィリピン	2018 年 8 月	○	公的年金制度	公的年金制度
スロバキア	2019 年 7 月	○	公的年金制度	公的年金制度 公的医療保険制度（現金給付） 公的労災保険制度 公的雇用保険制度
中国	2019 年 9 月	－	公的年金制度	公的年金制度（被用者基本老齢保険）
イタリア	発効準備中	－	公的年金制度 公的雇用保険制度	公的年金制度 公的雇用保険制度
スウェーデン	発効準備中	○	公的年金制度	公的年金制度
フィンランド	発効準備中	○	公的年金制度 公的雇用保険制度	公的年金制度 公的雇用保険制度

（日本年金機構ホームページ https://www.nenkin.go.jp/service/shaho-kyotei/kunibetsu/20131220-02.html より作成）

ら，各制度の性質に加えて，短期滞在者か長期滞在者かも考慮すべきである。我が国と社会保障協定を結んでいない国の国民であって，かつ短期滞在予定である者には厚生年金を適用しないこともありうるだろうし，その際には，一定の障害状態となる又は本人の死亡に備えて，代わりに民間保険に加入させることも考えられてよかろう。ただし，その際には，かりに現在短期滞在予定者であったとしても，長期にわたって滞在する蓋然性が高い場合には適用すべきである。

5. 外国人労働者をめぐる政策の今後

　人の移動は今後ますます活発になることは間違いない。それゆえ，外国人労働者を保護するには，国内法の対応だけでは不十分であり，国際的な枠組みをいかに構築するかが重要になるだろう。

　また，すでに述べたように，労働法・社会保障法の適用にあたって

は，入管法との関係も考慮すべきである。もっとも，外国人について
は，日本語が不自由なことが多いことや子を帯同した場合の子の教育も
問題となることから，言語政策や教育政策にもかかわる。そのため，
「特定技能」創設にあたっては，国民的な議論を十分に重ねるべきで
あった。

　外国人労働者数は一貫して増えており，また今後も増える見通しであ
るため，さまざまな観点から彼らをどう扱うか考えるべきであろう。

》》注

1）「人口推計─2021年（令和3年）9月報─」の「年齢（5歳階級），男女別人
　口」（https://www.stat.go.jp/data/jinsui/pdf/202109.pdf）。
2）「日本の将来推計人口（平成29年推計）」（http://www.ipss.go.jp/pp-zenkoku/
　j/zenkoku2017/pp29_ReportALL.pdf）p. 2。
3）「『日本再興戦略』改訂2014─未来への挑戦─」（https://www.kantei.go.jp/jp/
　singi/keizaisaisei/pdf/honbun 2 JP.pdf）p. 50。
4）日本経済団体連合会「外国人材受入促進に向けた基本的考え方」（http://www.
　keidanren.or.jp/policy/2016/110_honbun.pdf）p. 1。
5）「身分に基づく在留資格」には，「永住者」，「日本人の配偶者等」，「永住者の配
　偶者等」，「定住者」が該当する。
6）「専門的・技術的分野の在留資格」には，「教授」，「芸術」，「宗教」，「報道」，
　「高度専門職1号・2号」，「経営・管理」，「法律・会計業務」，「医療」，「研究」，
　「教育」，「技術・人文知識・国際業務」，「企業内転勤」，「興行」，「技能」，「特定
　技能」が該当する。
7）2009年改正法の施行前の事案であるが，1年目の研修生の労働者性を認めた裁
　判例（三和サービス事件［名古屋高判平成22（2010）年3月25日労判1003号
　5頁］，デーバー加工サービス事件［東京地判平成23（2011）年12月6日労判
　1044号21頁］）がある。
8）前掲注3）pp. 48-49。
9）「経済財政運営と改革の基本方針2018～少子高齢化の克服による持続的な成長
　経路の実現～」（https://www5.cao.go.jp/keizai-shimon/kaigi/cabinet/2018/
　2018_basicpolicies_ja.pdf）pp. 26，27。
10）「外国高度人材受入政策の本格的展開を（報告書）」（https://www.kantei.go.jp/
　jp/singi/jinzai/dai 2 /houkoku.pdf）p. 4。
11）表5-2参照。ただし，2020年現在で社会保障協定発効済の国のうち，イギリ

　ス，韓国及び中国とは年金の受給資格期間の通算はなされていない。
12）もっとも，老齢給付のみを考えると本文のようになるが，年金給付には障害給
　　付や遺族給付があることも踏まえなければなるまい。

参考文献

・山田美和編（2014）『東アジアにおける移民労働者の法制度―送出国と受入国の
　共通基盤の構築に向けて―』アジア経済研究所
・上林千恵子（2015）『外国人労働者受け入れと日本社会―技能実習制度の展開と
　ジレンマ』東京大学出版会
・大久保史郎，樋爪誠，吉田美喜夫編著（2017）『人の国際移動と現代日本の法―
　人身取引・外国人労働・入管法制』日本評論社
・笠木映里，嵩さやか，中野妙子，渡邊絹子（2018）『社会保障法』有斐閣
・早川智津子（2020）『外国人労働者と法―入管法政策と労働法政策』信山社

🔋 研究課題

１．近年，これまで外国人労働者受入れに消極的であった国も積極的な
　　獲得に向けて動いている。我が国がよりよい人材を求めるなら，どう
　　いった政策を展開すればいいのか考えてみよう。
２．シンガポールのように，近年では高度人材の受入れを抑制している
　　国も現れているが，我が国と反対に，なぜ抑制しようとしているのか
　　その背景を調べてみよう。

6 | 障害のある人と福祉政策

鈴木　靜

　最初に，障害のある人[1] の人権保障の歴史的展開をふり返り，人権保障には普遍的人権保障と固有の人権保障があり，とりわけ障害のある人にとっては固有の人権保障が重要であることを確認する。次に，日本における固有の人権保障に不可欠なケアについて，石田訴訟を例に日本の課題を検討し，ケア保障のあり方を問う。

《キーワード》 固有の人権，障害のある人の権利条約，ケア保障

---

1. 人権の観点から現在の福祉政策に問われること

（1）津久井やまゆり園殺傷事件から考えるケアと福祉政策の課題

　2016 年 7 月，神奈川県立の障害者支援施設「津久井やまゆり園」に，刃物を持った加害男性（当時 26 歳）が侵入し，入所者 19 名を死亡させ，入所者と職員 27 人を負傷させた。加害男性はこの施設の元職員であり，犯行前後から重度障害のある人らを，「意思疎通が取れない者」（名前，年齢，住所を示すことができない者），「心失者」（人の心を失っている人間）と呼び，自らの正当性を主張するに至る[2]。2020 年 3 月に，刑事裁判を経て，死刑が確定している。障害のある人にとって，この事件は生命権の侵害，まさに究極の人権侵害である。それも本来，障害のある人の人権が最も守られる場であるところの福祉施設でおきた事件であり，すでに辞職しているとはいえ福祉施設職員による殺傷である。

　このような事件が起きたことを，障害のある人の人権と福祉政策を学ぶ私たちは，どのように捉えるべきなのであろうか。

（2）福祉政策の新たな時代ではなかったのか

　障害のある人の権利保障は，新たな時代に入っている。2014年1月，日本政府は障害のある人の権利条約[3]を批准した。この条約は，国際連合で2006年に採択されたものであるが，障害のある人たちが「私たちのことを私たち抜きに決めないで」をスローガンに，政府とともに国際連合の会議にて議論してつくり上げた。まさに本人参加によってつくられた画期的な条約であり，その結果，障害に基づく差別禁止を含む包括的に人権を保障する内容になった。権利条約の策定及び批准によって，障害のある人の人権保障が新たな時代に入ったのである。

　この条約を批准したことにより，差別禁止を含む人権保障の実現のために，日本政府はこれまで以上に重い責任が課されたのである。障害のある人の権利条約批准に伴い，国内法の見直しが行われた。1990年代からの社会福祉基礎構造改革において福祉政策の見直しもあり，自己決定や選択の自由の名のもとに，介護を含む福祉サービスは種類が増えた。介護保険が新たな時代の福祉政策と呼ばれたが，障害のある人に関する福祉政策もまた同様である。さらに，障害者虐待防止法や障害者差別解消法が制定され，まさに新たな時代の幕開けと言われていた時期に，津久井やまゆり園殺傷事件は起きたのである。

　そして，この事件をめぐってインターネット上で，加害男性の発言を擁護し，障害のある人の生命権を含む人権を否定する言説が少なくない。この状況を，私たちはいかに捉えたらよいのであろうか。日本社会において，障害のある人の人権保障は，しょせん建前に過ぎないのかが，厳しく問われている。同時に，この事件は，障害のある人の暮らしと介護を含むケア保障はどうあるべきかを問うているといえよう。

2. 障害のある人の現状と人権保障の歴史的展開

（1）障害のある人の現状

　まず，日本における障害のある人の定義と人数を確認しておこう。日本において「障害者」とは，障害者基本法に基づき「身体障害，知的障害，精神障害（発達障害を含む。）その他の心身の機能の障害（以下「障

害」と総称する）ものであって，障害及び社会的障壁により継続的に日常生活又は社会生活に相当な制限を受ける状態にある者」をいう（障基1条）。障害者基本法による「障害者」のうち，医療や福祉サービスを利用する際の基準となる，身体障害者手帳，療育手帳（自治体によって名称は異なる）を所持する者と，医療機関を利用した精神疾患のある患者数を精神障害者が，厚生労働省による「障害者」実数調査の対象である。2016年現在では，障害者のうち身体障害者（身体障害児を含む）436万人，知的障害者（知的障害児を含む）108万2千人，精神障害者419万3千人である。身体障害者のうち在宅で暮らす者は428万7千人である[4]。

　次に障害のある人の生活実態の特徴をみていこう。福祉施設から地域での生活へ移行する地域移行支援事業が行われているものの，身体障害のある人のうち施設入所者の割合は1.7％であり，精神障害のある人のうち入院患者の割合は7.2％であり，なんと知的障害のある人の場合はその11.1％が施設入所をしている現実がある。10人に1人が施設で生活をしているのである。さらに，津久井やまゆり園殺傷事件を契機に考えることから，ここでは知的障害のある人の生活の特徴をみておこう。矢嶋里絵によれば，知的障害のある人とその家族は，①施設入所割合が高い，②成人での親との同居率が高い，③家族への経済的依存度が低下しにくい，④社会資源不足に起因してサービス利用者が少ない，⑤知的障害のある人の親は，親役割に終わりがない，⑥親は若いうちから子どもの老後に不安を抱く，⑦親による殺人被害を受ける者が増加している，⑧低所得・貧困の状況にある，⑨養護者や施設従事者による虐待が多い，⑩地域移行が進まない，⑪消費トラブルが多い等に整理している。さらに，このようにきわめて深刻な状況にあるにもかかわらず，「多くの人が現状を肯定し福祉サービスの利用に至っておらず，こうした『現状肯定』の背景には，『全般的な諸制度の貧しさのなかで，別の選択肢を持てず，こうした印象を持たざるを得ない』こと，また『サービス利用率の低さ』にはスティグマが影響すること」を指摘する。さらに矢嶋は，「『自立』社会の失敗コストとして援助を受ける特定の層」に

属する障がい者は，社会の周辺に付置，自立社会において『負担視』され，『憲法上当然に保障されるべき権利』が保障されていない」と厳しく批判している（矢嶋 2018：10-11）。

（2）固有の権利保障の歴史的展開

　世界的な歴史を振り返ってみれば，この「『憲法上当然に保障されるべき権利』が保障されていない」状況を克服する努力が続けられてきたといってよい。周知のとおり，第二次世界大戦後，国際連合は全ての人々を対象とする世界人権宣言から普遍的な人権保障の取組みを開始した。ここには当然に障害のある人が含まれている。しかし現実には，障害のある人，子ども，女性等，人権が侵害されやすい人々や領域があることが認識され，普遍的な人権保障だけでは十分ではないとし，固有の人権保障も重視することになる。

　1950 年代，デンマークの社会省担当官であったバンク・ミケルセンは，知的障害のある人の親の会とともに，地域社会から隔離された大規模収容施設での生活は，障害のある人の人間の尊厳を奪うものとして批判し，「ノーマライゼーション」原理（概念または思想）に基づく 1959 年「知的障害者福祉法（以下，1959 年法）」の制定に尽力した。1959 年法の目的は，知的障害のある人が可能な限り他の市民に近い生活を獲得できることであった。1959 年法によってノーマライゼーション原理（概念または思想）は，北欧から世界に広がるが，知的障害のある人が他の市民が享受している権利を同じように享受できること，また，他の市民と同等の生活を送れるようになることに原点がある。

　国際連合においては，1971 年に総会で知的障害のある人の権利宣言が採択される。同宣言は，知的障害のある人の「最大限実行可能な限り，他の人々と同じ権利」を持っていることを確認するとともに，医療ケア，教育，経済的保障，労働，虐待からの保護等の固有の人権保障を明記する内容である。1975 年には，すべての障害に対象範囲を拡大し，先天的および後天的を問わない障害のある人の権利宣言に発展するが，最初に，知的障害のある人の権利宣言から，固有の人権保障が開始され

たことに留意しなければならない。

　デンマークにしても国際連合にしても，障害のある人のなかでも知的障害のある人が，人権侵害を受けやすいことや意見表明の困難さ，そのために職業につきにくく経済的困窮に陥りやすいことを認識していたことである。そのため知的障害のある人を対象にして，固有の人権保障が開始されたのである。

　重要なことは，障害のある人の人権保障は，まさに「能力主義の否定」を出発点としていることである。さらに，国際連合は普遍的な人権保障と固有の人権の保障の双方が重要であると認識し，固有の人権が保障されるからこそ，普遍的人権も保障されると考えている点も重要である。

　1980 年代以降，国際連合では障害のある人の人権保障の取組みは，飛躍的に進む。「完全参加と平等」をスローガンに掲げた 1981 年の国際「障害者」年，1982 年に「障害のある人に関する世界行動計画」，1983 年から 1992 年までの「障害のある人の 10 年」が実施された。

　1990 年代になると，アメリカでは障害を理由とした差別を禁止する障害をもつアメリカ人法（ADA）が制定，公布され，国連では 1999 年に「障害のある人に対するあらゆる形態の差別の撤廃に関する米州条約」が採択されるに至る。こうした世界的動向を背景として，ついに 2006 年に障害のある人の権利条約が国連総会で採択され，2008 年に発効した。日本政府は，同権利条約を 2014 年に批准している。批准した現在，同権利条約は，国内法として法的拘束力をもつことに大きな意義がある。

　障害のある人の権利条約は，包括的かつ総合的な条約であり，人権のカタログが豊かになっていること，保障水準が高くなっていること，差別禁止だけでなく，禁止してなおかつ具体的権利の保障のための配慮をするまでを含んでいる。まさに機会の平等だけでなく，合理的配慮を通じて結果の平等を求めて条約が重層的に構築されていることが特徴である。繰り返すが，障害のある人の権利条約に明記された固有の人権保障が達成されることにより，普遍的な人権保障が可能になるのである。

（3）日本における福祉政策の流れ

　国際動向にあわせ，国内法は理念および制度的保障を，転換させてきたのであろうか。具体的に，国内法における障害のある人の福祉法政策に関する特徴をみていく。

　第二次世界大戦敗戦により，傷痍軍人の大量帰国と極度の困窮した社会状況のなか，先行して 2 つの法律がつくられた。1 つが児童福祉法（1947 年）であり，もう 1 つが身体障害者福祉法（1949 年）である。18歳以上の「身体障害者」を対象とし，法の目的は「更生」であった。この時期の「更生」は「職業能力の回復」と解釈され，このため更生の可能性の乏しい重度な身体障害がある者は除外された。1950 年には精神衛生法が制定されたが，都道府県に対して精神病院の設置義務を定めたにすぎず，精神病院の収容保護が施策の柱となった。精神に障害のある人は，「医療及び保護」の対象者としてしか位置付けられず，国民の精神的健康の保持および向上を図るという社会防衛上の観点が重視された。

　1960 年代に入り，「更生」可能な身体障害である者以外の分野も整備され始めた。1960 年，精神薄弱者福祉法が制定され，保護と更生を目的に 18 歳以上の「知的障害者」の福祉サービスが実施されることになった。1967 年法改正において，精神薄弱者援護施設が，精神薄弱者更生施設と精神薄弱者授産施設に分けられた。また，身体障害者福祉法のもとでも，重度身体障害者更生援護施設，重度身体障害者授産施設が設置された。障害種別，程度によって施設が類型化されたことが特徴といえよう。1970 年には，議員立法により心身障害者対策基本法が制定された。「心身障害者」対策における国・地方自治体の責務を明らかにし，「心身障害者」対策の総合的推進を図ることを目的にしていた。

　国際「障害者」年（1981 年）とこれに続く「障害者の 10 年」（1983 年～ 1992 年）は，わが国の福祉法制に大きな影響を与えた。国際「障害者」年のテーマである「完全参加と平等」を具体化するため，ノーマライゼーション理念に基づく在宅施策強化，社会参加促進に重点がおかれるようになった。1984 年の身体障害者福祉法改正にて，「完全参加と平

等」の趣旨が理念規定に追加された。

　一方で，福祉の国庫負担削減を背景に，施設利用に際する費用負担が導入された。1987年には，精神衛生法から精神保健法へ改正された。人権に配慮した適正な医療の確保と社会復帰の促進の理念に基づき，「精神障害者」の福祉の増進が明記された。この時期に最も特徴的なのは，1993年の障害者基本法の制定である。心身障害者基本法の改正によるものであり，「完全参加と平等」の理念を法文化し，「障害者」の定義の見直し，障害者基本計画の策定などについて定めた。

　1990年代以降，社会福祉基礎構造改革に基づき次々に法改正が行われている。2000年の社会福祉法および障害福祉関連法の改正により，「支援費」支給制度が創設された。2004年に障害者基本法が改正され，障害を理由とする差別禁止規定が盛り込まれた。同年，発達障害者支援法が制定され，発達障害のある人への対応が始まった。2005年には障害者自立支援法が制定され，「支援費」支給制度が廃止された。この法律により，介護保険制度に類似した介護認定方法，利用料の定率負担，食費・光熱費の自己負担等が導入された。また，自立支援を重視し，就労支援の抜本的強化を目的に新たな障害保健福祉施策の体系の構築が目指された。

　さらに，障害のある人の権利条約採択を受け，国内法の見直しが行われた。具体的には，2011年に，障害者基本法が改正され，地域社会における共生を図ることや障害を理由とする差別禁止が位置付けられた。また2011年，障害者虐待防止法が制定され，養護者，福祉施設等事業者，雇用の場における使用者による障害のある人への虐待を防止するとともに，自治体における救済機関と救済手段を整備した。2012年には，障害者自立支援法改正により，障害者総合支援法に名称を変えた。給付の整理を行うとともに相談体制の強化を図った。2013年には障害者差別解消法が制定され，不利益取り扱いと合理的配慮の不提供を差別と定義し，行政機関および民間事業者に差別禁止を義務付けた。

　これまでみてきた通り，国内法はその時代状況や国際状況にあわせて，法改正を重ねてきたが，再度，障害のある人の権利条約に定める理

念を反映した内容であるかを問う必要がある。日本国憲法下での障害福祉政策の出発点である身体障害者福祉法では，身体障害のうちでも「更生可能な者」を対象にしていた点に着目してみよう。まさに能力主義に基づくものであり，日本における障害福祉政策は能力主義を前提としての出発であった。その後，国際「障害者」年や障害のある人の権利条約の国際動向を踏まえ，能力主義を否定する方向に転換できたのだろうか。筆者は，転換できずに現在にいたると考えている。障害福祉に関する法改正は，確かに法の対象となる障害種別を広げるよう改正したが，その程度の法改正に過ぎない。国際連合が提起した「能力主義の否定」への転換を実現する，福祉政策の見直しはされていないと言わざるをえない。このことは，障害のある人の多くが必要とするケア保障の内容や水準に，その矛盾が表れている。以下では，現代日本におけるケア保障の課題を検討していく。

3. 地域で暮らす権利とケア保障の課題

（1）障害のある人に関わる福祉政策の体系

　障害のある人の福祉政策の理念法は障害者基本法である。この法律は，障害者の自立及び社会参加の支援等のための施策に関し，基本原則を定めるとともに，国，地方公共団体等の責務を明らかにし，障害者の自立及び社会参加の支援等のための施策の基本となる事項を定めている（障基1条）。現行法は，地域社会における共生を図ることと障害を理由とした差別禁止が特徴的である。この障害者基本法や社会福祉法に基づき，障害福祉サービスは，障害種別によって（身体障害者福祉法，知的障害者福祉法，精神保健福祉法），年齢によって（児童福祉法，身体障害者福祉法等，老人福祉法や介護保険法）分けられ，福祉サービス給付については障害者総合支援法を中心に実施されている。また，障害のある人の権利侵害がされやすい現状に着目し，障害者虐待防止法や障害者差別解消法により，権利侵害が行われたときには各種の措置が講じられる。

（2）地域で暮らすことを問う石田訴訟

1）長時間介護を求める訴訟の増加

　2000 年代以降，地域で暮らす障害のある人による長時間介護や 24 時間介護を求める訴訟が相次いでいる。1970 年代ごろから，身体障害のある人たちを中心に展開された自立生活運動は，障害年金と生活保護法による給付に加え，ボランティアによる介助によって地域生活を可能にしてきた。介助については，徐々に自治体独自に制度化される所も見られるようになった。2000 年以降は，支援費やその後の障害者自立支援法による介護サービスが提供されることで地域生活を成り立たせる基盤が整備されるようになった。こうした状況で，長時間介護の支給量を求める訴訟が増加してきたのである。

2）障害者総合支援法における重度訪問介護

　2000 年代以降，障害者総合支援法（あるいは改正前の障害者自立支援法）を根拠として重度訪問介護の支給量の不足を争い，長時間介護の義務付けを求める裁判が増加している。重度訪問介護とは「重度の肢体不自由者であって常時介護を要する障害者につき，居宅における入浴，排せつ又は食事の介護その他の厚生労働省令で定める便宜及び外出時における移動中の介護を総合的に供与する」（障総 5 条 3 項）である。1 日に短時間訪問を積みあげて行う居宅介護（障総 5 条 4 項）と異なり，「見守りを含め」利用者の生活に沿って介護を継続的に行う点にある。すなわち介護の必要性に応じた介護給付時間の積算ではなく，生活を昼夜の如何，外出の有無にかかわらず総合的に考慮する。2000 年代以降の長時間介護を求める訴訟としては，鈴木訴訟，第二次高訴訟（裁判途中で原告死亡），石田訴訟，和歌山 ALS 訴訟，鬼塚訴訟等があり，審査請求裁決では愛媛県加治事件等がある。2010 年以降では，利用者たる障害のある人が 65 歳を境にして，介護支給の根拠法が障害者総合支援法から介護保険法に切り替わることにより，介護支給量の減少や費用負担の増加について争う浅田訴訟，天海訴訟等がある。いわゆる「65 歳問題」と呼ばれ，介護支給量が多い者ほど介護保険法優先による影響は大きく

問題視されている。

　本章では，地域で暮らす障害のある人に不可欠なケア保障の課題をとりあげるため，石田訴訟に焦点を当てる。

3）石田訴訟から考えるケア保障の水準

① 訴訟の概要

　石田訴訟とは，当時の障害者自立支援法に基づく重度訪問介護（移動介護加算を含む）の支給量不足を不服として争われた行政訴訟である。原告である石田雅敏さんは，脳性まひによる体幹機能障害，四肢に著しい機能障害等がある。常時，車いすを利用し，日常生活の多くには介助を必要とする。石田さんは 2004 年から自立生活を始め，障害者自立支援法に基づく重度訪問介護の支給（2005 年以前は居宅生活支援費）を和歌山市に求めた。しかし，2004 年は 1 か月 535 時間であった支給量が，2005 年に 478 時間，2006 年移動介護加算を含め 478 時間，2007 年移動介護加算を含め 377 時間と，障害の程度が変化していないにもかかわらず減少した。急激に支給量が減らされた 2007 年以降は，石田さんの生活に大きな制限がかかる。日中は活動するために介護時間を減らせないことから，夜間帯に介護時間を減らすことで，一人きりの空白時間を生じさせざるを得ない。夜間帯は一人でトイレに行くこともできず，不測の事態に対応できない不安のなかで過ごさねばならなかった。和歌山市は，介護支給量を減少させた理由に「浴室にリフトをつけたこと」，「一人暮らしに慣れたこと」と説明した。こうした状況のなかで，石田さんは，人間らしい生活を求めて，24 時間介護の必要性を訴え訴訟を起こしたのである。

② 介護支給量の増加を義務付けた判決

　裁判は控訴審まで行われ，いずれも原告である石田さんが勝訴し，裁判所は和歌山市に裁判所が認める介護支給量以上の支給を義務付けた。

　第 1 審（和歌山地判平成 20（2010）年 12 月 17 日賃社 1537 号 4 頁）は，和歌山市が石田さんに対する介護支給量の不足を認め，2007 年度以降

の介護支給量の取消しを認めた。さらに，2008 年度決定に対し 495 時間以上 744 時間以下，2009 年度決定に対し，500.5 時間以上 744 時間以下とする介護給付費支給決定を義務付けた。

引き続く控訴審（大阪高判平成 22（2011）年 12 月 14 日賃社 1559 号 12 頁）も介護支給量の不足を認め，和歌山市の行った介護支給決定を取り消し，2007 年度の介護支給量を 1 か月 478 時間，2008 年度以降は 1 か月 578 時間を下回らない支給決定を義務付けた。裁判所は，地裁判決以上の支給決定量を認めたのである。

③ 訴訟の意義と課題――介護支給は「生命・健康維持」レベルでよいのか

地裁も高裁も，介護支給量の決定には，市町村に合理的裁量があることを前提にしながらも，厚生労働省令に定めた勘案事項について各項目につき適切なバランスに基づいて検討しているかを判断している。

この結果，裁判所は，石田さんへの介護支給量の判断に，市町村の裁量の範囲に逸脱濫用を認め違法とし，長時間介護を義務付けた。具体的には，市当該決定に対し「その勘案の過程において，重視すべきでない要素を過度に評価し，考慮すべき要素を考慮しないこと等により，当該決定が社会通念に照らし妥当性を欠く」場合である。裁判所は勘案事項の中でも，「障害者等の心身の状況」を十分に勘案すべき内容として重視する。学説では，裁判所の判断過程における要考慮事項に着目した判断過程統制を採用した裁量審査を行ったことを，先例的価値を有する意義ある判決だと評価するものも多い。

しかし裁判所のこの判断枠組みのもとで，裁判所は，事実認定としての介護の必要性を，「生命・健康維持」レベルに止めていることをどう考えるべきであろうか。控訴審判決においては，日中の介護について，介護を受けない時間が 1 時間半にとどまる限りにおいては，車いすで過ごすことにならざるを得ないが，「自立した日常生活を送り，健康を維持する等に支障がない」と判断する。ここで充足しているのは，生存と健康維持に不可欠な時間のみであり，当時の障害者自立支援法の目的に

ある，障害のある人の「自立した日常生活又は社会生活」の実現を，裁判所は十分に検討しているとはいえない。とりわけ居宅介護ではなく重度訪問介護の支給量を争っているのであり，継続した介護給付が提供されることにより，当時の障害者自立支援法の目的である自立が達成されているかが問われなければならなかったであろう。

4. 障害のある人の人権とケア保障

（1）人権保障としての医療・介護水準に関する議論

　学説上，生存権保障における医療・介護水準の相違を主張する見解は有力に展開されている。例えば，「介護サービス給付にかかる憲法 25 条 1 項の生存権保障は，基本的には所得保障のように基礎的部分の保障にとどまり，医療保障のように最適（optimum）水準の保障とまでは考えられない」。その論拠として，「規範的要請の相違は，基本的には人間そのものにかかわり，高度の技術化になじまない側面をもつ介護と，技術が高度に進展した現代医療のそれぞれの性格にも符合する」とする（菊池 2000：200）。また，介護保険法に対する支給量と給付に関してではあるが，同趣旨の内容として「介護サービスの給付水準は，基本的には，基礎的保障の部分にとどまらざるを得ない」。この論拠として「介護サービスは，最高度の技術的サービスというより，高齢者の自立した生活を維持するという目的を有しており，与えられるサービスの量の面でも専門性の面でも医療とは異なっているから」とする。これらの見解は，医療と介護を明確に区分し，技術化の相違に着目する。しかし，医療と介護は明確に区分されうるのか。さらに技術化の相違に着目する場合，障害者自立支援法（現行法は障害者総合支援法）や，介護保険法の掲げる個人の自己決定や選択の自由との整合性をどのように問うのか。

　こうした問題意識から，国際高齢者年「高齢者のための国連原則」に基づき，井上英夫が提起するケア保障の視点を検討材料としたい（井上 2003）。

（2）自己決定としてのケア

　1999年の国際高齢者年に向けて，国連は「高齢者のための国連原則」を発表し18の原則を掲げ，加盟国に対し国の計画に取り入れるよう奨励した。18の原則は，さらに5つの原理に整理され，その1つにケア（care）が位置付けられる。具体的には，第1原則にケア保障を規定し，さらに具体的に14原則を定めた。

　井上は，ケア保障とは「医療，看護，福祉，介護にとどまらず，高齢者生活全般に関わる保障，保護，そして世話の提供を意味」するとし，「医療・看護か介護か，社会保険か租税かということは重要でなく」，人権保障の制度としての諸原則が貫徹されているかが問われるとする。

　第一に，ケアとは保健・医療・看護，介護そして家事援助までを含む広い概念で，人間労働を媒介としたサービス労働である。既存の概念，制度によりケアを輪切りし，奪いあうのではなく，それぞれ医療・看護・介護の核を確定し外縁を広げて業務が重なりあうようにする。第二に，ケアは利用者の自己決定に基づく選択可能なサービスでなければならない。本来ケアに対するニーズは一人ひとり違う，とする。すなわち，ケア保障とは，「高齢者のための国連原則」以前に医療分野に包含され未分化だった介護側面，福祉側面，世話の側面を整理するだけでなく，個人を中心に，人権保障の一環として総合的かつ包括的に提供されるサービス保障の概念を，再構築したものといえる。

（3）障害のある人の権利条約から考えるケア保障

　ケア保障の観点は，障害のある人の権利条約にも引継がれている。例えば，第19条では，自らの生活する場所を自らの意思に反して強制されず，自分の選択によって選ぶ権利を保障しており，「地域社会における生活及びインクルージョンを支援するために並びに地域社会からの孤立及び隔離を防止するために必要な在宅サービス，居住サービスその他の地域社会支援サービス（パーソナル・アシスタンスを含む）」へのアクセスを，国は確保しなければならない。まさに個人の自己決定を中心に，ケア保障の実現を求めている。

　この条項は，まさに「パラダイムシフトのための基礎」（ドン・マッ
ケイ国連障害のある人の権利条約特別委員会議長）である。DPI 日本会
議の崔栄繁は，「長い間，障害者は世界中で施設や病院での生活を余儀
なくされてきた。これは，障害者を慈善の対象あるいは医学や治療の対
象と捉えてきた障害者観に大きく関係する。本条約は，そうした障害者
の捉え方を根本から変え，障害者をすべての権利の主体と捉えているの
である」と説明する（崔 2012：203）。まさに，障害のある人の生活のあ
り方の原則を，施設から地域生活に変えるものであるといえる。それ
も，障害のある「すべて」の人に対してであることに注目すべきであ
る。障害のある人の権利条約批准後も，障害の「程度」がどのような状
態であってもが強調されることが多いが，あわせてどのような経済状況
にあっても認識されるべきである。成人後に両親や親族と同居せざるを
えない状況を 19 条違反と認識し，ケア保障の充実がはかられなければ
ならない。
　また，同条約 28 条は，障害のある人とその家族の相当な生活水準と
社会的な保障についての，障害のある人の権利を認めている。食糧，衣
類，住居を含む生活水準については，不断の改善についての権利を有す
ることを明記しているとともに，締約国には，社会的な保障および貧困
状況において生活している障害のある人と家族に対しての具体的措置を
求めている。この相当な生活水準の実現をするためには，ケア保障が重
要になり，日本においては介護支給量とケアの質が問われることにな
る。その際に重要なのは，最低生活ではなく相当な生活水準を位置付け
ていることであり，障害のない人やその家族との平等を求めている点で
ある。

（4）北欧にみるケア保障の制度化

　このケア保障の観点は，日本において障害者総合支援法や介護保険法
において，部分的に導入されているが全く不十分であるといわざるをえ
ない。これまでみてきたように，ケアの本質は，自己決定権の保障であ
る。そしていまやこの考え方は理念に止まらず，北欧では制度として保

障されている。ここではスウェーデンを例に挙げる。スウェーデンでは，すでに障害者施設について全廃・脱施設化を達成しているが，それ以前でも施設は個室でユニット制をとり，質的に高い水準であった。それでも脱施設化を進めた。脱施設化が成功した要因は，家族支援とLSS 法制定であった。家族支援は，日本でいう家族介護を促すための支援ではない。障害のある人の「よい生活条件」のために，家族による気持ちの支えや温かな交流といったものを指す。障害のある人と家族との関係をよくするためにも，家族に介護負担をかけないことが大事だと考えられる（訓覇 2015：54）。

　LSS 法は，知的障害を含む重度な機能障害のある人を対象にした自己決定に基づく生活形成のための法律であり，これが家族支援につながると考えられている。社会サービス法に加えての位置付けであり，知的障害のある人たちに対する固有のニーズに基づく人権保障のための措置といえる。具体的には各自治体で異なるが，地域にある障害のある人向けの住宅では，利用者比 1：1 で配置されている[5]。この発想と制度保障こそ重要で，現在の日本にはないと筆者は考える。今後，必要なのは，障害のある人たちの権利保障を徹底させ，そのための制度保障をすることである。その中心的なものはケア保障である。

5.　すべての人の社会をめざして

　第 1 節で，津久井やまゆり園殺傷事件から，現代日本において障害のある人の人権と福祉政策をどのように捉えるべきかと問題提起を行い，第 2 節で，国際的な障害のある人の人権保障の流れと日本における福祉法政策の流れを振り返った。日本における障害のある人の福祉政策は，人権保障の観点が乏しく，このことは障害のある人の多くに不可欠な介護を含むケア保障の水準やあり方にあらわれる。第 3 節では，ケア保障のあり方を問うた石田訴訟を題材に，日本における介護保障の課題を検討した。第 4 節では，今後の障害のある人の福祉政策におけるケア保障について，国際的動向を反映した内容にすることを提起した。

　津久井やまゆり園殺傷事件を引き起こした加害男性は，2020 年 3 月

に死刑が確定した。判決後に盛んに報道されたものの，やまゆり園事件は一気に風化しつつあるといわざるをえない。津久井やまゆり園殺傷事件から問われる障害のある人の人権とケア保障のあり方まで，風化させてはいけない。引き続き福祉法政策のあり方を問いながら，すべての人が取り残されない社会をつくっていく必要がある。

》》注

1 ）本章では，人権保障の観点から，国際的に通用している person with disability の直訳である「障害のある人」の呼称を用いる。まず person であることを重視することが特徴である。日本の法律上は「障害者」であり，法律および法律に基づく事業等の名称の際には障害者を用いる。また引用の場合は，引用元の表記を用いる。

2 ）津久井やまゆり園殺傷事件に関しては，月刊「創」編集部編（2018）『開けられたパンドラの箱』創出版，月刊「創」編集部編（2020）『パンドラの箱は閉じられたのか』創出版。

3 ）本章は，川島聡＝長瀬修仮訳「障害のある人の権利に関する条約仮訳」（2008年 5 月 30 日付）の日本語訳に基づいている。https://www.normanet.ne.jp/~jdf/shiryo/convention/30May2008CRPDtranslation_into_Japanese.html（閲覧：2020 年 8 月 31 日）

4 ）内閣府「令和元年版障害者白書（全体版）」のうち「参考資料　障害者の状況」。知的障害のある人等の人数は，厚生労働省による「生活のしづらさなどに関する調査」（2016（平成 28 年））に基づく。https://www8.cao.go.jp/shougai/whitepaper/r01hakusho/zenbun/siryo_02.html（閲覧：2020 年 12 月 15 日）

5 ）たとえば福地潮人（2012）「スウェーデンの地方自治体における福祉サービス供給体制の現状 について―ソルナ市の障害者福祉サービスを事例に」中部学院大学・中部学院大学短期大学部研究紀要 13 号 p. 66。

引用文献

・井上英夫（2003）『高齢化への人類の挑戦―国連・高齢化国際行動計画 2002』萌文社

・菊池馨実（2000）「生存権と介護サービス保障」同著『社会保障の法理念』有斐閣

・訓覇法子（2015）「地域移行に伴う家族支援の増大と公的施策―スウェーデンか

110

ら学ぶもの」社会福祉研究 124 号
・崔栄繁（2012）「第8章自立生活」長瀬修他編『障害者の権利条約と日本―概要と展望』生活書院
・長瀬修他編（2012）『障害者の権利条約と日本―概要と展望』生活書院
・矢嶋里絵（2018）「知的障がい者の意思決定・自立・地域生活」日本社会保障法学会編『障害のある人・家族・にない手の人権／社会保障法学の展開』法律文化社

参考文献

・鈴木靜（2018）「社会福祉施設および人権のにない手としての福祉労働者：津久井やまゆり園殺傷事件を契機に」日本社会保障法学会編『障害のある人・家族・にない手の人権／社会保障法学の展開』法律文化社 pp. 28-46
・鈴木靜（2019）「社会福祉施設における労働・生活権保障の現状と課題」藤井克徳・池上洋通他『いのちを選ばないで：やまゆり園事件が問う優生思想と人権』大月書店 pp. 107-114
・鈴木靜（2013）「『健康で文化的な最低限の生活』保障と介護保障―石田訴訟等を題材にして」矢嶋里絵・石田道彦他編『人権としての社会保障：人間の尊厳と住み続ける権利』法律文化社
・鈴木靜（2013）「第9章障害者福祉」古橋エツ子編『新・初めての社会保障論［第2版］』法律文化社
・藤岡毅・長岡健太郎（2013）『障害者の介護保障訴訟とは何か！：支援を得て当たり前に生きるために』現代書館
・井上英夫監修（2016）『現代日本生存権問題資料集成，生存権訴訟Ⅴ（和歌山24時間介護保障訴訟）』すいれん舎
・金川めぐみ（2012）「障害者の自立支援給付に関する24時間介護義務付けの今後―石田訴訟・大阪高裁判決（大阪高裁2011年12月14日）の検討」『賃金と社会保障』1559号 pp. 11-20
・金川めぐみ・大曾根寛（2011）「障害者への自立支援給付に関する義務付け判決の意義と課題」『賃金と社会保障』1537号 pp. 56-67
・医療・福祉問題研究会編（2018）『医療・福祉と人権―地域からの発信』旬報社

🔲 研究課題

1．人権保障における普遍的な人権と固有の人権の関係を説明してみよう。

2．住んでいる地域で障害者総合支援法に基づく重度訪問介護を利用している人はどのくらいいるか，グループホーム，障害者支援施設で暮らしている人はどのくらいいるか調べ，その現状と課題を説明してみよう。

7 | ハンセン病・旧優生保護法問題と福祉政策

鈴木　靜

　医療保障は，人々の生命権や健康権保障を目的に行われるものである。それにもかかわらず，ハンセン病回復者に対し，医学的根拠なく隔離政策を継続したことにより，深刻かつ長期間にわたる人権侵害を生み出した。また，知的や精神障害のある人に対して，医学的根拠なく強制不妊手術が行われたことも，同様である。これは医学，医療のみにとどまる問題ではなく，医療分野と隣接または連携する福祉分野も，これらの人権侵害を深刻に受け止めなければならない。本章では，ハンセン病問題や旧優生保護法問題とはどのような問題なのかを示したうえで，人権の観点から福祉政策上の課題を整理する。

《キーワード》　優生思想，人間の尊厳，リプロダクティブ権

1. コロナ禍で問われる感染症政策と患者と医療従事者等への人権侵害

　2020年は新型コロナウイルス感染症まん延が世界中を襲い，あらゆる人々の社会経済活動を一変させた。日本でも同様であった。新型コロナウイルス感染症は，未知の感染症であり，国内で発生当時は感染力や発症した場合の重篤化等も不明なことが多かったこと，新型コロナ感染症まん延が長期化したこともあり，患者や患者家族，さらには医療従事者等への人権侵害や誹謗中傷が深刻化した。なかには，アメリカ州政府が患者急増のために希少な医療機器の割り当てをいかにすべきかで，認知症等の病気や障害を理由に，高齢者や障害のある人への優先順位を下げる等の指針を出そうとし社会問題化した。緊急時に，政府によって命の選別が行われたり，社会のなかで患者や家族，関係者を排除する動きが活発化したのである。人権侵害とは，こうした緊急時にこそ露呈する

ことは，歴史が明らかにしてきたところであり，珍しいことではない。日本でいえば，らい予防法のもとで90年以上にわたり，医学的根拠なく絶対隔離収容政策が行われ，ハンセン病患者や元患者，家族に対する差別行為や人権侵害と重複する面が多い。新型コロナウイルス感染症まん延が深刻化した現代日本で，ハンセン病問題の教訓は全く生かされていないと言わざるをえない。

　感染症政策を含む医療政策は，人々の生命権や健康権保障を目的に行われるものであるが，感染力及び発症力が強い場合は，患者の医療を受ける権利をはじめ人権保障をする一方で，患者以外の人々の感染予防を目的にして患者の人権を制約・制限せざるをえないこともある。しかし，患者の人権を制約・制限することは無限定で行われてはならないことは言うまでもない。すなわち，人権相互の調整という問題であり「人権制約と隔離の必要性」をどのように判断するかが問われているのである。後述の通り現実には，患者であったり，福祉政策の利用者である障害のある人について，無批判にかつ医学的根拠なく，安易に人権制約が行われ継続してきた事実がある。いいかえれば，患者や障害のある人らの人権制約は，医療政策や福祉政策を利用するのと引き換えに制限してきたのである。

　本章では，この患者の人権制約のあり方を問うたハンセン病違憲国家賠償訴訟，旧優生保護法被害訴訟をとりあげて，人権の観点から福祉政策上の課題を整理する。

2.　ハンセン病政策に関する歴史的展開

（1）ハンセン病医療政策の国際動向

　まず，ハンセン病とはどのような病気か等を確認しておく。ハンセン病は，らい菌によって引き起こされる抗酸菌の一種であり，皮膚と末梢神経を主な病変とする慢性感染症である。らい菌は1873年にノルウェーのA.ハンセン（A. Hansen）によって発見され，国際医学会における遺伝説と伝染説の対立に終止符を打った。A.ハンセンは，ノルウェーにおけるハンセン病医療政策のトップであるハンセン病主任行政官に就

任し，法律に基づく医療，患者登録制度，病院での治療を主たる内容と
する「ノルウェー方式」の医療政策を展開するなかで，隔離政策を実施
する。1909 年に開催された第 2 回国際らい会議で，ノルウェーの医療
政策上の成果が評価されたことがあり，隔離政策をとる国々があらわ
れ，その 1 つとして日本があった。その後，1923 年頃までの間には，
ハンセン病隔離政策は，国際的には否定的に捉えられるようになる。法
律に基づき隔離することは，ハンセン病患者や人々に病気や恐怖感を与
えることや公衆衛生一般での患者の治療が可能なことから，隔離政策を
否定，廃止する動きが強まる。ヨーロッパ諸国では 1930 年代ごろまで
に，その他の国々でも第二次世界大戦をはさみ 1950 年代や 1960 年代ま
でに隔離政策を廃止していった。

　しかしながら日本では，1996 年まで隔離政策，それも世界でまれに
みる厳しさをもつ絶対隔離収容政策が継続されたのである。

（2） 第二次世界大戦以前におけるハンセン病政策の特徴

　日本のハンセン病政策の特徴は，医学的根拠なく 1996 年まで絶対隔
離収容政策を貫き続けたことにある。明治政府の下で，1907 年に始まっ
た「癩予防ニ関スル件」は，浮浪患者や貧困者を療養所へ強制入所させ
ることを強調する内容であった。自宅内隔離が可能な者については，強
制隔離を取っていなかったことが特徴であるが，同時に明確に，浮浪患
者の取り締まりに重点が置かれていた。なお制定当時の国際医学会の動
向では，第 1 回国際らい会議や患者の治療や療養のための人道的な隔離
政策が参考とされることはなかった。

　その後，国際医学会の動向は人道的な隔離政策から公衆衛生のなかで
患者の治療を行う方向に移っていくが，日本では全患者の強制隔離へと
強化される。戦争体制の強化を背景に，1931 年には，ハンセン病に罹
患した全患者を療養所へ強制隔離する癩予防法が制定された。当時のハ
ンセン病医療政策の特質は，病気を撲滅・制圧するために，患者を療養
所に隔離し死亡を待つという「対策」でしかなかったことである。

（3）日本国憲法下でのらい予防法と絶対隔離収容政策

　第二次世界大戦後の新たな時代を幕開けとして，1946 年に日本国憲法が制定された。新憲法により，基本的人権の保障が位置付けられたにもかかわらず，1953 年に制定されたらい予防法は，絶対隔離収容政策を継承するものであった。国際的には，1943 年にアメリカ合衆国のハンセン病療養所であるカービル療養所で「プロミン」の治療効果が報告され，ハンセン病の治療が可能となった時期であり，国内でも 1947 年からは国産プロミンが療養所で使用され始めた。この治療薬の効果の高さから，全国の療養所の患者自治会が「プロミン獲得闘争」を行い，1949 年には，十分な政府予算が計上された。それまで確実な治療手段のなかったハンセン病を「治しうる病気」に変える画期的な出来事であった。それにもかかわらず，らい予防法は絶対隔離収容政策を継続するものであった。なお，その後に様々な化学療法が進歩し，経口治療薬DDS などが登場して在宅治療も容易になった。

　1948 年には，国民優生法が優生保護法へと改正される。同法は，「不良な子孫の出生を防止する」などの目的で優生手術（断種）や人工妊娠中絶（堕胎）を認めるものであるが，ハンセン病を理由とした優生手術等を認める内容が追加された。本来，優生手術等の対象者に，感染性の病気であるハンセン病は対象となりうるものではない。現に戦前には，医学的根拠が乏しいことから，ハンセン病は対象とされなかった。それにもかかわらず，優生保護法ではハンセン病患者も対象となり，1996 年の法廃止までの間に，ハンセン病を理由とする優生手術は 1,400 件以上，人工妊娠中絶の数は 3,000 件以上にも上った。1953 年のらい予防法は 1996 年まで続いたが，基本的に絶対隔離収容政策は維持され続けた。1996 年の法廃止時に，国は政策の過ちを認めず，差別が続いたことから，九州の療養所内外の元患者（回復者）が，1998 年にらい予防法違憲国家賠償訴訟を提起したのである。

3. らい予防法違憲国家賠償訴訟熊本地裁判決の意義と社会的影響

(1) 熊本地裁判決が切り拓いた新たな道筋

　2001 年のらい予防法違憲国家賠償訴訟熊本地裁判決（熊本地判平成 13 (2001) 年 5 月 11 日判タ 1070 号 151 頁）は，日本国憲法の下でらい予防法を制定し，これを長く廃止せずあらゆる人権を剥奪したことを認め，とりわけ憲法 22 条 1 項の居住移転の自由を侵害したとして，国（国会および国会議員，行政府）の法的責任を全面的に認めた。この判決により，立法府の衆参院両議長，行政府の長である首相と厚生労働大臣が，患者らに謝罪するとともに，原告にならなかった療養所在園者，社会復帰した者にも補償をした。同年 7 月 23 日にハンセン病違憲国家賠償訴訟全国原告団協議会と国は基本合意を結び，さらに同年 12 月 25 日に厚生労働省とハンセン病違憲国家賠償訴訟全国原告団協議会らが組織する統一交渉団との間で，「ハンセン病問題対策協議会における確認事項」を協議して決定した。同確認事項は，①謝罪・名誉回復，②在園保障，③社会復帰・社会生活支援，④真相究明等である。こうした流れを受け，国はハンセン病政策の過ちの検証と再発防止策のためにハンセン病問題に関する検証会議を設置し，2005 年 3 月に最終報告書を公表した。そして，終生の在園保障と生活環境の向上等を明記したハンセン病問題基本法を制定した。さらには，2016 年には最高裁判所が，ハンセン病という病名を理由に裁判所以外で開廷したことの検証を行った「特別法廷問題」報告書を公表し，あわせて最高裁長官が謝罪をした。

　ハンセン病違憲国家賠償訴訟判決後も，ハンセン病に関係する裁判は続いてきた。ハンセン病補償法の対象は，第二次世界大戦中の旧植民地に設置されたハンセン病療養所にいた元患者（回復者）も含まれるか否かが，韓国と台湾の元患者（回復者）によって提訴された。この両裁判は，2006 年 5 月に判決が下された。同じ争点にもかかわらず韓国は原告敗訴，台湾が原告勝訴と判断は分かれたが，その後ハンセン病補償法の対象に，韓国，台湾等の元植民地も含まれることになった。さらに

は，絶対隔離収容政策は患者のみならず家族にも人権侵害を引き起こしたとして，鳥取および全国の患者家族らによって提訴された。鳥取地裁および鳥取高裁では原告は敗訴したが，2019年6月の熊本地裁判決では，原告が勝訴した。この結果，家族に対する補償も立法化された。

　このように，熊本地裁判決や一連の訴訟を契機に補償法等の立法が行われてきたが，依然として全国13か所ある国立療養所で暮らし続けざるをえない人たちがいることも忘れてはならない。また，療養所を退所することを社会復帰と呼ぶが，社会復帰した後もカミングアウトできない状況は続いている。ハンセン病を理由にした差別は，絶対隔離収容政策を廃止したのち20年以上たってもなくなっておらず，人権救済の困難さも浮かび上がらせている。

　課題はあるにしても，現代におけるハンセン病患者の人権保障の出発点は，らい予防法違憲国家賠償訴訟であり，熊本地裁判決であると考える。ここでは，裁判の動きを確認しておこう。

（2）原告のおかれた状況

　原告の生活実態とその被害は，一人ひとりの人生が異なるために，一人ひとりその人生と思いは異なり，誰一人として隔離による被害は同じではない。

　本章では，瀬戸内訴訟原告の一人である宇佐美治さんの生活実態を取り上げる。宇佐美さんは，1926年，愛知県の木曽川沿いの農家の三男として生まれ，小学6年生の時にハンセン病と診断を受ける。戦前は自宅療養を続けていたが，10代で2度の自殺を試みた。周囲からの偏見にさらされていた家族を守るため，日本国憲法のもとの1949年に国立療養所長島愛生園に入所する。入所の生活環境は，12畳に不自由な夫婦が4組入って，夜は8人で寝ていて，ひどい状態だった。療養所内の居室は，どこも定員以上に入所者数が多く，プライバシーの配慮が全くなかった。また，病気が重篤で看護が必要な患者を，軽症の患者が看病することや，療養所での作業を患者らが行うなど，医療機関ではなく収容所のようだった。

　宇佐美さんは，当時の長島愛生園の光田健輔園長[1]に，初めての診察を受けた時に，「愛生園はどうか」と聞かれ，「衣食住が非常に悪い，衛生状態も悪い。これが国立療養所ですか」「夫婦4組が一部屋を共にする状態は，非人間的な取り扱いじゃないか」と答えた。光田園長は激怒した。光田園長の言葉を受け，宇佐美さんは療養所を出ていこうとしたが，他の医官に引き留められ，愛生園にとどまることになった。隔離収容政策にもかかわらず，追放処分を受けて，患者はどこへ行けるのか。故郷と縁が切れている患者らに，行動や意思の選択肢はない。絶対隔離収容政策の矛盾を示すエピソードである。

　宇佐美さんは，本名ではなく，園内で使用する園名をつけることを指示されたが，これを拒否し，本名を名乗り続けた。また，優生保護法の規定に基づき，療養所内では結婚の条件として断種・堕胎を義務づけられていたことから結婚を拒否し，生涯にわたり独身を貫いた。

　故郷の親戚との人間関係は断絶していたが，両親だけは，年に1回程度，長島愛生園に会いに来ていた。両親は，そのことを親族に隠していた。さらに両親の死後は，両親から事情を聴いていた兄弟から，手紙が来るようになる。それでも，宇佐美さんは，弁護団，療養所を訪れる人たちに，故郷や親族について語りたがらなかった。親族に迷惑をかけることを恐れ，天涯孤独で生きようとしていた。

　弁護士から提訴を勧められても，宇佐美さんは，固辞し続けた。しかし，被告である国側の責任を否定する反論内容を知るにつれ，憤り，提訴を考えはじめる。最終的に決断をしたのは，同じ岡山県内で裁判支援をした朝日訴訟（第2章参照）を思い出し，今度は自分たちが権利のために闘う時だと思い至ったからであった。「長島に隔離されても，頭は自由でいたいと思ってきた。社会を知ろうと，海外からの文献を取り寄せ，勉強もしてきた。しかし，裁判をしても無駄だと思うほど，私の頭も『隔離』されてしまっていた。それが何より悔しい」と，裁判後も繰り返し言っていた[2]。

（3）裁判の経緯と判決

　裁判は，国立療養所の入所者または元入所者である原告が，国賠法が施行された 1947 年 10 月 27 日から新法が廃止された 1996 年 3 月 28 日までの，厚生大臣によるハンセン病政策の策定・遂行上の責任と国会議員の立法行為（立法不作為を含む。）についての責任を問うたものである。

　1998 年 3 月 7 日，13 名の九州地方の国立ハンセン病療養所[3)]に住む原告が熊本地裁に提訴する。これを西日本訴訟と呼ぶ。本章では，西日本訴訟に出された熊本地裁判決を取り上げる。同時期，群馬県にある国立療養所栗生楽泉園に住む谺雄二さんが提訴に向けた活動を行っていた。1998 年の熊本地裁への提訴を受け，1999 年 2 月，国立のハンセン病療養所である栗生楽泉園，多磨全生園，駿河療養所，松丘保養園に住む 21 名が原告となり，第一次提訴を行った。これを東日本訴訟と呼ぶ。1999 年 9 月 27 日，瀬戸内三園 11 名の原告が，岡山地裁に提訴した。これを瀬戸内訴訟と呼ぶ。このように裁判の展開とともに原告が増え，熊本地裁判決が確定した 2001 年 5 月 26 日段階で，西日本訴訟，東日本訴訟，瀬戸内訴訟原告は，総勢 1,700 名にも上っていた。同時に，裁判を支援する会が全国で作られ，ハンセン病問題が多くの人の関心を集めることにつながった。

　2001 年 5 月 11 日，熊本地方裁判所は，原告の請求を認容し患者である原告らの人権侵害を認める画期的な判決を下した。5 月 23 日には，被告である国は控訴断念を発表し，判決は確定した。

（4）熊本地裁判決の意義と問題点

　判決の最大の意義は，らい予防法による絶対隔離収容政策による患者の人権侵害を全面的に認めたことである。直接的には居住移転の自由に違反するとし，より広く人格権そのものに対する違反を認めた。国民の健康権を保障する医療政策により，患者の人権侵害が長きにわたって放置されたことへ司法の判断がなされたことは画期的である。ハンセン病元患者（回復者）である原告らの訴えは，連日報道され，ハンセン病問

題は人権問題であることを強烈に認識させることにつながった。

　引き続き判決の意義には，国家による患者への差別の作出助長論を認めたことと，患者と患者以外の間で人権が衝突する場合の調整原理を明確に打ち出したことにある。ハンセン病に対する差別について，被告である国は古来より日本の人々の間に存在しているものであり，らい予防法等の法政策によるものではないと主張したが，熊本地裁判決は全面的に否定している。近代以前と近代以降にわけて，近代以降はハンセン病政策が偏見や差別を「作出助長」したと断罪したのである。法政策によって偏見や差別が助長されることを，裁判所が認めたことの意義は大きく，またそれゆえに医療や福祉を含む法政策のあり方に慎重にならなければならない。

　次に，患者と患者以外の間で人権が衝突する場合の調整原理についてである。原則的には患者の基本的人権は保障されるべきであるが，例外として緊急事態において，患者を隔離して他の人々への感染を予防し，健康権を保障する場合がありうる。ハンセン病の場合は，患者隔離の必要性について判断基準を打ち出した。隔離が必要な場合でも，「最大限の慎重さをもって臨むべきで」，「少なくともハンセン病予防という公衆衛生上の見地」からの「隔離の必要性を認め得る限度で許される」のである。

　つまり熊本地裁は隔離について具体的な基準を，①患者の隔離がもたらす影響の重要性から，これを認めるには最大限の慎重さをもって臨むべきであり，②伝染予防のために患者の隔離以外に適当な方法がない場合でなければならず，③きわめて限られた特殊な疾病にのみ許され，④その時々の最新の医学的知見に基づき，⑤患者に伝染のおそれがあることのみによって隔離が肯定されるものではない，と判断している。このように裁判所が，隔離の影響の重大性や人権侵害であることを前提に，それでもなおかつ人権を制約・制限しうることを認め，それゆえに隔離は他に選ぶべき手段がない場合に限り，きわめて限られた特殊な疾病のみを対象とするのである。この厳しい具体的な基準は，ハンセン病という病気だけでなく，患者一人ひとりの状況にあわせる視点も含んでいる

と考えられる。また，ハンセン病だけでなく，新型コロナウイルス感染症等の他の急性感染症の場合にも当てはまると考えるべきであろう。なにより，例外としての隔離措置であることを考えれば，患者の自己決定を前提にされなければならない。

　続いて，判決の問題点をみていく。第一に，厚生大臣と国会議員の法的責任が生じた時期についてである。判決では，厚生大臣については「遅くとも昭和35年以降」とし，国会議員については「遅くとも昭和40年以降」としている。前述のとおり，基本的人権の保障を重視する日本国憲法のもとで，らい予防法は戦前の癩予防法の法構造を継続したまま制定されてしまった。これに対し裁判所は，治療薬の進展やハンセン病医学に関する国際動向からみて，らい予防法は違憲であったとするが，厚生大臣および国会議員がそのことを認識するのは，「遅くとも昭和35年以降」と判断しているのは妥当とはいえない。その内容は戦前の癩予防法の法構造を踏襲するだけでなく，療養所における逃走罪について「表現の端々にも患者の人権への配慮のなさが如実に現れており，当時の療養所運営のあり方をうかがわせるものである」と，裁判所は批判している。また，国際医学会等では隔離政策の廃止を強く求めていた事実がある。さらに，ハンセン病は隔離を必要とする病気でなくなったことは，当時の患者自治会も把握していたことも見逃せない。実際に1951年にハンセン病療養所入所者らは，「全国国立癩療養所患者協議会」を結成し，らい予防法制定闘争を行っている。このような事実を確認すれば，厚生省と国会議員は，ハンセン病の医学上の最新知見や隔離政策の妥当性を知る機会は容易にあったといえる。しかしながら厚生大臣と国会議員の法的責任の開始時期を遅らせた裁判所の判断は，批判せざるをえない。

　第二に，裁判所は，人権侵害のうち，いわゆる自由権としての居住・移転の自由を直接的根拠として認めて違憲とするが，社会的・経済的・文化的権利の侵害について着目していない点である。社会的・経済的・文化的権利の侵害については，原告が法廷技術として主張しなかったためであるが，この本質的理由は，裁判所が人権の二分論ないし二重の基

準論を採用し，今なお支配的な考え方だからである。すなわちこれは，人権を「自由権」と「社会権」に二分し，「自由権」は「社会権」を優位とする考えであり，前者については合憲性や国家賠償についての行政や立法の故意・過失認定を厳しくし，後者については緩やかな基準を適用する。井上英夫によれば，「このような議論は，特殊日本的であり，さらにハンセン病政策の被害が，自由だけではなく，社会的・経済的・文化的権利の侵害，すなわち生活破壊，人生の破壊そのものであり，全人的，人間の尊厳の侵害であるという実態からいっても，二重の基準の運用自体ふさわしくない」。さらに，「この問題は，自由を求める在園者（国立療養所入所者を指す）に対して，『らい予防法』を廃止すると生活の保障（療養所の住宅，医療，福祉等の保障）が失われるという『脅し』が，厚生省（当時）によって行われ，そのことが，改正を遅らせた重要な要因となったこと，さらには，自由と生存・生活保障とを引き換えにする――福祉，社会保障サービスを受けるなら，施設，お上に従え，我慢しろという――日本の社会保障政策の根本問題に深く連なるものといえよう」という（井上2007：530）。ハンセン病問題の本質が，裁判所の判決にもあらわれているといえよう。

4. なぜ患者等への人権侵害が放置されるのか ――旧優生保護法被害訴訟

（1）福祉政策上の本質的課題 ――自由や生活保障とひきかえの人権制限

　これまで戦前からのハンセン病対策の展開と，ハンセン病違憲国家賠償訴訟熊本判決の内容を確認してきた。ハンセン病問題の法政策上の本質的課題は，自由と生存・生活保障を行う代わりに，患者や回復者が人権や諸権利を制約することを黙認してきたことにある。このことは，ハンセン病問題に限ったことではない。この問題が顕在化したのが，旧優生保護法被害訴訟である。

（2）旧優生保護法被害訴訟とは

　2018年1月，宮城県仙台市の佐藤由美さん（仮名）らが，旧優生保護法のもとで，知的障害などを理由に不妊手術を受けさせられたことに対し，国に謝罪と補償を求めて提訴した。旧優生保護法は，1948年に制定され1996年まで続いた優生保護法に基づき，強制手術および本人の同意を得た上での手術をあわせて，約250,000人が不妊手術を受けさせられたとされる。2020年11月30日現在，全国9地裁で係争中であり，原告は合計で24人にしかすぎず，その多くは仮名や匿名である（表7 - 1）。全国優生保護法被害弁護団が定期的に電話相談を行っているが，記録がない，被害者自身が亡くなっている，周囲に訴えることを嫌がっていることから，裁判にまでつながるケースは少ない。また，手術を受けた本人が被害を知らされずにいることも予想されている。このことからも，旧優生保護法による被害の深刻さと，事実を知っても法的救済を求めることが難しい原告の深刻な葛藤が浮かび上がる。

　この提訴の動きは大きく報道され，立法化の動きも活発化した。2019年4月には，この旧優生保護法に基づいて優生手術を受けた者に対する救済措置として，「旧優生保護法に基づく優生手術等を受けた者に対する一時金の支給に関する法律」（通称，強制不妊救済法）が，議員立法で成立した。同法のもとで，一時金320万円が支払われることになった。係争中のため，訴訟への影響を避けるため，旧法の違憲性や国の責任とは直接絡めない形となっている。

　2021年8月現在，仙台，東京，大阪，札幌，神戸の地裁で判決が出ており，仙台地裁，大阪地裁，神戸では違憲と判断しつつ国家賠償を認めず，東京地裁と札幌は違憲の判断を回避し国家賠償を認めていない。

（3）原告のおかれた状況

　仙台訴訟の原告である飯塚純子さん（仮名）は，1946年3月に宮城県の山村で貧しい農家の長女として生まれた。中学3年生の時，県内に完成したばかりの知的障害のある児童のための施設「小松島学園」に入所し，卒園すると奉公先で手術を強いられた。奉公先は，精神薄弱者福

表7−1　全国訴訟一覧（2021年8月4日現在）

	地裁	氏名	性別	年齢	住所	窓口	担当弁護団	障害の有無・内容	手術根拠	手術時年齢	備考	請求額
1	札幌	小島喜久夫	男	79	北海道	本人	北海道	障害なし	不明	19頃	一審で原告の請求棄却 札幌高裁に係属中	1100万（3300万の一部請求）
2		A（妻）	女	70代	北海道	本人	北海道	知的障害	不明	37頃	一審で原告の請求棄却 札幌高裁に係属中	1100万（3300万の一部請求）
3		B（夫）	男	80代	北海道	本人	北海道	障害なし				1100万（3300万の一部請求）
4	仙台	佐藤由美（仮名）	女	60代	宮城県	義姉	仙台	知的障害（後天性）	4条	15	一審で原告の請求棄却 仙台高裁に係属中	3300万
5		飯塚淳子（活動名）	女	70代	宮城県	本人	仙台	障害なし	12条	16		3850万
6		C	女	60代	宮城県	妹	仙台	知的障害	4条	22	仙台地裁に係属中	3300万
7		東二郎（仮名）	男	70代	宮城県	本人	仙台	知的障害	4条	18		3300万
8		D	男	80代	宮城県	本人	仙台	不明	4条	15		3300万
9	東京	北三郎（活動名）	男	77	東京都	本人	東京	障害なし	4条or12条	14	一審で原告の請求棄却 東京高裁に係属中	3000万
10	静岡	宮川辰子（仮名）	女		静岡県		静岡	聴覚障害			静岡地裁に係属中	3300万
11		武藤千恵子	女	71	静岡県	本人	静岡	視覚障害		28	静岡地裁浜松支部に係属中	3300万
12	大阪	空ひばり（仮名）	女	77	大阪府（手術時）	姉	大阪	知的障害（後天性）	12条	21～22	一審で原告の請求棄却 大阪高裁に係属中	3300万
13		野村花子（仮名）	女	70代	大阪府	本人	大阪	聴覚障害		20歳代		1100万（3300万の一部請求）
14		野村太朗（仮名）	男	80代	大阪府	本人	大阪	聴覚障害				1100万（3300万の一部請求）
15		女性（妻）	女	70代	大阪府	本人	大阪	聴覚障害（後天性）	3条or12条		大阪地裁に係属中	1100万（3300万の一部請求）
16		男性（夫）	男	70代	大阪府	本人	大阪	聴覚障害				1100万（3300万の一部請求）
17	神戸	高尾辰夫（夫）（仮名）	男	80代（令和2年没）	兵庫県	本人	兵庫	聴覚障害（後天性）	3条か4条	29頃	一審で原告の請求棄却 控訴予定	1100万（3300万の一部請求）
18		高尾奈美恵（妻）（仮名）	女	80代	兵庫県	本人	兵庫	聴覚障害（先天性）				1100万（3300万の一部請求）
19		小林寶二（夫）（仮名）	男	80代	兵庫県	本人	兵庫	聴覚障害（先天性）				1100万（3300万の一部請求）
20		小林喜美子（妻）（仮名）	女	80代	兵庫県	本人	兵庫	聴覚障害（後天性）	3条か4条、14条	28頃		1100万（3300万の一部請求）
21		鈴木由美	女	60代	兵庫県	本人	兵庫	脳性麻痺（先天性）	4条と推定	12頃		1100万（3300万の一部請求）
22	福岡	朝倉彰（夫）（仮名）	男	70代	福岡県	本人	福岡	聴覚障害	3条と推定	30代	福岡地裁に係属中	1000万（3300万の一部請求）
23		朝倉典子（妻）（仮名）	女	70代	福岡県	本人	福岡	聴覚障害				1000万（3300万の一部請求）
24	熊本	渡辺数美	男	73	熊本県	本人	熊本	変形性関節症	4条と推定	10か11頃	熊本地裁に係属中	3300万
25		川中ミキ（仮名）	女	70代	熊本県	本人	熊本	障害なし	3条2号と推定	25～26頃	熊本地裁に係属中	3300万

（出所：優生保護法被害弁護団サイトを参考に著者により追記 yuseibengo. wpblog.jp/archives/1838）

祉法（現在は知的障害者福祉法に改称）に基づき，知的障害のある人に職業訓練や指導を行う「職親」と呼ばれる裕福な家庭だった。飯塚さんは，家事手伝いとして働いたが，給金はもらえず，「あんたは馬鹿だ」等とののしられた。満足な食事も与えられず，馬乗りになって箒で叩かれたこともあった。耐えきれず夜逃げしても，すぐに連れ戻された。そして，県の施設で「精神薄弱者」と診断された直後，「宮城県中央優生保護相談所付属診療所」（愛宕診療所）に連れていかれ，優生手術を受けさせられた。

　飯塚さんは，妊娠できなくする手術だと知らず，手術後に両親の会話から，「子どもを産めなくなる手術」だったと知る。飯塚さんは，だまされて手術を受けさせられたことに大きなショックを受けた。後に父親から「民生委員と職親から，至急手術をするよう話があった。印鑑を押せと責めたてられた」と聞かされた。

　手術後には，飯塚さんは激しい腹痛に悩まされることになった。妊娠できないのに，月1回の生理現象は続き，そのたびに腹部の激しい痛みが続いた。18歳で上京し，その後求愛されても結婚に踏み切れず，その後，郷里に戻って別の男性と結婚したものの，不妊手術を受けたことを打ち明けられなかった。子どもが生まれず，養子をもらって育てたが夫が不満をもち，離婚した。再婚した時に，不妊手術のことを打ち明けると，相手は去った[4]。

（4）裁判の経緯および判決の意義

　旧優生保護法被害訴訟は，2018年に仙台地裁への提訴を皮切りに開始された。かつて不妊手術を受けた原告らは，旧優生保護法の各規定は，憲法13条の幸福追求権に違反し無効であり，子どもを産み育てるかどうかの意思決定する権利であるリプロダクティブ権を侵害されたこと，そして被告である国に対し，国会がこの権利侵害に対する損害を賠償する立法措置を執らなかった立法不作為等を訴え，国家賠償を求めた。

　仙台地裁判決〔仙台地判令和元（2019）年5月28日判タ1461号153頁〕

は，以下の理由から原告の訴えを棄却した。憲法13条の法意に照らし，人格権の一内容としてリプロダクティブ権が尊重されることを認めたうえで，原告らの権利侵害の程度は極めて甚大であると認容した。リプロダクティブ権の侵害につき，憲法13条違反を認めたことははじめてのことであり，画期的であった。

　しかし，リプロダクティブ権侵害に基づく権利行使の機会を確保するための立法措置の必要性を指摘しつつも，立法内容については国会の合理的裁量に委ねている事項であること，リプロダクティブ権をめぐる法的議論の蓄積が少ないことを理由に，立法措置を執ることが国会にとって明白ということは困難であるとして，立法不作為については国賠法上の違法は認められないと判断した。また，20年の裁判を提起する期間を過ぎたとして，手術自体の違法性に基づく国家賠償も認めなかった。現在，原告は控訴し，仙台高裁で係争中である。

5. 包括的な人権保障システムへの転換を

（1）ハンセン病問題と旧優生保護法の問題の教訓

　ここまで，ハンセン病問題と旧優生保護法の下での強制不妊手術等で行われ，患者や障害のある人たちの深刻な人権侵害やその継続について，判例をもとに考察してきた。そして，ハンセン病問題や旧優生保護法の下での人権侵害についての医療や福祉政策上の本質的課題は，自由と生存・生活保障を行う代わりに，患者らの人権や諸権利を制約することを黙認してきたことにあることを指摘した。医療や福祉政策や諸サービスは財政的支出を伴うことから，戦前には恩恵的性格とともにその施しの水準は，人並み以下でよいとする劣等処遇を特徴とした。しかし，基本的人権の保障を掲げた日本国憲法においては，戦前の恩恵的性格と劣等処遇を否定した，憲法25条が制定された。らい予防法も優生保護法も，その法的性格を見直しかつ法運用に反映されなければならなかったはずである。結果的には，戦前の発想を継承し続けたハンセン病問題と旧優生保護法の被害問題を通じて，改めて人権の観点と医療，福祉政策の関係を見直す時期に来ているのであろう。

（2）国際連合が示すコロナ禍の克服指針

　そして，どのように医療や福祉政策を見直すべきなのであろうか。世界中で深刻かつ長期化しているコロナ禍でこそ参考にすべきは，国際連合が事務総長名で公表している「新型コロナウイルス感染症と人権――私たちは皆，共にこの状況の中にいる（政策概要）」（2020年4月13日）である。コロナ禍の深刻な状況のなかでこそ，「今は人権を無視する時ではない。今こそ，この危機への対応が人権に基づいて論じられることが必要である」の姿勢を明確に打ち出し，人間と人権を最優先かつ中心におくこと，障害ある人や高齢者，難民など「最も脆弱な人々」に焦点を当てること，人権保障は権力や政治，経済のいずれよりも上位にあると説明する。これらは包括的な人権保障アプローチと呼ばれ，国連がこれまで重視してきた現実的かつ合理的な方法である。

　そして人権保障のなかでも，コロナ禍で最優先されるべき3つの人権を示す。第一に，生命の権利と生命を守る国家の義務であること，第二に，健康を享受する権利と医療にアクセスする権利であること，第三に，重要な人権としての移動の自由を制限することは，その目的，比例原則，非差別性といった点について厳格性が必要とされることの指摘である。本章との関係で重要なのは，とりわけ第二である。これまで各国で，「医療制度に対する投資が過少過ぎたという歴史は，このパンデミックへの対応のみならず，その他の必要不可欠な医療サービスを提供する能力を弱めてきた。コロナは，すべての者を対象とする医療制度（universal health coverage UHC）が不可欠であることを示している」と指摘し，すべての者を対象とする医療制度の確立を示唆する[5]。すべての者を対象とする医療制度は，権利性に基づくものでなければならないとの指摘は，ハンセン病問題や旧優生保護法被害に関する問題から転換すべきものであろう。そして，医療とともに福祉政策も，包括的な人権保障システムとして転換されなければならない。

》》注
1）光田健輔は，戦前からのハンセン病医療体制整備に尽力した医師であり，戦前

戦後の隔離政策に大きな影響を与えた。多磨全生園，長島愛生園園長を歴任した。とりわけ戦後の医学的根拠を無視した隔離政策を採用し継続したことに対し，その影響力の大きさからその功績については賛否が大きく分かれている。

2）宇佐美治「患者からハンセン病隔離政策を問う」『日本の科学者』46 巻 1 号 2011 年 p. 4。

3）国立ハンセン病療養所は，瀬戸内地区に偏在している。具体的に長島愛生園，邑久光明園，大島青松園の三園があり，そのいずれも離島にある。三園は隔離政策とその事実を象徴しており，中でも長島愛生園は，絶対隔離収容政策推進の第一人者であった光田健輔によって開設された療養所である。

4）毎日新聞取材班「私のような人がきっとたくさんいる―飯塚淳子」同編『強制不妊：旧優生保護法を問う』毎日新聞出版 2019 年に詳しい。

5）国連事務総長「新型コロナウイルス感染症と人権―私たちは皆，共にこの状況の中にいる（政策概要）」（2020 年 4 月 23 日）訳：高田清恵，『賃金と社会保障』1764 号 2020 年。

引用文献

・宇佐美治（2007）『野道の草ハンセン病：絶対隔離政策に真向かった 70 年』みずほ出版

・宇佐美治（2011）「特集ハンセン病医療政策と人権保障―ノルウェーとの比較において」『日本の科学者』46 巻 1 号

・鈴木静他（2020）「特集　高齢者人権条約の実現を！第 3 弾」『賃金と社会保障』1764 号

・鈴木静（2021）「ハンセン病違憲国賠訴訟」鈴木静他編『社会保障裁判研究』ミネルヴァ書房

・全国ハンセン氏病患者協議会（1977，2002 復刻）『全患協運動史―ハンセン氏病患者のたたかいの記録』一光社

・ハンセン病違憲国賠訴訟弁護団編（2003）『開かれた扉―ハンセン病を闘った人たち』講談社

・毎日新聞取材班（2019）「私のような人がきっとたくさんいる―飯塚淳子」同編『強制不妊：旧優生保護法を問う』毎日新聞出版

参考文献

・財団法人日弁連研究財務財団，ハンセン病問題に関する検証会議編（2007）『ハンセン病問題に関する検証会議最終報告（上）（下）』明石書店
・千葉紀和，上東麻子（2020）『ルポ「命の選別」だれが弱者を切り捨てるのか？』文芸春秋

🔖 研究課題

1．ハンセン病問題や旧優生保護法で問われた生命権や健康権は，どのようなものであるか調べてみよう。そして，現代的意義を考えてみよう。
2．コロナ禍での医療や福祉に従事する人たちへの人権侵害は，なぜ起こるのだろうか。その理由や原因を調べてみよう。

8 | 貧困・生活困窮と福祉政策

藤澤宏樹

貧困や生活困窮を改善するための制度には，どのような課題があるだろうか。本章では，日本における生活保護および生活困窮者支援における権利保障の到達点と課題を，具体的事例をまじえつつ，考えていきたい。
《キーワード》 貧困，社会的排除，生活困窮者自立支援法，生活保護法

1. 本章の目的

貧困・生活困窮の福祉政策の課題を探るのが本章の目的である。この作業を，「貧困」「社会的排除」といった語の定義から始めて，生活困窮者自立支援法と生活保護法における支援を中心に紹介し，そして，具体的事例をあげて検討するという手順で行うことにしたい。

2. 貧困とはなにか

貧困の定義は多岐にわたり，簡単には整理しきれない[1]。そこで本章では，現在の日本で広く用いられている，相対的貧困・絶対的貧困，潜在能力の剥奪という語の定義をみておくことにする。さらに，相対的貧困率の現状にもふれる。

（1） 貧困とはなにか
——「相対的貧困」と「絶対的貧困」，「潜在能力の剥奪」

「日本の相対的貧困率は OECD 諸国の中でも悪い方だ」などといった報道をよく耳にするが，ここでいう「相対的貧困」とは，「社会的に認められたニーズを満たし，社会に参加できるだけの資源を持たないこと」といった定義で用いられている。人として社会で認められる最低限

度の生活水準以下の生活と言い換えることも可能である。日本の生活保護基準も，相対的貧困概念を用いた設定がなされている。相対的貧困の対となる概念は，「絶対的貧困」である。絶対的貧困とは，ある最低必要条件の基準が満たされていない状態を示し，一般的には，最低限必要とされる食糧と食糧以外のものが購入できるだけの所得または支出水準（＝貧困ライン）に達していない人々の状態を指す。

　相対的貧困と絶対的貧困とは，まったく異なる概念のようにみえるが，実はそうでもない。ある社会で，何が絶対的貧困であるかは，その社会の存在する人々の考えによって左右され，その社会の生活レベルを反映するからである（阿部 2008：43）。例えば，栄養の必要量についても，当該社会の構成員の身体的特徴，気候条件，労働環境によって異なるから，結局は相対的な判断から逃れることはできない（セン 2017：20）。

　もうひとつ，貧困を潜在能力の剥奪とみる立場を紹介しておく。アマルティア・センは，貧困とは，単に所得の低さを指すのではなく，潜在能力が剥奪された状態のことだとする。センは，「適切な栄養をとっている」「健康である」などの人間の基本的活動を「機能」と呼ぶ。この「機能」は人間の広範かつ複雑な活動まで含むものであり，そして，これら諸活動を組み合わせることによって明らかになる人間の能力を「潜在能力」と呼ぶ。センによれば，人間は選択可能な諸機能の中から選択を行うことで自らの生を描く存在であるとされる。そして貧困とは，この潜在能力が剥奪された状態であるとされる（セン 1999）。

（2）日本の相対的貧困率

　長らく日本政府は，日本国内における貧困の存在を認めていなかったが，2009 年に，初の相対的貧困率の調査（貧困の測定）を行うに至った。相対的貧困率というのは，等価可処分所得（世帯の可処分所得を世帯人員の平方根で割って調整した所得）[2]の中央値の 50％に満たない者の割合のことをさす。日本の相対的貧困率は 15.7％（2016 年）であり，G7 諸国のうち，アメリカに次いで 2 番目に高い。具体的にみても，子

どもの貧困率は 2018 年で 13.5％であり，2015 年の 13.9％に比して，大きな改善はみられない[3]。また，ひとり親世帯については，母子世帯では，相対的貧困率は 51.4％であり，可処分所得が貧困ラインのさらに半分の「ディープ・プア」世帯は 13.3％である（2018 年）。これは OECD 諸国において最悪の数字である。父子世帯では，相対的貧困率は 22.9％，ディープ・プア世帯は 8.6％（いずれも 2018 年）である。ひとり親世帯の窮状は，退っ引きならない状況にあると言わざるを得ない[4]。

　相対的貧困率は，所得を基準として貧困を測定する指標であり，先進国における貧困の測定に際して力を発揮する。しかし，相対的貧困率の場合，現物給付（保健・医療・介護サービス）や資産が含まれないという問題がある。また，相対的貧困は経済的困窮状態を分析する語であるから，人と人とのつながりやニーズといったものが捨象されがちになってしまう。

3. 社会的排除

（1）　社会的排除とは

　そこで，貧困という語から漏れ落ちてしまう要素を含むものとして，社会的排除という概念があり，これがよく知られている。

　社会的排除は「フランス生まれ，EU 育ち」（岩田 2008：16）の語であるが，その定義は曖昧で，多義的なものである。本章では，さしあたり，EU の定義を採用しておく。「社会的排除は，過程と結果としての状態との双方を指すダイナミックな概念である。…社会的排除はまた，もっぱら所得を指すものとしてあまりにしばしば理解されている貧困の概念よりも明確に，社会的な統合とアイデンティティの構成要素となる実践と権利から個人や集団が排除されていくメカニズム，あるいは社会的な交流への参加から個人や集団が排除されていくメカニズムの有する多次元的な性格を浮き彫りにする。それは，労働生活への参加という次元をすら超える場合がある。すなわちそれは，居住，教育，保健，ひいては社会的サービスへのアクセスといった領域においても感じられ，現れるのである」[5]。

　社会的排除には，いくつかの特徴がみられる。ここでは，わかりやすく整理している岩田（2008）によるものを紹介したい。岩田によれば，社会的排除の特徴は，①「参加」の欠如，②複合的な不利，③排除のプロセス，④空間的排除，⑤福祉国家の諸制度との関係である[6]。

　① **「参加」の欠如**：社会的排除は，それが行われることが普通であるとか望ましいと考えられるような社会の諸活動への「参加」の欠如という特徴を有する。貧困が生活に必要なモノやサービスなどの「資源」の不足をコアな概念として把握するのに対して，社会的排除は「関係」の不足に着目するのである。そして関係の欠如というのは，同時に意見を述べたり，声をあげたりするようなパワーの不足をも意味している。たとえば，日雇い派遣で就業する人は，契約した日は就業者であるが，既存の労働組合に包含されにくく，声やパワーは不足する。

　② **複合的な不利**：社会的排除は，さまざまな不利の複合的な経験の中で生まれる。そして，複合的な不利は，きわめて「個別的」な様相を持っていることから，「個別の人生軌跡の中に生ずる諸問題の総称」であるとされる。具体的には，経済的指標のほか，教育，雇用，医療，住宅，社会参加などをあげることができる。つまり，複合的な不利とは，人々の社会生活のほとんどすべての側面に及ぶものであることがわかる。

　③ **排除のプロセス**：社会的排除とは，「ある状態」というよりは「プロセス」である。つまり，社会的排除とは，「誰かが誰かを排除する」という「動詞」であり，排除の原因と結果の連鎖のプロセスとして理解される。多くの不利や過去の人的資本（ヒューマン・キャピタル，遺伝的なものや子ども時代の環境，教育などをさす）など社会生活に関わるありとあらゆる要素が影響するということである。

　④ **空間的排除**：これは，特定の集団を特定の場所から排除し，排除された人々が特定の場所に集められ，その結果，特定の場所それ自体が排除された空間として意味づけられていくという，社会的排除の空間的側面を指す。たとえば，日本の「寄せ場」などをあげることができる。

　⑤ **福祉国家の諸制度との関係**：社会的排除は，福祉国家の諸制度と

結びついた特定の社会集団に典型的な社会問題とは異なった様相で生じているために，福祉国家の諸制度が対応できないところに生まれたものと認識されている。制度との関連では，二つの異なった側面がある。まず，ある特定の人が制度から排除されるという側面である。たとえば，オーバーステイの移民労働者の例や，人々が制度や行政組織を信用せず，福祉事務所でひどい扱いを受けたから二度と行かないといった例があげられる。もうひとつは，制度それ自体が排除を生み出す側面である。たとえば，ハンセン病療養所の建設によりハンセン病患者を一つどころに集めたり，一定地域への公営住宅の集中建設がそこへの貧困な人々の集中を促したり，といった例があげられる。意図するせざるにかかわらず，制度それ自体が排除を目的としてしまうのである。

（2）社会的排除と貧困

　社会的排除について，注意しなければならないことがある。それは，社会的排除は貧困に取って代わるものではなく，補完するものである，ということである。社会的排除の概念を用いることにより，排除のプロセス，排除の具体的形態や状態を認識することが可能となる。だが，このような認識は，個々人のライフヒストリーを追うことによって明らかになってくるものであるから，一般化された現象として捉えることは困難である。そのかわり，社会的排除は，貧困の代替物として扱いさえしなければ，貧困分析の幅広い枠組みを促進するものであるといえよう[7]。

4. 生活困窮者自立支援法・生活保護法による支援

　生活困窮者自立支援法と生活保護法における支援をみていこう。これらの制度が，困窮状態を救済するための現金給付を行うだけでなく，貧困を予防したり，貧困から脱却するためのプロセスについてのメニューを用意したりしていることがわかるだろう。

（1）生活困窮者自立支援法

　生活困窮者自立支援法は，21世紀に入ってからの深刻な貧困状況に

対応するべく，2015 年に制定された。2018 年に大きな改正が行われ，今日に至っている。生活困窮者自立支援法は，全 30 条からなり，どちらかといえば小さな法律であるが，それは，多様な困窮問題を支援する各地域が，それぞれの課題に柔軟に対応できるような仕組みを用意しようという意図のもとで作られたからである（駒村・田中編 2019：18〔駒村執筆〕）。

　2015 年の制定当初，制度の対象者である生活困窮者は「現に経済的に困窮し，最低限度の生活を維持することができなくなるおそれのある者」（旧法 2 条）と定義されていたが，2018 年改正によって，この定義が「就労の状況，心身の状況，地域社会との関係性その他の事情により，現に経済的に困窮し，最低限度の生活を維持することができなくなるおそれのある者」に改められた。これは，生活困窮者の定義に，社会的排除の視点が加わったと見ることができる。また，この定義により，経済的に困窮している人というだけでなく，制度の隙間に落ちてしまっている人々（たとえば住居のない人）へ包括的・予防的支援を行いやすくなるという効果も期待できる。

　事業の概要としては，まず，必須事業として①自立相談支援事業，②住居確保給付金の支給がある。次に，任意事業として③就労準備支援事業，④一時生活支援事業，⑤家計改善支援事業，⑥子どもの学習・生活支援事業などがある。さらに，都道府県知事等による認定就労訓練事業（いわゆる「中間的就労」）の認定も行われる。

　① **自立相談支援事業**：自立相談支援事業は，生活困窮者からの相談を受け，生活困窮者の抱えている課題を評価・分析（アセスメント）してそのニーズを把握し，ニーズに応じた支援が計画的かつ継続的に行われるよう自立支援計画を策定し，さらに，自立支援計画に基づく各種支援が包括的に行われるよう関係機関との連絡調整を実施するものである。福祉事務所直営あるいは委託により行われる。

　② **住居確保給付金**：住居確保給付金とは，離職等により経済的に困窮し，住居を失った又はそのおそれがある者に対し，住居確保給付金を支給することにより，安定した住居の確保と就労自立を図ろうとするも

のである。原則３ヶ月給付され，最長で９ヶ月まで給付を受けることができる。福祉事務所設置自治体が行う。

③ **就労支援準備支援事業**：就労支援準備支援事業とは，一般就労に従事する準備としての基礎能力の形成を，計画的かつ一貫して支援する事業であり，福祉事務所設置自治体により行われる（社会福祉法人等への委託可）。６ヶ月から１年程度の有期の支援が想定され，具体的には生活習慣形成のための指導・訓練（生活自立段階），就労の前段階として必要な社会的能力の習得（社会自立段階），事業所での就労体験の場の提供や，一般雇用への就職活動に向けた技法や知識の取得等の支援（就労自立段階）の３段階がある。事業の形式は，通所によるものや合宿によるもの等が想定されている。 なお，一般就労が困難な者については，認定就労訓練事業（いわゆる中間的就労）があり，支援付きの就労の場を提供することになっている。

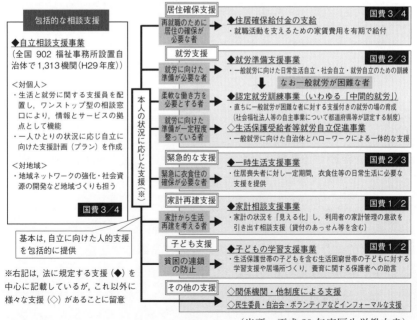

（出所：平成 30 年度厚生労働白書）

図８−１　生活困窮者自立支援制度の概要

④ **一時生活支援事業**：一時生活支援事業とは，住居のない生活困窮者であって，所得が一定水準以下の者に対して，省令で定める期間内で，宿泊場所の供与や衣食の供与等を実施するもので，福祉事務所設置自治体が実施する。

⑤ **家計改善支援事業**：家計改善支援事業とは，家計収支等に関する課題の評価・分析（アセスメント）と相談者の状況に応じた支援計画の作成支援，生活困窮者の家計の再建に向けたきめの細かい相談支援（公的制度の利用支援，家計表の作成等），法テラス等の関係機関へのつなぎ，必要に応じての貸付あっせん等を行うものであり，福祉事務所を設置する都道府県又は市町村が，任意で実施する（委託可）。

⑥ **子どもの学習・生活支援事業**：子どもの学習・生活支援事業とは，いわゆる「貧困の連鎖」防止を目的とし，生活困窮者の自立促進のための生活困窮家庭での養育相談や学び直しの機会の提供，学習支援，生活習慣・育成環境の改善等の支援を行うものである。

（2）生活保護制度における自立支援機能の強化[8]

生活保護制度においては，2005 年に自立支援プログラムが導入された。このプログラムでは，管内の生活保護受給者全体の状況をみて，受給者を年齢や世帯構成，自立阻害要因別に「類型化」した上で，必要と判断される事項から対応していくという方法がとられ，一定の成果をおさめたようにみえた。しかし，類型化による対応では，個々人の抱える課題には十分に対応できない。たとえば，上述の複合的不利を把握するなどということは困難となる。

また，生活保護制度では，受給者に対する就労支援は，主に稼働年齢層で就労阻害要因が少ない者の経済的自立を目的として行われてきた。その結果，これまでの就労支援は，ややもすると，支援ではなく，不利益変更を背景とした指導指示の問題として考えられていたきらいがある。したがって，就労に向けて課題を抱えた者は，最終的には保護の停廃止によって，生活保護から排除されて，表面的には「解決」されてしまっていた（池谷 2017：303）。いうまでもないが，これでは，就労に向

138

けてそれぞれの受給者が有している課題には十分に対応できないことになる。そこで，ハローワークとの連携事業である生活保護受給者等就労自立支援事業（2013年〜），福祉事務所の就労支援員による相談支援を行う被保護者就労支援事業（2015年〜）などが実施されている。その結果，就労・増収者は増えており，一定の成果を上げているという。この二つの事業の概要と課題を示す。

　生活保護受給者等就労自立支援事業とは，福祉事務所の関係課や自立相談支援窓口から就労支援の要請があった求職者（支援対象者）に対し，ハローワークと福祉事務所職員からなる就労支援チームが連携して就労支援を行うという事業である。この事業により，就労・増収につながる人も多く，一定の成果を上げているとされる。しかしながら，支援対象者の中には，求職活動を行う準備がまだできていない者がいるなど，対象者の選定にあたってハローワーク側と福祉事務所側との認識がずれている場合があったり，ハローワークと福祉事務所が，お互いの制度をよく理解していないという場合があるという。ここから，ハローワークと福祉事務所が常日頃から意見交換をしておくこと，制度理解の深化の必要性といった課題が生じていることがわかる。

　被保護者就労支援事業とは，就労意欲や生活能力，稼働能力が低いなど，就労に向けた課題を多く抱える被保護者の相談に応じ，保護の実施機関が，必要な情報の提供や助言を行うというものである。就労に向けた課題を多く有する者に対して，日常生活自立，社会生活自立，就労自立に向けた支援を行う。原則として1年を基本とした期間で行われる。日常生活自立支援は，適切な生活習慣の形成を促すことを目的とし，起床や身だしなみなどに関する助言指導等が行われる。社会生活自立支援は，社会的能力の形成を促すことを目的とし，挨拶の励行等の基本的なコミュニケーション能力の形成，職場見学，地域活動の参加促進等が行われる。就労自立支援は，一般就労に向けた技法や地域の習得等を促すことを目的とし，就労体験や就労訓練（中間的就労），履歴書作成訓練，模擬面接等が行われる。被保護者就労支援事業も一定の成果を上げているとされるが，実施率が低い（2017年度で自治体の実施率は

28%），就労体験や就労訓練の場の確保，被保護者の状況を踏まえての求人開拓の充実などの課題が残されている。

（3）役割分担と連携

生活困窮者自立支援法制度と生活保護制度とは，一体的に運用されることが望ましい。しかしながら，制度内容に類似性が見られることから，線引きが曖昧で，どのような役割分担や連携が必要なのか，この点はいまだ模索中であるということになろう（岩永・卯月・木下 2018：211〔木下執筆〕）。

（4）なぜ生活困窮者の就労を支援するのか

それにしても，なぜ生活困窮者の自立支援を，生活保護行政をはじめとする福祉の側で行うのか。労働行政の問題ではないのか。また，次のような疑問をもつ人もいるかもしれない。全ての被保護者が労働に対する意欲と能力をもち，ハローワークで求職活動を行い，就職できるのであれば，生活保護行政による支援は不要であるはずである，と。しかし，生活保護行政による就労支援の対象者は，労働行政では対応が困難な，就労意欲が減退したり，労働スキルが低い人たちである。したがって，その支援は単なる職の紹介では済まず，上述のような多様な支援が必要となるのである（池谷 2017：296）。

「働くこと」とは，単に経済的自立のためだけのものではない。「働くこと」は，日々の生活をつくり，社会とのつながりを構築し，自己実現を図るという大切な意義をもつものであり，一人ひとりの生活や人生を豊かにする重要な営みである（生活保護受給者に対する就労支援のあり方に関する研究会 2018：6）。このような「働くこと」の意義を踏まえれば，就労は，経済的自立のみならず，日常生活自立，社会生活自立をもよりよく実現するための方策と捉えることができる。就労支援とは，人間らしい生活を営むにあたって必要な方策なのだ，といえば言い過ぎだろうか。

（5）その他――新型コロナウイルス禍の影響

　2019年末からの新型コロナウイルス禍により，制度の運用等が流動的な状況となっている。10万給付で話題となった特定定額給付金や，ウイルス禍の影響で生活に困窮した人への生活困窮者貸付金制度の施行などがその例である。この状況は注視していかねばならない。

5. 具体的事例

　本章の最後に，具体的事例をあげて考えてみたい。

（1）渋谷バス停事件

　2020年11月，東京都心のバス停で，路上生活者とみられる60代の女性が男に頭部を殴られて亡くなった。女性は2020年春ごろから，最終バス出発後の午前2時ごろにバス停に現れてベンチに腰掛けて眠り，明け方になるとどこかへ立ち去る生活を続けていたという。身なりは整い，キャリーバッグを抱えて1人で静かに眠る女性を，男は，石を入れた袋で頭部を殴打し，殺害した。男は「バス停に居座る路上生活者にどいてもらいたかった」と供述しているという。

　被害者の女性は，東京や千葉，神奈川など首都圏のスーパーで試食販売を担当していた。約3年前まで杉並区のアパートに住んでいたが家賃滞納で退去後，路上生活になったとみられる。死亡時の所持金は8円で，生活保護は受けていなかった。女性は，路上生活になってからも派遣会社に登録し，立ち直りを模索していた矢先の悲劇だった。弟によれば，姉は「明るく活発な人だった」という。

　この事件は衝撃をもって報道されたが，背景には，未婚・非正規社員の女性たちが部屋を失いホームレス化する危険が高まっていることがある。賃貸住宅・単身暮らしだとギリギリの収入から家賃を払っている女性が多く，食費は削れても家賃は削れないから，収入をなくすと一気にホームレス化する危険が指摘されている[9]。制度に目を向けると，上述の住居確保給付金はあるが，まだまだ行き届いていない。また，生活困窮者を支援へとつなぐ仕組みも十分整備されていないという点も指摘で

きる。実際，本件に関しては，生活保護も生活困窮者自立支援制度もその他の制度も機能しなかった。そして，この事件は，日本にはいまだに「絶対的貧困」が存在しているということを示唆している。さらに，個人がきわめて脆弱な状況にあり，かつ即時の保護が得られていない場合，当人に固有の人間の尊厳が侵害されているとする外国判例が紹介されているが（遠藤 2018：26），この判旨に照らせば，本件において，被害女性の人間の尊厳は侵害されていたともいえるのではないか。

（2）福島奨学金返還訴訟 [10)]

　福島市で生活保護費を受給している原告 A さんとその子である原告 B さんは，B さんの高校進学に際して，奨学金を受給することになった。さまざまな要件をクリアしての結果であった。ところが，市福祉事務所長は，B さんが受給した奨学金を収入として認定して保護費を減額する保護費変更処分をした。そこで A さんと B さんは，当該処分は，生活保護法の解釈適用を誤り又は各奨学金を収入認定から除外するか否かの判断に当たって必要な調査，検討を怠って漫然となされたなどの違法な処分であり，これら違法処分により精神的苦痛を被ったと主張して，市に対し国家賠償法 1 条 1 項に基づき慰謝料の支払いを求めて提訴した。

　判決は，保護の実施機関は，被保護者から高校への進学にあたり給付型奨学金を受給する旨の申告があった際には，被保護者に対して適切に助言するとともに自ら調査すべき義務があったにもかかわらず，①被告福祉事務所が奨学金について収入認定除外の対象となるか否かの検討を行わなかった，②原告から提出された自立更生計画や添付資料の検討をせず，除外認定にあたって必要な資料の追加提出等の指示もしないままに減額処分を行った，以上の判断は裁量権を逸脱したものであるし，本件減額処分は国家賠償法 1 条 1 項に違反するとし，市に慰謝料の支払いを命じた。

　本判決は，生活保護世帯における奨学金の収入認定が問題となった最初の事例であるとされる。本判決の法的論点としては，①奨学金と収入

認定の関係，②不利益処分の理由提示の程度，③行政裁量における司法的統制についてどう考えるかといった点があげられる。①については，給付型奨学金の受給において自立更生費として収入認定から除外される経費について，福祉事務所の調査義務違反が問題となった。福祉事務所は自立更生に必要な経費であることを示す資料提出義務は被保護者にあると主張したが，判決は，福祉事務所の助言・調査義務を認めた。この点は評価できる。②については，保護決定通知書には「奨学金を収入認定する」とだけ書かれており，理由等が付記されていなかった。子どもの高校生活を左右するほどの重大な事柄であるのなら，福祉事務所は，処分にあたり，適用関係も明示すべきであったと考えられる。③について，本判決は，奨学金の収入認定除外について高等学校等就学費で賄えるかどうかの検討・調査を福祉事務所がしなかったことが裁量権を逸脱し，違法とした。本判決は，判断過程審査を行ったものと理解される[11]。すなわち，福祉事務所は処分にあたっての検討・調査をほとんど行わなかったのだから，考慮すべき事項を考慮しなかったことになり，裁量権逸脱で違法であるということになるのである（南 2019：82）。

　次に，福祉政策的論点をあげる。第一に，福祉事務所は，子どもの進学後の経済的課題に向かいあうための相談援助が求められていたにもかかわらず，不利益処分を背景にした指導指示の問題として対応していた。ここに問題がある。第二に，奨学金が得られたとしても，いったん収入認定して事後に調整するという仕方では，一時的にせよ最低生活を下回る生活を余儀なくされることになるという問題がある。第三に，そもそも高校進学・就学に際しては，就学に際して必要な物品の購入が必要となり，それは生活保護費から支給される高等学校等就学費の範囲では賄いきれない可能性がある。これらの問題に対応するには，福祉事務所が指導指示と相談援助の違いをあらためて考え直すこと，奨学金を収入認定の対象からいったん除外する取り扱いを再考すること，奨学金制度の充実，高等学校等就学費の引き上げを検討することなどが必要である。教育政策にまで話を広げれば，高校段階の学校教育費すべての無償化が検討されてもよい。

6. 貧困・生活困窮と福祉政策の課題

　貧困・生活困窮をめぐる法制度は，何度も改正を重ねて，少しずつ改善されているとはいえよう。しかし，渋谷バス停事件のような悲劇は，なかなかなくならない。山積する諸課題には，いまだ対応しきれていないといわざるを得ない。貧困の実情を常に把握するように努め，小さな課題に一つずつ取り組んでいくという，地道な取り組みを続けていくほかなさそうである。このような取り組みが制度の改善につながるはずである。並行して，貧困，社会的排除，人間の尊厳などに関する理論的研究を深化させていくことも不可欠である。

〉〉 注

1) 貧困の概念について理解を深めたい人は，ルース・リスター『貧困とはなにか』（明石書店，2011）を勧めたい。

2) 等価可処分所得については，中澤（2018：91-92）がわかりやすいので，以下に示しておく。「世帯の収入のうち，税や社会保障関連のあらかじめ天引きされる金額を除いた所得が，自分で判断して利用できる可処分所得である。この可処分所得を，世帯人員の平方根で割った値が，等価可処分所得である。所得が同水準である場合，別々の世帯で生活するより，一緒に住む方が住居費や光熱費などの負担の点では効率的で，よりコストがかからなくて済む。特に住居費は額が大きいし，光熱費も世帯人数が一人から二人になったことで，かかるコストが倍になる（逆に一人分の負担が半分になる）と考えるのは行き過ぎなので，世帯人員の平方根で割っているのだ。そして等価可処分所得を少ない順に並べたときに，ちょうど中央の順位にあたる所得が中央値（メジアン）となる。メジアンの半分にあたる等価可処分所得が貧困線で，貧困に達しない人々が貧困状態にある，と定義される」。

3)「子どもの貧困率13.5％　7人に1人，改善せず」日本経済新聞2020年7月17日（https://www.nikkei.com/article/DGXMZO61680420X10C20A7CR8000）。

4) 周燕飛「母子世帯の貧困率は5割超え，13%が「ディープ・プア」世帯「第5回（2018）子育て世帯全国調査」結果速報」労働研究・研修機構プレスリリース（2019年10月17日）p. 1, 7（https://www.jil.go.jp/press/documents/2019 1017.pdf）。ただし，2019年末よりの新型コロナウイルス禍により，この数字は大きく変動している可能性がある。

5) European Commission, 1992, Towards a Europe of Solidarity : Intensifying

the Fight against Social Exclusion, p. 8. 訳文は，福原宏幸「『社会的排除／包摂』についての概念的整理」第 2 回「一人ひとりを包摂する社会」特命チーム議事資料（2011 年 2 月 22 日）p. 2（https://www.kantei.go.jp/jp/singi/housetu syakai/dai 2 /siryou1.pdf）に拠り，一部改変した。

6）以下の社会的排除の説明は，岩田（2008：24-32）に拠った。岩田（2008）は，社会的排除に関心のある人の必読文献である。

7）前掲注 1，p. 145。

8）本節の記述は，生活保護受給者に対する就労支援のあり方に関する研究会「生活保護受給者に対する就労支援のあり方に関する研究会報告書」(2018)，社援保発 0329 第 5 号平成 31 年 3 月 29 日厚生労働省社会・援護局保護課長「被保護者就労準備支援事業（一般事業分）の実施について（通知）」に拠った。

9）東京新聞 2020 年 12 月 20 日朝刊 2 面。とりわけ森詩恵コメント参照。

10）『賃社』1708（2018）p. 35。

11）判断過程審査については，第 2 章参照。

引用文献

・阿部彩（2008）『子どもの貧困』岩波書店

・アマルティア・セン（2017）『貧困と飢饉』岩波書店

・アマルティア・セン（1999）『不平等の再検討』岩波書店

・池谷秀登（2017）『生活保護ハンドブック』日本加除出版

・岩田正美（2008）『社会的排除』有斐閣

・岩永理恵・卯月由佳・木下武徳（2018）『生活保護と貧困対策』有斐閣

・遠藤美奈（2018）「生存権保障の現況と展開」尾形健編『福祉権保障の現代的展開—生存権論のフロンティアへ』pp. 15-41，日本評論社

・駒村康平・田中聡一郎編（2019）『検証・新しいセーフティネット—生活困窮者自立支援制度と埼玉県アスポート事業の挑戦』新泉社

・生活保護受給者に対する就労支援のあり方に関する研究会（2018）「生活保護受給者に対する就労支援のあり方に関する研究会報告書」

・中澤渉（2018）『日本の公教育』中公新書

・南眞二（2019）「生活保護奨学金収入認定国家賠償請求事件福島市」『判例地方自治』443 p. 82-85

・ルース・リスター（2011）『貧困とはなにか』明石書店

参考文献

・阿部彩・鈴木大介 (2018)『貧困を救えない国 日本』PHP 新書
・石埼学・遠藤比呂通編 (2012)『沈黙する人権』法律文化社
・木下秀雄・吉永純・嶋田佳広 (2020)『判例生活保護』山吹書店
・末冨芳 (2018)「子どもが成長し自立していくための生活保護の法・制度運用の課題について―子どもの貧困対策の視点から―」『賃社』1708 pp. 24-34
・田中聡子 (2020)「低所得母子世帯の自立支援」『社会政策』第 11 巻 3 号 pp. 102-112
・戸部真澄 (2021)「演習 行政法」『法学教室』492 号 pp. 114-115
・西沢桂子 (2018)「生活保護奨学金収入認定事件勝訴判決を受けて」『賃社』1708 pp. 4-9
・福祉国家と基本法研究会・井上英夫・後藤道夫・渡辺治編著 (2011)『新たな福祉国家を展望する』旬報社
・宮本太郎 (2017)『共生保障』岩波書店
・吉永純 (2018)「奨学金の収入認定にかかる実務運用と生活保護における最低生活保障の意義」『賃社』1708 号 pp. 10-23

🔲 研究課題

1. 生活困窮者の住宅対策について，各自治体の取り組みを調べて，検討してみよう。
2. 新型コロナウイルス禍における生活困窮者支援施策を調べ，課題を考えてみよう。

9 | 介護における人権と福祉政策

根岸　忠

　本章では，介護保険制度創設の背景をみた上で，保険料を負担することが難しい低所得被保険者への対応，さらに長時間労働や低賃金等労働条件が低いとされ，人手不足に陥っている介護労働者に対する政策をみよう。
《キーワード》　介護保険，保険料，介護労働者

1.　介護保険制度創設の背景と現状

　我が国は，すでに OECD の定義する超高齢社会となっている。総務省統計局による調査によれば，2021 年 4 月の総人口 1 億 2,541 万 7,000人のうち 65 歳以上の人口は 3,629 万 8,000 人，高齢化率は 28.9％である[1]。国立社会保障・人口問題研究所による 2017 年 4 月の推計結果による 65 歳以上の人口及び高齢化率をみると，2036 年には，3 人に 1 人が高齢者となり（3,808 万人，33.3％），2042 年にはその人口がピーク（3,935 万人，36.1％）を迎えたのち減少に転じ，2065 年には 3,381 万人，38.4％になると推計されている[2]。上記の統計から鑑みれば，介護を要する高齢者数の増加は避けられない。

　そのために創設されたのが介護保険制度である。介護保険法が施行されるまで，高齢者の介護保障は，老人福祉法，医療保険各法及び老人保健法（現在の「高齢者の医療の確保に関する法律」）によって担われていた。

　老人福祉法に基づく措置制度では，市町村等の措置権者が，対象者にどういったサービスをいかなる手段（施設入所や社会福祉法人等への措置委託）により提供するかを判定し，くわえて，優先順位の高い者に優先的にサービスを行う。応能負担による利用者負担はあるが，基本は公

費により賄われる。措置制度は，限られた資源のなかで必要性の高い者にサービスを提供する仕組みとしては優れていたといえよう。しかし，措置権者がサービスの内容や必要性を判定するため，①利用者による自己決定が尊重されない，②サービスを利用するにあたり所得調査がある，③サービス提供主体が地方公共団体や社会福祉法人に限定されるため，競争原理が働かず，サービスの質が向上しないといった点が問題とされるようになった。

　措置制度の対象者であれば，上記のような問題があるにせよ，特別養護老人ホームでの入所や居宅かは別にして，老人福祉法に基づき介護サービスを受けることができた。だが，その対象とはならない者は，家族による居宅での介護を受けることとなるが，寝たきりの者や重度の認知症患者を家族が24時間介護を行うのは相当な負担となる。ゆえに，そういった者はやむをえず病院に入院する者もおり，「社会的入院」が医療保険の財政を悪化させることとなった。

　高齢化を背景にして，要介護高齢者数は増加するとの予測から，みよりのない一部の低所得者を対象としてはじまった措置制度に基づく介護サービスの提供は転換を迫られた。その結果，介護の社会化を図るために，医療，年金，労災，雇用につづく5つ目の社会保険制度の創設が決定され，介護保険法が1997年に制定，2000年に施行されることとなった。

　介護保険制度が施行された2000年から最新の2019年までの介護保険の受給者及び給付費の推移をみてみよう。受給者数は184万人（2000年度）から567万人（2019年度），利用者負担を除いた給付費は，3兆2,427億円（2000年度）から9兆9,622億円（2019年度）となっており[3]，施行後20年ほどで受給者数，給付費ともに3倍になっている。前述のとおり，高齢化に伴い高齢者数は増えることから，受給者数，給付費ともに今後も増え続けるのは避けられないだろう。

2. 低所得被保険者への対応

（1） 介護保険の仕組み——財源問題を中心に

　介護保険は，市区町村の区域内に住所を有する 40 歳以上の者を被保険者とすることから，保険料の支払いが難しい低所得者も加入する。介護保険の仕組みを概観した後に，こうした者に対し，いかなる対応がなされているのかみよう。

　介護保険の目的は，「加齢に伴って生ずる」（介保 1 条）疾病等によって介護等が必要な状態になった者に対して，保健医療サービス及び福祉サービスに要する金銭給付を行うことである。保険者は市町村及び特別区（以下「市町村」という）であるが，市町村が単体では介護保険を運営するのが難しい場合には，いくつかの市町村が共同で広域連合を設立し，その広域連合が介護保険の保険者となる。

　被保険者は第 1 号被保険者と第 2 号被保険者からなる。前者は，市町村の区域内に住所を有する 65 歳以上の者（介保 9 条 1 号），後者は，市町村の区域内に住所を有する 40 歳以上 65 歳未満の医療保険加入者である（同条 2 号）。第 2 号被保険者の要件である「医療保険加入者」には被保険者本人のほかに，健康保険等の被用者保険の被扶養者も含まれる。

　第 1 号被保険者は，要支援状態又は要介護状態になった場合には，その理由のいかんを問うことなく，保険給付がなされる一方，第 2 号被保険者は，要支援状態又は要介護状態となっただけでは不十分であり，特定疾病[4] に該当しない限り保険給付がなされない。

　このように，第 1 号被保険者に比べて，第 2 号被保険者は保険給付を受けられる事由が制限されているが，これは，介護保険法が「加齢に伴って生ずる」疾病等によって要支援状態又は要介護状態となった場合に給付を行う旨定めているからである。それゆえ，第 2 号被保険者は保険料負担をしているにもかかわらず，第 1 号被保険者に比べ給付を受ける可能性がきわめて限られている。

　こうした点から考えるならば，第 1 号被保険者と第 2 号被保険者を被

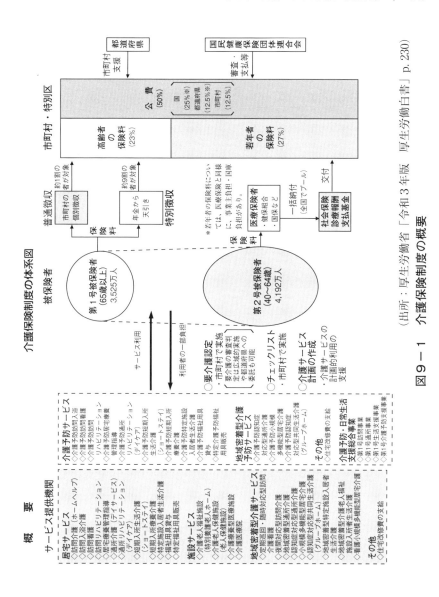

図 9 − 1　介護保険制度の概要

（出所：厚生労働省『令和 3 年版』厚生労働白書』p. 230）

保険者という同一の範疇で捉えていいのだろうか。先述のとおり，第1
に第1号被保険者は要支援状態又は要介護状態になれば理由のいかんを
問うことなく，保険給付がなされる（介保7条3項1号，4号1号）一
方，第2号被保険者は，要支援状態又は要介護状態になっただけでは不
十分であり，特定疾病に該当しない限り保険給付がなされない（同条3

150

表9－1　第1号被保険者の保険料

1. 第1号被保険者の保険料は、負担能力に応じた負担を求める観点から、原則として各市町村ごとの所得段階別の定額保険料とし、低所得者への負担を軽減する一方、高所得者の負担は所得に応じたものとする。

段　階	対象者	保険料	(参考)対象者（平成30年度）
第1段階	・生活保護受給者 ・市町村民税世帯非課税かつ老齢福祉年金受給者 ・市町村民税世帯非課税かつ本人年金収入等80万円以下	基準額×0.5	617万人
第2段階	市町村民税世帯非課税かつ本人年金収入等80万円超120万円以下	基準額×0.75	277万人
第3段階	市町村民税世帯非課税かつ本人年金収入等120万円超	基準額×0.75	256万人
第4段階	本人が市町村民税非課税（世帯に課税者がいる）かつ本人年金収入等80万円以下	基準額×0.9	480万人
第5段階	本人が市町村民税非課税（世帯に課税者がいる）かつ本人年金収入等80万円超	基準額×1	468万人
第6段階	本人が市町村民税課税かつ合計所得金額120万円未満	基準額×1.2	496万人
第7段階	本人が市町村民税課税かつ合計所得金額120万円以上200万円未満	基準額×1.3	452万人
第8段階	本人が市町村民税課税かつ合計所得金額200万円以上300万円未満	基準額×1.5	232万人
第9段階	本人が市町村民税課税かつ合計所得金額300万円以上	基準額×1.7	247万人

※上記表は標準的な段階。市町村が条例により課税層についての区分数を弾力的に設定できる。なお、保険料率はどの段階においても市町村が設定できる。
※公費の投入により平成27年4月から、第1段階について基準額×0.05の範囲内で軽減強化を行い、更に令和元年10月から第1段階について基準額×0.15、第2段階について基準額×0.25、第3段階について基準額×0.05の範囲内での軽減強化を実施。
2. 第2号被保険者の保険料は、加入している医療保険者ごとに算定される。

（出所：厚生労働省「令和3年版　厚生労働白書」p. 231）

項2号，4項2号）。第2に前者は介護給付及び予防給付の費用のうち23％を負担するにすぎないのに対し，後者は当該費用のうち27％を負担する（介保125条2項，介護保険の国庫負担金の算定等に関する政令5条）からである。第2号被保険者の被保険者（4,192万人）のほうが第1号被保険者（3,525万人）よりも数が多いことから（被保険者数はいずれも2018年度のものである），保険料を多く負担しているにもかかわらず，受給できる可能性は限られている。

　上記のとおり，第2号被保険者は費用の面では第1号被保険者よりも多く負担する一方，特定疾病に該当しない限り保険給付を受けることができない。そのため，介護保険法が「国民の共同連帯の理念に基づき介護保険制度を設け」た（介保1条）旨述べていることから，はたして第1号被保険者と第2号被保険者とを同じ保険集団に属するものとして，両者間に連帯意識を観念することができるかが問題となろう。

　次に財源をみよう。介護保険の財源は，保険料，公費及び利用者負担である。公費及び保険料で半分ずつ賄われており，保険料は第1号被保険者と第2号被保険者で賦課徴収の仕方が異なる。

　第1号被保険者の保険料は，政令で定める基準（標準割合　9段階）5）に従って，各市町村が定めた保険料率により算定された保険料額，つまり所得段階別に課される。もともと標準割合は5段階であった

が，「特別の必要があると認められる場合においては」，保険者はさらな
る区分を設けることができるとされ（介保令38条1項），低所得被保険
者への負担を減らすために，さらに多くの区分を設けている保険者が多
くあったことから，その現状に合わせ，現行の9段階となった。もっと
も，低所得被保険者への負担軽減のために，さらなる区分を設けている
市町村（横浜市は16段階，神戸市は15段階）もある。

　第1号被保険者の保険料徴収方法は特別徴収と普通徴収とからなる。
年額18万円以上の年金給付を受けている者は，受給している年金から
介護保険料が天引きされる特別徴収となる一方，18万円未満の者は市
町村に直接保険料を納付する普通徴収となる。

　市町村は，第1号被保険者とは異なり，第2号被保険者からは直接に
保険料を徴収しない。第2号被保険者の保険料は，各被保険者が加入し
ている医療保険の医療保険者が医療保険の保険料と共に集め，社会保険
診療報酬支払基金に介護給付費納付金として納付することとなる。

（2）低所得被保険者への対応

　介護保険施行後一貫して保険料が引き上げられてきた結果[6]，保険料
負担が難しい低所得者，なかでも恒常的低所得者に対し，保険者である
市町村は，同時に住民の福祉に責任を負う基礎的な地方公共団体（地方
自治法2条3項）であるがゆえに，保険者の立場を貫くことは難しい。
そのため，保険料の減免及び徴収猶予（以下「保険料の減免等」という）
を行わざるをえないことがある。保険料の減免等について，介護保険法
は，「市町村は，条例で定めるところにより，特別の理由がある者に対
し，保険料を減免し，又はその徴収を猶予することができる」（142条）
と規定しているのみであって，法令にはそれ以上の定めはない。それゆ
え，本条のみから考えると，市町村は，独自の基準に従い，保険料の減
免等を行うことができると考えられる。しかし，実際には，非常災害等
の事由で保険料の支払いが難しい場合のみ保険料の減免等を行うことが
できるとされている[7]。

　かりに保険料の減免等を行う場合であっても，厚生労働省の解釈であ

る介護保険料減免に関する3原則によって、市町村が保険料の減免等をなしうる範囲はかなりの程度制約されている[8]。3原則とは、保険料の減免に関し、第1に「保険料の全額免除」、第2に「収入のみに着目した一律の減免」、第3に「保険料減免分に対する一般財源の繰入」を行うことは不適当であるとするものである。介護保険を全国で統一的に実施しようとする国の立場からすれば、各市町村により保険料の減免等の事由が異なることをできるだけ避けたいと考えるのはあながち不合理なことではない。

　また、生活保護受給世帯以下の所得しかない者に対し、保険料の減免を行っていないことは憲法14条、25条に反するとして提起された旭川市介護保険条例違憲訴訟［最3判平成18（2006）年3月28日判時1930号80頁］では、災害を受けた場合の保険料の徴収の猶予や減免、さらに生活保護受給者には生活扶助に保険料の実費が上乗せ支給されることから、保険料額を定める条例に「市町村民税が非課税とされる者について、一律に保険料を賦課しないものとする旨の規定又は保険料を全額免除する旨の規定を設けていないとしても、それが著しく合理性を欠くということはできないし、また、経済的弱者について合理的な理由のない差別をしたものということはでき」ず、したがって、本件で問題となった「条例が上記の規定を設けていないことは、憲法14条、25条に違反しない」とした。その後に、同様の点が争われた堺市介護保険条例違憲訴訟［大阪高判平成18（2006）年5月11日判自283号87頁］でも訴えは退けられている。

　こうした厚生労働省による制約やそれを是認している判例に対し、そもそも介護保険法は市町村を保険者として位置づけていることから（介保3条1項）、本来ならば、保険者である市町村は、法令に反しない限り、保険者自治から独自に保険料の減免等を行うことができると考えられる[9]。

　これまで述べてきたように、介護保険は一定区域の住民を被保険者とする住民保険である（介保9条）がゆえに、健康保険等の被用者保険と異なり、低所得者も被保険者とせざるをえない。そのため、各市町村の

条例で定められた額の負担が難しい者には，保険料の減免等を行わざる
をえないことがあるが，実際には，すでに述べたように，国の解釈によ
り制約されている。以上のような保険料の減免等に関する国による関与
は，2017 年介護保険法改正によって，保険者機能の強化等の取り組み
の推進が謳われたことから考えると，法的な根拠がないものといえよ
う。

3．介護労働者をめぐる政策

（1）介護労働者の労働実態

　介護保険の利用者は介護サービス事業者と介護契約を締結しており，
その契約に基づき，事業者が介護サービスを提供することになることか
ら，介護サービス事業者に雇用されている介護労働者が介護サービスを
提供することとなる（介護従事者の中には，事業者と請負又は委任契約
を結んでいる者もいるだろうが，きわめて少ないと考えられる）。

　特別養護老人ホーム等で施設入所サービスに従事している者では正規
労働者の割合が高い一方，居宅サービスに従事している者では非正規労
働者の割合が高い。このように，非正規労働者の占める割合が高く，そ
の労働条件は概して他の職種に比べて低いものとなっていることから，
離職率が高く，慢性的な人手不足となっている。

　ここでは，公益財団法人介護労働安定センターによる「令和 2 年度介
護労働実態調査」（2020 年調査）[10] [11] から介護労働者の実態をみよう。

　従業員数規模別では 19 人以下の事業所が 56.0％を占めており，就業
形態をみると，無期雇用職員 70.9％，有期雇用職員 28.6％，平均月収
（税込み）は 20 万 1,763 円である。週の労働時間は 40 時間以上が
62.7％となっており，長時間労働が常態化しているといえよう。こうし
た点からのみみれば，読者は労働条件があまりよくないことから，人材
不足となっているように思われるかもしれない。実際に「他産業に比べ
て，労働条件等が良くない」（53.7％），「同業他社との人材獲得競争が
厳しい」（53.1％），「景気が良いため，介護業界へ人材が集まらない」
（19.1％）ため，新規採用が難しい結果，人手不足に陥っていると答え

ている事業者は多く，いずれも労働条件がよくないことがその原因だと考えている。翻って，労働者に仕事についての悩みを尋ねてみると，「人手が足りない」（52.0％）が「仕事内容のわりに賃金が低い」（38.6％）よりも高い割合となっている。さらに，60.2％の労働者が「今の勤務先で働き続けたい」と答えていることから，労使の認識にずれが生じていることがわかる。

こうした労働者の回答から考えるならば，たしかに介護の仕事はきつく，賃金もそれほど高くないことから，労働条件はよくないといえよう。しかし，それでもなお「今の勤務先で働き続けたい」（60.2％）と考え，「仕事の内容・やりがい」（53.7％）を感じている者がいることを鑑みるならば，労働条件が低いことのみで離職するわけではないことがわかるだろう。

（2）介護労働者の保護

先にみたように，多くの事業者が人手不足に陥っている。実際，厚生労働省による 2015 年の推計では，2025 年には 38 万人の介護人材が不足する見込みである[12]。増大する介護需要に対し，介護人材をいかに安定的に供給することができるかが重要な政策課題となっている。

ここでは，介護保険施行前からの施策も含め，介護労働者増加のためにいかなる施策がなされてきたのかをみよう。

１）介護労働者の労働条件確保に関する法令の整備

先述のように，介護労働者の労働条件は低いことから，措置制度下でも一定の対応がなされてきた。介護保険施行前の 1992 年に介護労働者の雇用管理の改善等に関する法律が制定された。同法は「介護労働者について，その雇用管理の改善，能力の開発及び向上等に関する措置を講ずることにより，介護関係業務に係る労働力の確保に資するとともに，介護労働者の福祉の増進を図る」ため（１条），厚生労働大臣に介護雇用管理改善等計画の策定を義務づけ（6，7条），介護労働者の雇用管理の改善等についての事業主への支援（8～14条），さらに，介護労働

安定センターの指定等（15 〜 30 条）を定める。その後，1993 年に社会
福祉事業法及び社会福祉施設職員退職手当共済法の一部を改正する法律
（福祉人材確保法）により，「社会福祉事業に従事する者の確保を図るた
めの措置に関する基本的な指針」（平成 5 年 4 月 14 日厚生省告示第 116
号）が策定された。同指針は，社会福祉事業を経営する者の行うべき措
置並びに国及び地方公共団体が講ずる支援措置を定めることにより，社
会福祉事業での人材確保を図るためのものである。

　介護保険施行後は，民間企業が訪問介護サービスに大幅に参入し，労
働法を遵守していない事業者が少なくないという実態を改善すべく，厚
生労働省は「訪問介護労働者の法定労働条件の確保について」（平成 16
年 8 月 27 日基発 0827001 号）という通達を出し，これらの事業者に対し
訪問介護労働者の労働条件を確保するよう指導している。

　そのほかに，2008 年には介護従事者等の人材確保のための介護従事
者等の処遇改善に関する法律が制定され，同法は「平成 21 年 4 月 1 日
までに，介護従事者等の賃金水準その他の事情を勘案し，介護従事者等
の賃金をはじめとする処遇の改善に資するための施策の在り方について
検討を加え，必要があると認めるときは，その結果に基づいて必要な措
置を講ずるものとする」旨定めている。さらに，「介護労働者の労働条
件の確保・改善対策の推進について」（平成 21 年 4 月 1 日基発第 0401005
号）は，前記平成 16 年の通達を踏まえた上で，介護労働者の労働条件
の「確保・改善に努めてきたところであるが，労働局における監督指導
結果等をみると，依然として，労働時間，割増賃金，就業規則等に係る
法違反が多く認められるほか，衛生管理体制が未整備であるなど，労働
条件の基本的な枠組みが確立していない事業場が多い状況にある」との
認識を示し，労働時間等の労働条件確保及び改善に関し，事業主への周
知や指導監督を行う旨述べている。

　くわえて，2014 年に介護・障害福祉従事者の人材確保のための介護・
障害福祉従事者の処遇改善に関する法律が制定され，「政府は，……平
成 27 年 4 月 1 日までに，介護・障害福祉従事者の賃金水準その他の事
情を勘案し，介護・障害福祉従事者の賃金をはじめとする処遇の改善に

資するための施策の在り方についてその財源の確保も含め検討を加え，必要があると認めるときは，その結果に基づいて必要な措置を講ずるものとする」と規定している（前述の介護従事者等の人材確保のための介護従事者等の処遇改善に関する法律は廃止）。

2）介護職員処遇改善交付金・介護職員処遇改善加算

　先述の介護労働安定センターの調査からは，介護労働者の主たる離職理由は，人手不足に陥っていることであって，賃金ではない。しかし，かねてよりなされている政策の1つとして，賃金を引き上げることにより，人材を確保しようとするものがある。

　2009年10月に介護労働者の処遇改善を目的とした「介護職員処遇改善交付金」（2011年度まで），その後，この交付金を引き継ぐものとして2012年度に介護報酬への上乗せにより介護労働者の処遇改善を図るための「介護職員処遇改善加算」が創設された。くわえて，2019年10月に介護労働者のさらなる処遇改善を目的として，前述の加算に加えて「介護職員等特定処遇改善加算」が設けられた。

　介護労働者の処遇改善が期待されているものではあるが，とりわけ，居宅サービス事業者の中には小規模なものが多く，経営が厳しいものも多いことから，介護労働者の処遇改善にはたしてどれくらい寄与しているか疑問が残る。

3）事業者への相談・支援，介護労働者の職業能力の開発・キャリアアップ

　介護労働安定センターが，事業者に雇用管理に関する相談及び援助，事業者支援セミナーの開催，労働者には講習を行う等職業能力の開発を行っている。

　さらに，介護労働者の離職率の低下を図るために，国は，47都道府県で2015年度より雇用管理改善啓発セミナーの開催，社会保険労務士等の専門家の訪問による相談及び支援等を内容とする「人材不足分野における人材確保のための雇用管理改善促進事業」を実施している（ただ

し，年度によってその名称は異なる。2021 年度は「介護分野における
人材確保のための雇用管理改善推進事業」)。

　くわえて，職業能力の評価・認定を行うことにより介護労働者のキャ
リアアップの推進を目的として，2012 年度に内閣府による「実践キャ
リア・アップ戦略キャリア段位制度実施事業」の 1 つである介護プロ
フェッショナルキャリア段位制度が始まった。その後，2015 年度から
は，所管を厚生労働省に移した上で，「介護職員資質向上促進事業」と
して実施されている[13) 14)]。

4）外国人介護労働者の受入れ

　先の 3 つの施策は日本人介護労働者の定着率の向上を図るためのもの
である。4 つ目の施策はこれらとまったく異なり，他国から介護労働者
を受入れ，介護需要を満たそうとするものである。

　外国人介護労働者の受入れは 4 つの仕組みによって行われている。す
なわち，① EPA（経済連携協定），②技能実習生，③在留資格「介護」
及び④「特定技能 1 号」である（技能実習生及び「特定技能 1 号」の説
明は第 5 章を参照されたい）。

　第 1 に EPA に基づく受入れである。インドネシアとの間で 2008 年
からはじまったのを皮切りに，2009 年からフィリピン，2014 年からベ
トナムの 3 か国との間で受入れがなされ，3 か国合わせた累計受入れ人
数は 6,400 人を超えている（2019 年 8 月末時点）[15)]。

　看護師候補者は 3 年，介護福祉士候補者は 4 年我が国に滞在し，国家
試験の合格を目指す。合格率は上昇しているが，日本語で国家試験を受
けることから，合格はそうたやすくない。そのため，不合格者はさらに
滞在を 1 年延長することができる。ゆえに，前者は最長 4 年，後者は 5
年滞在し，合格を目指すことになる。

　EPA はあくまで看護師及び介護福祉士候補者の受入れであって，本
来は外国人労働者の受入れではない。もっとも，看護師資格はともか
く，介護福祉士資格を取得し帰国しても，これらの国では家族介護が主
であることから，将来的にはともかく，いまのところ使い道はない。そ

れゆえ，当初は合格を目指していた者も本人の相当の努力や日本人の同僚等の周囲の協力が必要となり，実際には難しいことから，出稼ぎ目的になってしまっている者もいる。

　第2に技能実習生である。2016年に外国人の技能実習の適正な実施及び技能実習生の保護に関する法律の成立により，2017年より介護業務に従事する技能実習も認められることとなった。

　第3に出入国管理及び難民認定法の改正により，在留資格「介護」が設けられ，2017年に施行された。これまでは大学や専門学校で介護福祉士の資格を取得したとしても，日本で介護業務に従事することはできなかった。しかし，同年以降は，留学生が介護福祉士資格を取得し，業務に従事することができるようになった。

　第4に2018年の出入国管理及び難民認定法改正により設けられた在留資格「特定技能1号」による。指定された14業務のうちの1つとして介護業務が加えられた。

　このように，外国人介護労働者受入れに際して4つの仕組みが併存している。前述の介護労働安定センターによる調査結果では，受入れ事業所は788か所（全事業所のうち8.6％），人数は1,998人，受入れ方法は，技能実習生（24.2％），在留資格「介護」（17.9％），留学生（12.2％），EPAによる受入れ（6.1％），在留資格「特定技能1号」（4.3％）の順である。上記の調査結果から考えれば，いまのところ外国人介護労働者の受入れはそれほど一般的ではない。だが，受入れを検討している事業所は，1,228か所（同13.4％）となっていることから，将来的に増えるのは間違いない。

　この調査結果から，労使ともに「利用者等との意志疎通において不安がある」，「生活，習慣等の違いに戸惑いがある」，「コミュニケーションがとりにくい」といった点について，受入れに不安を抱いていることがわかる[16]。これらの不安を解消するためには，外国人にいかなる点が母国の生活習慣と異なるのかをしっかりと伝える，日本人とともに業務にあたる，介護記録は日本人が書く，わかりやすく，ゆっくりとした日本語で話す等の対応を行う必要があるだろう。

4. 介護をめぐる政策の今後

　寝たきりの者や重度の認知症患者を家族が介護を行うことは不可能に近い。しかし，なかには自宅に他人が入ることを嫌がり，介護保険を利用したがらない者がいる。家族のみによる介護が行われた結果，その家族が精神的に追い込まれ，虐待，さらに介護殺人や介護心中に至ることがある。

　こうした高齢者虐待について対処するために，2005年に高齢者虐待の防止，高齢者の養護者に対する支援等に関する法律が制定された。同法は「高齢者に対する虐待が深刻な状況にあり，高齢者の尊厳の保持にとって高齢者に対する虐待を防止することが極めて重要であること等にかんがみ」（同法1条）制定された。被虐待高齢者のみならず，加害者である家族に対しても，市町村は，相談，指導及び助言を行う（同法6条）。

　今後高齢化の進展により，要介護高齢者の増加は避けられない。虐待，介護殺人，介護心中といった不幸な事態の発生を防ぐために，高齢者やその家族が頼ることのできる場がさらに必要となろう。

》注

1）「人口推計—2021年（令和3年）9月報—」の「年齢（5歳階級），男女別人口」（https://www.stat.go.jp/data/jinsui/pdf/202109.pdf）。

2）「日本の将来推計人口（平成29年推計）」（http://www.ipss.go.jp/pp-zenkoku/j/zenkoku2017/pp29_ReportALL.pdf）pp. 3, 17。

3）「令和元年度 介護保険事業状況報告（年報）のポイント」（https://www.mhlw.go.jp/topics/kaigo/osirase/jigyo/19/dl/r01_point.pdf）pp. 2, 3。

4）特定疾病とは，末期がん，関節リウマチ，筋萎縮性側索硬化症，後縦靱帯骨化症，骨折を伴う骨粗鬆症，初老期における認知症，進行性核上性麻痺，大脳皮質基底核変性症，パーキンソン病，脊髄小脳変性症，脊柱管狭窄症，早老症，多系統萎縮症，糖尿病性神経障害，糖尿病性腎症，糖尿病性網膜症，脳血管疾患，閉塞性動脈硬化症，慢性閉塞性肺疾患，両側の膝関節又は股関節に著しい変形を伴う変形性関節症（介護保険法施行令2条）である。

5）標準割合とは「市町村が保険料を賦課する場合に通常よるべき割合であって，

特別の必要があると認められる場合においては，保険料収納必要額を保険料により確保することができるよう」市町村が区分ごとの第1号被保険者数の見込数等を勘案して設定する割合をいう（介保令38条1項）。

6）第1号被保険者の保険料の全国平均額は，第1期（2000 ～ 2002年）2,911円，第2期（2003 ～ 2005年）3,293円，第3期（2006 ～ 2008年）4,070円，第4期（2009 ～ 2011年）4,160円，第5期（2012 ～ 2014年）4,972円，第6期（2015 ～ 2017年）5,514円，第7期（2018 ～ 2020年）5,869円となっている。
厚生労働省老健局「介護保険制度をめぐる状況について」（https://www.mhlw.go.jp/content/12601000/000482328.pdf）p. 19。

7）介護保険条例参考例23，24条。

8）全国介護保険担当課長会議資料（平成15年9月8日）「6．連絡事項（2）介護保険課関係事項（3）保険料の単独減免について」（https://www.mhlw.go.jp/topics/kaigo/kaigi/030908/6-2c.html　2020年12月21日閲覧）。

9）医療保険の文脈で，ドイツの古典的な保険者像を例に，保険者自治とは，対外的独立性（保険者が財政面や人事・組織面等で国家等の外部からの干渉を受けないこと）及び内部的民主性（保険運営が加入者の参加に基づき民主的に行われること）からなるとする説があるが，この定義は医療保険のみならず，他の社会保険でもあてはまるだろう。くわしくは，新田秀樹「公的医療保険の保険者と適用」日本社会保障法学会編『新・講座　社会保障法　第1巻　これからの医療と年金』（法律文化社，2012年）p. 74。

10）介護労働安定センター「令和2年度介護労働実態調査 事業所における介護労働実態調査 結果報告書」（http://www.kaigo-center.or.jp/report/pdf/2021r01_chousa_jigyousho_kekka.pdf）（事業者対象）。

11）介護労働安定センター「令和2年度介護労働実態調査 介護労働者の就業実態と就業意識調査 結果報告書」（http://www.kaigo-center.or.jp/report/pdf/2021r01_chousa_cw_kekka.pdf）（労働者対象）。

12）厚生労働省「2025年に向けた介護人材にかかる需給推計（確定値）について」（https://www.mhlw.go.jp/file/04-Houdouhappyou-12004000-Shakaiengokyoku-Shakai-Fukushikibanka/270624houdou.pdf_2.pdf）p. 1。

13）内閣府「実践キャリア・アップ戦略」（https://www5.cao.go.jp/keizai1/jissen-cu/jissen-cu.html）（2021年2月15日閲覧）。

14）厚生労働省「介護職員資質向上促進事業について」（https://www.mhlw.go.jp/stf/seisakunitsuite/bunya/0000078697.html）（2021年2月15日閲覧）。

15）厚生労働省「インドネシア，フィリピン及びベトナムからの外国人看護師・介

護福祉士候補者の受入れについて」(https://www.mhlw.go.jp/stf/seisakunitsu
ite/bunya/koyou_roudou/koyou/gaikokujin/other22/index.html)（2020 年 12
月 22 日閲覧)。

16）介護労働安定センター・前掲注 10) p. 71，介護労働安定センター・前掲注
11) p. 69。

参考文献

・佐藤進，河野正輝編（1997)『介護保険法―権利としての介護保険に向けて―』
法律文化社
・増田雅暢（2003)『介護保険見直しの争点―政策過程からみえる今後の課題』法
律文化社
・介護保険制度史研究会編著（2016)『介護保険制度史―基本構想から法施行まで
―』社会保険研究所

研究課題

1．シルバー産業がそれほど発展しておらず，いまだ高齢者介護は家族
が担うとの意識が強い国は，どういった形で介護がなされているのだ
ろうか。調べてみよう。

2．介護保険の被保険者は 40 歳以上であるが，生まれつき要介護状態
にあるといった，39 歳までの者は障害者総合支援法に基づく障害者
福祉サービスを利用することになる。かつて被保険者となる者の年齢
を 20 歳又は 30 歳まで引き下げようとする議論があったが，そもそも
ドイツの介護保険のように年齢制限を設けない制度とすることもあり
うる。どう考えるだろうか。

10 | 刑事政策と福祉政策

深谷　裕

　罪を犯した者に対しては，刑事政策だけでなく福祉政策も重要なかかわりをもつ。とりわけ社会的に弱い立場にある未成年者，障害者，高齢者の場合，司法プロセスのなかで人権を侵害される可能性が高く，人権擁護の観点から福祉的なアプローチが求められる。本章では，罪を犯した者に対して，具体的にどのような福祉政策がとられているのかを整理し，刑事政策と福祉政策の結節点における制度的課題を検討する。
《キーワード》　逆境的小児期体験，入口支援，医療観察法，矯正医療

1. 少年非行と福祉政策

（1）少年非行への制度的取り組み

　罪を犯した者のなかでも，とくに非行少年については，福祉的なかかわりの必要性が従来から広く認識されていた。1880年（明治13年）制定の旧刑法では，12歳以上16歳未満の少年で是非の分別なく罪を犯した者には，刑務所ではなく懲治場に収容して教育を施すことが規定されていた（旧刑法80条[1]）。しかし，懲治場での処遇の実際は，成人犯罪者の自由刑の執行と大同小異であったため，非行少年の保護や教化を目的とする民間の感化院が，池上雪枝や高瀬真卿らによって各地で漸次的に設立された。1900年には感化院について規定した感化法が成立している。なお，感化院は1933年から少年教護院，1947年からは教護院と呼ばれてきたが，1997年の児童福祉法改正を機に児童自立支援施設と改称され今に至っている。

　1922年成立の旧少年法及び矯正院法，さらに1948年に成立した少年法も，少年に対しては教育や保護を主眼とする措置を講ずるべきとする

第 10 章　刑事政策と福祉政策　|　**163**

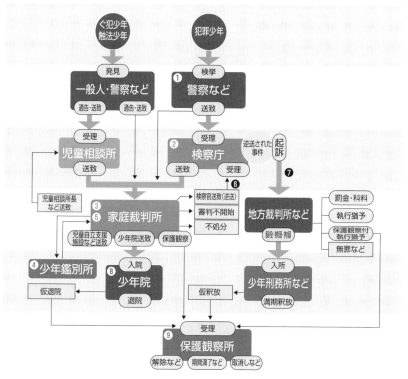

（出所：検察庁ホームページ）

図 10－1　非行少年に関する手続きの流れ

考え方に基づいている。とくに少年法では，旧少年法時代にあった検察
官先議・刑罰優先をあらため，家庭裁判所先議・保護処分優先に転換し
たり，旧少年法と同じく 14 歳未満のぐ犯少年（保護者の正当な監督に
服しない性癖があるなど，その性格又は環境に照らして，将来，罪を犯
し又は刑罰法令に触れる行為をするおそれがあると認められる少年）及
び触法少年（14 歳未満で刑罰法令に触れる行為をした少年）に関して
は児童相談所からの送致がなければ，家庭裁判所の審判権は及ばないと
して児童相談所先議・児童福祉優先を維持するなど，保護教化対象とし
て少年を捉える色調が色濃く出ている（図 10－1）。

　このように，少年には刑罰よりもまず保護処分を優先させ，国家とし

て少年の教育，改善更生を進めていこうとする背景には，少年は人格的
に発展途上であり，その未熟性，柔軟性ゆえに，適切な教育，処遇に
よって更生することができるとする考え方がある。すなわち少年の可塑
性への着目である。ゆえに，少年事件への対応においては，少年に対す
る教育的・福祉的なかかわりが不可欠であり，そのために制度的にも調
査制度や鑑別制度，試験観察制度などを設け，少年が少しでも早く立ち
直ることができるように考えられている。

　しかし，2000年に成立した改正少年法は，刑事罰対象年齢を16歳以
上から14歳以上へと引き下げたり，16歳以上の重大犯罪を「原則逆
送」と定めるなど，保護処分優先の原則を大きく修正することとなっ
た。また，2007年の少年法改正では，少年院収容下限年齢を14歳から
「おおむね12歳」に引き下げたり，14歳未満の触法少年が起こした事
件について警察に強制調査権が付与されるなど，児童福祉優先だった
14歳未満の触法少年に対する処遇にも大きな変化がみられた。続く
2014年の改正では，18歳未満の少年に対し，無期懲役に代わって言い
渡せる有期懲役の上限を15年から20年に引き上げただけでなく，幅を
持たせて宣告する不定期刑も5〜10年を10年〜15年に上げている。
さらに2017年からは，法制審議会において，少年法における「少年」
の上限年齢を18歳未満とすることについて議論された[2]。

　このような変化は，加害少年の健全育成を目指す保護主義の土壌に，
犯罪行為による客観的結果に応じた処分を科そうとする，いわゆる責任
主義の考え方が席巻し始めたことを意味している。「環境の犠牲者」か
ら「自由意思で犯罪を犯した小さな大人」へと，少年像の捉え直しが起
きていると見ることもできる。

　少年法適用対象年齢を引き下げるべきとする論拠はいくつかある。た
とえば，少年院送致は保護主義として正当化されているが，少年の権利
を制約する不利益処分である以上，国家が後見的に介入する範囲は控え
目にすべきという考え方がある。親の親権に服さない18歳以上を，保
護主義に基づく保護処分の対象とすることは，国家の過剰な介入になる
のではないかということである。しかし，責任主義を採用するというこ

とは，彼らを自律的判断のできる意思決定主体としてみなすということ
であり，果たしてそれが妥当なのか慎重に見極める必要がある[3]。

（2）少年非行・少年犯罪の動向

　そもそも，2000 年以降の少年法改正の背景には，未成年者による衝
撃的な事件が相次いで発生したことがあった。これらの事件は，事件発
生当時，連日大きく報道された。事件内容とともにメディアにより流布
されていったのは，「少年犯罪の凶悪化」言説である。2000 年以降の少
年法改正は，この言説に後押しされての対策であった。
　しかし，「少年犯罪の凶悪化」の信憑性は低い。たとえば，犯罪白書
で示されているように，少年刑法犯の検挙人員は 2003 年以降は減少し
ている（図 10 - 2）。また，刑法犯少年の包括罪種別検挙人員の推移を
みても，凶悪犯は 2003 年の 2,212 人をピークに減少し続けている。つ
まり，客観的データとしては少年犯罪の増加も凶悪化も支持されない。
むしろ若者の犯罪離れが進んでいるとも言えよう。

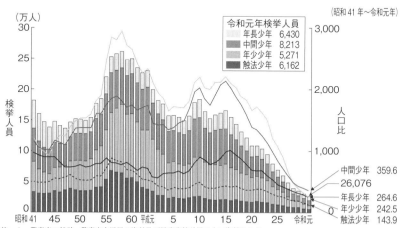

注　1　警察庁の統計，警察庁交通局の資料及び総務省統計局の人口資料による。
　　2　犯行時の年齢による。ただし，検挙時に 20 歳以上であった者を除く。
　　3　検挙人員中の「触法少年」は，補導人員である。
　　4　平成 14 年から 26 年は，危険運転致死傷を含む。
　　5　「人口比」は，各年齢層の少年 10 万人当たりの刑法犯検挙（補導）人員である。なお，触法少年の人口比算出に用
　　　いた人口は，10 歳以上 14 歳未満の人口である。

（出所：令和 2 年版　犯罪白書）

図 10 - 2　少年刑法犯の検挙人数および人口比の推移（年齢層別）

罪名別でみると，刑法犯では振り込め詐欺等の特殊詐欺が，特別法犯では大麻取締法違反，児童買春・児童ポルノ禁止法違反等が増加傾向にある。また，少年による家庭内暴力事件の認知件数の総数は，2012年から毎年増加しており，2019年は3,596件であった。なお，家庭内暴力事件の対象は，その6割が母親である。

（3）少年非行の社会的背景

非行少年に対する処遇のあり方を考える上では，彼らを取り巻く生活環境について理解しておく必要がある。結論からいえば，非行少年の多くは，個人が健康的に成長を遂げる上で好ましいとはいえない状況に置かれていることが多い。近年では，非行や犯罪に至る要因を考える上で，「逆境的小児期体験（ACEs：Adverse Childhood Experiences）」の概念が注目されている。虐待や家族の機能不全による逆境的な子ども時代の体験が，非行や犯罪・薬物乱用等のハイリスクな行動を増幅させるという指摘である[4]。実際，被虐待経験は非行少年におおむね共通してみられる特徴である。2000年に少年院在院者2,530名を対象に行われた調査では，対象者の70%が，家族から身体的暴力，性的暴力及びネグレクトのいずれかを受けた経験があることが報告されている（法務総合研究所2001）。さらに，これらの逆境の発生リスクを高めているのが経済的困窮である（Centers for Disease Control and Prevention 2019）。

2019年度の保護観察処分少年および少年院仮退院者の居住状況をみると，いずれも母子家庭の割合が30%を超えており，15年ほど前と比較しても増加している。「平成28年度全国ひとり親世帯等調査」によると，母子世帯の平均年間収入は243万円（うち就労収入は200万円）であり，世帯の平均年間収入（同居親族を含む世帯全員の収入）は348万円であった。この世帯の平均年間収入は，国民生活基礎調査による児童のいる世帯の平均所得を100として比較すると，49.2である。

ただし子どもの貧困は，ひとり親家庭だけの問題ではない。2015年時点の日本の相対的貧困率は，OECD加盟国の中で10番目に高い15.7%である。また，子どもの貧困率は11番目に高い13.9%である[5]。

このような課題があるにもかかわらず，日本は子どものための施策に対する公的支出が GDP 比 1.3％で，先進 7 か国中アメリカに次いで 2 番目に少ない。

　1994 年に日本が批准した「子どもの権利条約」の 4 つの柱は，子どもの生きる権利，守られる権利，育つ権利，参加する権利である。非行少年もまた，これらの権利が保障されなければならない。福祉政策は，少年を取り巻く困難な課題の解決に積極的に取り組んでいく必要がある。そのために，まずは子育て世帯を支えるための社会保障制度や教育制度をさらに充実させることが不可欠である。また，里親委託や児童養護施設等による社会的養護の拡充も求められよう。家庭における養護機能が低下している場合でも，社会全体で子どもを育てていける仕組みづくりが肝要である。

（4）少年矯正の動向

　成人矯正においては，2006 年に刑事収容施設及び被収容者等の処遇に関する法律が成立し，人権尊重と適切な処遇および施設運営の透明性の確保が図られるようになったところであるが，少年矯正に関しても 2014 年から 2 つの法改正が行われた。具体的には，66 年ぶりに「少年院法」が全面改正され，「少年鑑別所法」も新たに整備された。

　改正の背景には，2012 年の「再犯防止に向けた総合対策」のなかで，再犯防止・再非行防止に向けた処遇充実の必要性が指摘されていることや，少年院での暴行事件の発生により少年の人権尊重を再確認する必要性が出てきたこと，また少年院においても施設運営の透明性の確保が重視されるようになったこと等がある。

　新少年院法には，それまであった年齢区分の見直し（4 条）や，保護観察所と連携した帰住先の確保・就労等の支援（44 条），医療水準の確保の明確化（48 条）等が含まれている。また，少年鑑別所法で特徴的な項目としては，機能強化として地域社会における非行及び犯罪の防止に関する援助の実施（131 条）がある。これは，少年鑑別所がもっている，少年鑑別に関わる専門的知識や技術をより広く地域の非行や犯罪の

防止にも役立てようという意図によるものであり，実際には，鑑別所に一般相談者向けの窓口を設置しているところもある。

2. 高齢者や障害者による犯罪と福祉政策

（1）高齢者や障害者による犯罪動向

　罪を犯した高齢者や障害者に対する，福祉的かかわりの必要性についての認識は高まりつつある。1970年代から日本の高齢化率は上昇し続け，2020年9月時点では28.7%になっている。このような高齢化の進展に伴い，一般刑法犯として検挙される高齢者が年々増加している（図10-3）。そのため，刑務所が福祉施設化しているという指摘もある。実際，高齢受刑者のなかには，身体機能や認知機能の問題により，刑務所内での作業に従事できない者や，介護が必要な者もいる。高齢者による犯罪は一般刑法犯全体と比べて窃盗の割合が高く，その約7割を占めている。また一方で，重大事犯や粗暴犯においても高齢者の検挙人員が増加傾向にある。

　再犯に至る割合が高いことも，高齢受刑者の特徴である。その背景には金銭浪費癖や飲酒，乏しい生活スキルといった社会生活上の問題の

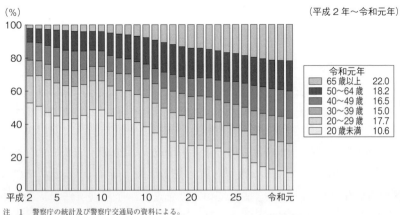

注　1　警察庁の統計及び警察庁交通局の資料による。
　　2　犯行時の年齢による。
　　3　平成14年から26年は，危険運転致死傷を含む。

（出所：令和2年版　犯罪白書）

図10-3　一般刑法犯検挙人員の推移（年齢層別）

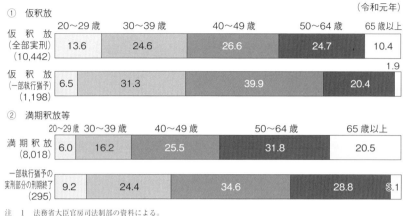

(出所：令和 2 年版　犯罪白書)

図 10 － 4　出所受刑者の年齢層別構成比

他，金銭的困窮，就労困難といった生活環境の問題がある。とくに金銭面では，高齢出所者の多くが経済的困窮状況に陥ったことがあり，仕事があっても経済的に決して恵まれているわけではない。つまり，出所しても自立した生活を送ることができず，結果的に犯罪を繰り返し，刑務所内での生活を余儀なくされるのである。このように，高齢犯罪者の増加は，高齢者が置かれている社会経済的状況の不安定さを物語っている。

　再犯を繰り返すことにより，人とのつながりも薄れていく。高齢犯罪者の仮釈放率は受刑者全体と比較して低いが（図 10 － 4），これは，再犯を繰り返すことにより家族や友人とのつながりが切れてしまうため，釈放後の帰住先の確保が困難となるからである。頼る人が少なければ，生活上の困難を抱えることも多くなる。

　罪を犯した障害者（主に知的障害者や発達障害者）もまた，高齢犯罪者と同様に，出所後に頼る人がおらず，社会生活スキルの乏しさや，劣悪な生活環境から再犯を繰り返しがちである。2012 年末の段階では全受刑者の 2.4％に知的障害やその疑いがあるとみられている（法務省 2014）。彼らも高齢犯罪者同様，社会とのつながりが途切れ，軽微な犯罪を繰り返す傾向にある。とりわけ自らを弁護するに足る十分な能力の

ない知的障害者の場合，警察関係者や司法関係者が障害特性を正しく理解していないことも相まって，小さな犯罪でも立件され，服役を強いられることがある。ゆえに，触法障害者への福祉的かかわりは，捜査段階から（通称「入口支援」という）必要となる。

（2）司法と福祉の分断

高齢者や障害者の再犯はなぜ食い止めることができなかったのか。それはひとえに司法と福祉との連携が不十分であったことに起因する。つまり，刑務所出所後に，適切に福祉サービスにつなぐ仕組みが無かったため，福祉サービスの利用手続き，住居の設定，就労の確保ができないまま出所し，結果的に地域での生活が困難となり，再犯に至るという悪循環が起きていたのである。

司法側の問題としては，矯正施設に福祉的支援の専門家が配置されておらず，要支援者の掘り起こしができなかったこと，要支援者に対する適切な対応ができなかったこと，さらに，福祉に関する相談や福祉関係機関に送り出す仕組みが欠如していたこと等が指摘できる。

一方，福祉側の問題としては，触法者は福祉制度対象から外れているとの誤解があったことや，犯罪前歴者に対する強い不安があること，さらに財政負担等の関係から，住所不定者に対しては，地域住民として取り扱うことに消極的になりがちであること等が指摘できる。また，矯正・更生保護関係者と福祉関係者が，それぞれお互いの制度や目的等について知識不足であったことや，実施主体が刑事政策については国であるのに対し，福祉政策は主に地方公共団体であることも連携を難しくしていた。今日では，これらの課題を乗り越え，責任を押し付けあうのではなく，刑事政策にとっては再犯防止，福祉政策にとっては権利擁護という異なる目的に向けて，共同の手法で取り組むことの必要性が模索されるようになった。

（3）司法と福祉の連携の促進

実際に，司法と福祉の連携の必要性に気づき，法務関係者や福祉関係

者，更生保護関係者が集まり，定期的な勉強会を開始したのは 2004 年のことである。その後，2008 年の犯罪対策閣僚会議において「犯罪に強い社会の実現のための行動計画 2008」が策定され，高齢・障害等により，自立が困難な刑務所出所者等が出所後直ちに福祉サービスを受けられるよう相談体制を整備することが示された（通称「出口支援」という）。具体的には，全刑務所や一部の少年院に福祉専門職を配置すること，および全都道府県に「地域生活定着支援センター」（以下，センターという）を設置し，保護観察所と協働して「地域生活定着支援事業」（現・地域生活定着促進事業）を実施することである。

　センターは，「特別調整」として一定の条件を満たす者に対し，受刑中から帰住地調整を行うコーディネート業務，刑務所出所後に行う社会福祉施設入所後の定着のためのフォローアップ業務および，出所後の福祉サービス等についての相談支援業務を一体的に行う。すなわちセンターは，司法と福祉をつなぐ役割を果たすことが求められることとなった。

　2016 年には，「再犯の防止等の推進に関する法律」が成立し，翌年同法 7 条に基づき「再犯防止推進計画」が立てられた（第 11 章参照）。計画には，就労・住居の確保や保健医療・福祉サービスの利用の促進等，7 つの重点課題が設けられているが，いずれの施策においても矯正施設，保護観察所及び地域の保健医療・福祉関係機関等が連携することが不可欠な内容となっている。

　近年では，連携における制度面での課題も見えてきている。たとえば，被疑者・被告人段階から支援を行うセンターが増えるなかで，支援対象者の医療情報や服薬情報がセンターに提供されず，地域の関係機関が受け入れを躊躇するといった課題や，いわゆる「入口支援」で得た情報を矯正施設での処遇や「出口支援」に活用するための仕組みが無いといった課題がある（全国地域生活定着支援センター協議会 2019）。なにより，地域生活定着促進事業は国の補助事業であり，事業の継続性そのものが現段階では不透明という問題も特筆しておきたい。

172

3. 触法精神障害者と福祉政策

（1）触法精神障害者と保安処分

　触法精神障害者に対する処遇のあり方については，他の触法障害者の場合とは異なる歴史的背景がある。1880年制定の旧刑法の時代から，日本は刑罰免除規定を設けており，心神喪失者または心神耗弱者による行為は罰しないか，刑を減軽すると規定している（現行刑法39条）。そこで，心神喪失者あるいは心神耗弱者と判断された場合は，パレンス・パトリエ思想[6]に基づき，医療にその対応が委ねられていた。ところが，このようにして医療に委ねられた者の約4割には自傷他害の恐れが無く，退院後のフォロー体制も確立していなかった。「改正刑法準備草案」（1961年）や「改正刑法草案」（1974年）に含められた保安処分案，「保安処分制度（刑事局案）の骨子」（1981年）に含められた治療処分案など，触法精神障害者に対する刑事政策的取り組みが何度か提案されてはきた。しかし，将来起こる危険を予測し，社会防衛のために彼らを保安施設に収容し，治療を施すという保安処分の考え方には，精神障害者に対する人権侵害と精神医療の保安化の危険性から，精神科医にも法律家にも大きな抵抗があったのである。

　他方，医療側では，1987年頃から国公立の精神医療施設内に専門治療施設を併設し，処遇困難者の治療に当たる構想が進められていた。専門治療施設の構想の背景には，1983年の宇都宮病院事件を機に訪れた精神医療開放の波がある。開かれた医療に馴染みにくい触法精神障害者や処遇困難者を，国の責任で処遇する精神医療システムへの要望が民間精神病院の間で高まっていたのである。だが結果的に，専門治療施設の構想も強い反対にあい，実現することはなかった。しかし，1986年の北陽病院事件（措置入院中の患者が院外散歩中に無断離院し，殺人事件を起こした）の影響もあり，その後も触法精神障害者の処遇のあり方をめぐっては，法務省と厚生労働省とが合同で検討会を開催するなど，議論・検討が進められた。

　そのようななかで，2001年に発生した児童等無差別殺傷事件をきっ

かけに，触法精神障害者の処遇に関する新たな施策を求める声が急激に
高まり，2003 年に「心神喪失等の状態で重大な他害行為を行った者の
医療及び観察等に関する法律」（以下，医療観察法という）が成立するに
至った。触法精神障害者対策に付帯した人権侵害と精神医療の保安化の
危険性を回避するために，医療観察法では治安対策よりもむしろ対象者
の社会復帰という目的が強調され，対象者となる要件も限定している。
以下で詳しくみてみよう。

（2）医療観察法制度における人権保障

　2005 年 7 月に医療観察法が施行されてからは，心神喪失状態または
心神耗弱状態で，重大な他害行為（放火，強制わいせつ，強姦，殺人，
傷害，強盗及びこれらの未遂にあたる行為）を行った者に対しては，当
該法律に基づき，入院処遇や通院処遇が行われることとなった。

　医療観察法の目的は，1 条にあるように，犯罪者処遇として本法の対
象となる者（以下，対象者という）に罰や戒めを科すことではない。図
10-5 は医療観察制度の流れを示している。医療観察制度の特徴のひと
つは，公正な手続きの実現である。そのため，地方裁判所の審判では，

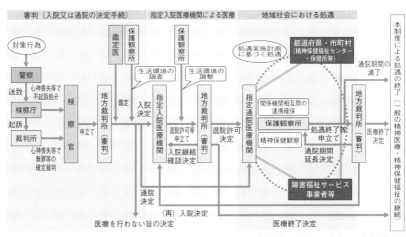

（出所：令和 2 年版　犯罪白書）

図 10-5　医療観察制度の流れ

鑑定入院や後述する社会復帰調整官による生活環境調査をもとに，医療観察法による処遇の要否とその内容（入院処遇または通院処遇），終了時期に至るまで，裁判官と精神保健審判員（精神科医）による合議体で決定される。審判には精神保健福祉の専門家である「精神保健参与員」が関与することもある。なお 2019 年は 212 件が入院決定，23 件が通院決定，37 件が医療を行わない旨の決定，9 件が却下となっている（法務総合研究所 2020：206）。

　対象者の権利擁護の観点から，当初審判では必ず弁護士を付添人として付けることとし，審判では本人や付添人からも資料提出や意見陳述ができる。さらに，対象者本人やその保護者，付添人が退院の許可や処遇の終了を申し立てることが可能であり，また，地方裁判所が下すさまざまな決定に対しては，抗告する権利が認められている。他方，被害者保護の目的からは，被害者等に対し，審判の傍聴を認め，審判の結果を通知する仕組みを設けている。

（3）医療観察法における福祉的かかわり

　医療観察制度における福祉的かかわりの象徴は，本法に基づき保護観察所に置かれるようになった「社会復帰調整官」の存在である。社会復帰調整官は，実質的には精神保健福祉士の有資格者が担っている。

　社会復帰調整官の業務は，対象者の生活状況に関する生活環境調査，退院後の地域生活に向けて，対象者を取り巻く周辺環境をコーディネートする生活環境調整，受診状況や生活状況を見守り指導する精神保健観察，関係機関相互間の連携の確保等である。これらの業務内容が示すように，社会復帰調整官は対象者にかかわる司法，医療，保健，福祉等の関係機関をコーディネートしながら，対象者の生活問題の改善と，生活全般に対する支援を行う。このような支援を通して，対象者の社会復帰の促進と主体性の回復を目指すということである。

　医療観察法にかかわる福祉専門職は，他の福祉領域で仕事をする人と同様に，社会福祉の価値や倫理に則って業務を行うことになる。したがって，「対象者の自立した生活を妨げているものは何か」「社会参加を

促進するには何が必要か」という視点は欠かせない。

　しかし一方で，医療観察法には社会の側の利益，すなわち対象者の再犯を防止することにより，地域社会の安全を確保するという側面もある。つまり，医療観察法の枠組みにおける社会復帰調整官の活動には，対象者の生活支援と地域の安全確保という 2 つの要素が必然的に含まれているのである。しかし，社会復帰調整官が地域の治安維持を意識しすぎれば，対象者の利益を損なうことになりかねない。社会復帰調整官一人ひとりが，自らの活動の価値基盤を維持することが課題となる。

　さて，医療観察法に基づく通院処遇終了後は，対象者は一般の精神保健福祉制度に基づき，医療や福祉的支援を受けるようになる。医療観察法のもとでは手厚い治療や支援が提供されるが，処遇終了後はサービスが希薄になるということでは，自立生活の継続は困難であり，結果的に再犯に至る可能性も高くなる。そもそも，精神科救急を含む精神医療体制が整い，精神保健福祉サービス等が十分であれば，初犯を防ぐことも十分可能であろう。医療観察法の附則 3 条では，一般の精神医療および保健福祉サービスの質の向上が謳われている。医療観察法の処遇もさることながら，それを下支えする一般の精神保健福祉を充実させることが課題である。とはいえ，精神障害者の基本的人権の尊重と自己決定が保障された上での精神医療福祉の充実であり，医療や福祉サービスの充実が，精神障害者に対する監視や規制の強化を意味するものであってはならない。

4. 罪を犯した者に対する医療と社会保険

（1）矯正医療

　法務省によると，刑事施設被収容者の有病率は年々増加しており，2015 年 10 月時点では 67.6％であった。この数字は一般社会の有病率よりも明らかに高い[7]。また，一般社会の変化と同様に，刑事施設の中でも急激な高齢化，生活習慣病の増加，疾病の複雑化・多様化がみられる。被収容者に対し，社会一般の保健衛生及び医療の水準に照らし適切な保健衛生上及び医療上の措置を講じることは，国すなわち刑事施設の

責務である。であるにもかかわらず，現在の矯正医療がこれらの変化に十分対応できているとは言い難い。

矯正医療に関しては，受診について予め刑務官による審査があるため，医療を受けられない者も出てくること，刑務官が治療に立ち会っており，医師もまた刑務官と同様に管理する側の人間として同一視され，結果的に医師が患者に敵対する存在になっていること，刑務所内における医療設備や人員の絶対的不足，施設内外の壁が厚く，緊急移送が間に合わないこと等，従来からさまざまな問題が指摘されてきた（日本弁護士連合会 2003）。

適切な保健衛生上・医療上の措置を含む被収容者の生活水準の保障は，2005年の監獄法改正の眼目のひとつとなっており，政府は改善に向けた有識者検討会を発足させ，2015年8月には「矯正医官の兼業及び勤務時間の特例等に関する法律」も成立している。しかし，2020年現在も刑事施設内の常勤医師不足問題は解消されていない。

すべての国民が，自らの健康を保持し生命を維持するために，必要かつ適切な医療を受ける権利を有するのであり（憲13条，25条，国際人権A規約12条1項），それは刑事施設に収容されている者であっても同じである。罪を償い社会復帰を目指すための処遇において，健康が害されることがあってはならず，被収容者の適切な医療を受ける権利が侵害されているという現状を重く受け止める必要がある。

（2）社会保険

刑事施設において被収容者は公的医療保険を使うことができない（国保59条，健保118条，船保106条）。健康保険の場合は，逮捕や有罪判決が出た時点で解雇されるのが一般的なので，そこで事実上被保険者資格を失う。そのため，国民健康保険への切り替えが必要になる。国民健康保険では，条例の定めるところにより，受刑者本人または家族が，在監証明（収監証明／在所証明）を市区町村の窓口に提示することで，受刑中の保険料（税）は基本的には免除（減免）され，出所後に受刑期間中の保険料を遡って納付せずに済む。だが，これらの手続きを怠ると，受

刑中に滞納していた保険料の支払いを出所後に求められたり，財産が差押えられることがある。

とはいえ，免除申請の如何にかかわらず，少年院や拘置所，刑務所に収容されている者に療養の給付等が行われることはない。このことは，たとえそれまで保険料（税）を支払っていたとしても，刑事施設等に収容されることにより，一切の医療補助の権利を失うことを意味している。

次に年金保険についてみてみよう。福祉専門職が刑事施設内に配置されたこともあり，刑務所の中での年金の受け取りが実現する事例が少しずつだが増えている。服役中も国民年金の被保険者資格があるので，家族が本人に代わって保険料を納付するか，入所時の所持金と作業報奨金から毎月保険料を納めることで，保険料を払い続けることはできる。それが難しい場合は，保険料の納付免除を申請し，出所後に免除期間の保険料を支払うということができる。しかし，厚生年金については事業主との雇用関係がなくなると被保険者資格を喪失する（厚年 14 条）ため，国民年金への加入手続きをする必要がある。

また，60 歳以上の受刑者の場合，受給要件を満たしていれば，受刑中でも老齢年金を受け取ることは可能である。遺族年金についても受給資格は剥奪されない。ただし，障害基礎年金については，国民年金法 36 条の 2 に基づき，刑事施設に入所中は支給が停止される。

このように，法的には刑事施設への収容により，被保険者資格がすべて失われるわけでない。だが，実際は不支給や失格となることもある。たとえば，医療保険料や年金保険料の支払いには，住民票の存在が前提となっているが，長期不在が明らかになれば，住民票から抹消されることもある。とりわけ独居であった場合は，抹消される可能性が高くなる。また，手続きに必要な家族の協力が得られないこともある。さらに，受刑者あるいは出所者が単独でこれらの事務手続きをすることは困難であり，第三者のサポートが必要な場合も多い。しかし，受刑者の置かれている状況を日本年金機構も市区町村も気づいておらず，保険料納付や受け取りにかかわる手続き等が改善されにくい現状がある。今後は

これらの問題点が少しでも解消されることを期待したい。

5. 加害・被害と福祉的視点

　本章では，刑事政策と福祉政策の結節点について論じてきた。社会保険という点でいえば，福祉政策はすべての触法者に関連しているが，とりわけ未成年者，高齢者，障害者といった，社会的に弱い立場に立たされがちな人々が触法行為を行ったときは，福祉的視点が不可欠である。しかし，高齢犯罪者や触法障害者では，福祉的かかわりが濃くなっている一方で，少年非行では，むしろ薄れてきていることが示すように，刑事政策と福祉政策の結節点の構図は，触法者のカテゴリーや時代により異なる。

　この構図に変化をもたらしたもののひとつとして，1990年代後半からみられる犯罪被害者問題に対する世論の高まりがあげられる。被害者やその遺族が，司法プロセスのなかで，あるいは社会のなかで十分に人権を保障されてこなかったことから，当事者自らが声をあげ，社会に訴えかけるようになったのである。犯罪被害者やその遺族の活動は，犯罪被害者等基本法の成立，刑事手続きへの関与の拡充，性犯罪・性暴力被害者のためのワンストップ支援センターの設置等につながっただけでなく，少年法改正を後押しした。

　被害者らの活動の背景には，被害者らが抱えるさまざまな困難が関係している。たとえば，報道や再被害を恐れての転居，雇用喪失による収入の断絶，医療費や弁護費用負担による多額の出費，家族不和などさまざまな生活課題を抱えることが多いのである。また，医療機関や行政・民間機関の相談窓口での二次被害も報告されている。これらは，刑事政策だけでなく福祉政策も積極的にかかわらなければならない課題である。

》注

1) なお現行刑法は1907年（明治40年）に成立している。現行刑法41条では，「14歳に満たない者の行為は，罰しない」と規定している。

２）2015 年成立の公職選挙法等の一部を改正する法律において，選挙権を有する者の年齢が 18 歳以上とされたことが，議論のきっかけとなっている。2018 年の民法改正では，2022 年から民法上の成年年齢が 18 歳に引き下げられることが決定している。

３）その一方で，親権に服しない 18 歳，19 歳の者に対する保護主義的介入が正当化されるかという法解釈上の問題がある。

４）虐待には，心理的・身体的・性的虐待・感情的/身体的ネグレクトが含まれる。また，家庭の機能不全には，同居家族の薬物使用・精神疾患・母親への暴力（面前 DV）・親の服役・親の別居又は離婚が含まれる。

５）世界の貧困率および公的支出の詳細なデータについては，OECD のデータを参照 https://data.oecd.org/inequality/poverty-rate.htm （最終閲覧 2020.4.6）。

６）パレンス・パトリエ思想とは，国が親代わりとなって保護・教育を与えて改善・更生させるべきとする考え方のこと。

７）法務省「被収容者生活関連業務の維持〜刑事施設の医療〜」http://www.moj.go.jp/content/001185948.pdf （最終閲覧 2020.4.9）。

引用文献

・日本弁護士連合会（2003）「刑務所医療の抜本的改革と受刑者の死因調査制度の確立を求める日弁連の提言」日本弁護士連合会（2003 年 7 月 17 日）
・法務省法務総合研究所（2014）『研究部報告 52　知的障害を有する犯罪者の実態と処遇』
・法務省法務総合研究所（2001）『法務総合研究所研究所報告 11—児童虐待に関する研究（第 1 報告）』
・法務省法務総合研究所（2020）『令和 2 年版犯罪白書—薬物犯罪—』昭和情報プロセス
・全国地域生活定着支援センター協議会（2019）『令和 3 年度に向けた地域生活定着支援センターに関する要望書（厚生労働省・法務省・国土交通省）』
・Centers for Disease Control and Prevention（2019）. Preventing Adverse Childhood Experiences（ACEs）: Leveraging the Best Available Evidence.

参考文献

・掛川直之編著（2018）『不安解消！ 出所者支援 わたしたちにできること』旬報社
・河合幹夫（2019）『もしも刑務所に入ったら—「日本一刑務所に入った男」によ

る禁断解説』ワニブックス PLUS 新書
・斎藤充功（2020）『ルポ老人受刑者』中央公論新社

🎸 研究課題

1．犯罪少年が再び同じ過ちを繰り返さないために，地域社会ではどの
  ような取り組みが必要か考えてみよう。
2．高齢受刑者の処遇について，どのような福祉的かかわりができるか
  考えてみよう。

11 刑事政策と福祉的実践

深谷　裕

　罪を犯した成人に対する福祉的実践は，江戸時代の加役方人足寄場[1] にその源流をたどることができる。言うまでもなく，現代における福祉的実践の背景にある考え方や内容は，当時と比較すると大きく異なっている。最も大きな相違は，対象者の権利擁護を強く意識しつつ，多様な主体が連携しながらかかわっていることである。近年の触法者に対する福祉的実践は，2006 年に政府が「刑務所出所者等総合的就労支援事業」を開始した頃から，徐々に広がりをみせてきた。それは，2016 年成立の「再犯の防止等の推進に関する法律（再犯防止推進法）」において確実なものとなった。本章では，罪を犯した者の社会復帰に向けた福祉的実践とその課題，そして事件の被害に遭った者やその家族への福祉的実践について検討する。

《キーワード》　出口支援，協力雇用主，被害者支援，連携

1．起訴以前からの福祉的実践

　刑事手続きは逮捕に始まり，起訴，裁判，受刑，釈放（出所）という一連の流れに沿っている。逮捕された段階から裁判段階（刑が確定するまでを含む）の福祉的介入を「入口支援」，刑務所等の矯正施設から出所する際の福祉的介入を「出口支援」と呼んでいる。

　2003 年に滋賀県東近江市の病院で人工呼吸器のチューブを外し，植物状態の入院患者を殺害したとして殺人罪で懲役刑 12 年間を満期服役した元看護助手の女性が 2020 年，再審無罪となった。亡くなった患者は自然死の可能性が高く，自白内容は客観的事情から信用性・任意性がなく，「虚偽自白」は警察官による誘導によるものと判断された。この女性には軽度の知的障害と発達障害があり，「逮捕の意味もわからなかった」と述べている。しかし警察は女性の迎合的な態度や取り調べ刑

182

事への恋愛感情を利用し，捜査と整合的な自白供述を引き出そうと誘導したのである。

この事例が示すように，知的障害や発達障害がある場合，逮捕状の内容や黙秘権の告知，質問の意味について正しく理解できず，警察や検察に迎合的な供述をすることがある[2]。したがって，障害者を対象とする取り調べでは，障害ゆえの供述特性を理解した上で適切な質問をする必要があるのだが，これまではその必要性が見過ごされていた。そこで，2011年から知的障害のある被疑者に対する検察官取り調べにおいて，また2012年からは精神障害者等に対する取り調べにおいて，可視化（録音・録画）が行われるようになった。その一環として，心理・福祉関係者らの助言を得ることも増えている。

また，2011年8月に施行された改正障害者基本法では，障害者が刑事事件の対象となった場合や民事事件の当事者となった場合等において，その権利の行使に当たって不利となることがないよう，個々の障害者の特性に応じた意思疎通の手段を確保するよう配慮しなければならない旨の条文が新設された（29条）。

さらに，高齢者や障害者による犯罪の常習化を防ぐためには，彼らが不起訴処分や執行猶予判決を受け釈放される際に，必要な福祉サービス等に結び付ける必要があることが指摘されるようになった。

このような流れを受けて，2012年頃から複数地域で障害のある被疑者や高齢の被疑者を対象とした「入口支援」が実施されるようになってきた[3]。入口支援における福祉専門職と弁護士の役割分担は，概ね図11-1のように推移していく。ただし，最初の相談依頼は検察官や保護観察所，家族等から受ける場合もあり，また地域の社会資源等により具体的取り組み方法が多少異なってくる。

捜査段階の場合，逮捕から起訴までの勾留期間が最長23日間と限られているため，対応の迅速性が求められるのだが，限られた時間内で対象者の特性等を把握し，必要な福祉サービスを的確にアセスメントすることは容易ではない。

他方で，弁護士からの実刑回避への期待，支援対象者からの処分軽減

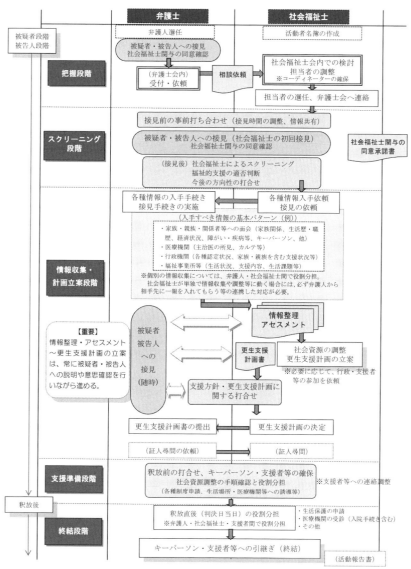

（出所：日本社会福祉士会（2014）『被疑者・被告人への福祉的支援に関する弁護士・社会福祉士の連携モデル推進事業 報告書』p.11）

図 11－1　入口支援における社会福祉士と弁護士の役割分担イメージ

の期待，さらに検察官からの再犯防止の期待を背景に，福祉専門職が対象者本人の意に沿わない強制的支援に陥る危険性も否定できない（水藤2017）。

したがって，とくに司法領域の専門職と連携する際は，社会福祉の専門性は社会防衛ではなく，対象者の生活再建と権利擁護を志向することにある点を強く意識しておくことが求められる。

また，時間をかけて作成した更生支援計画が法廷で採用されず，実刑に至る場合も少なくない。これは司法制度のあり方が大きく影響しているため，刑事施設への入所の意義が乏しいと思われる者については，更生支援計画に基づく福祉的・医療的対応につなぐことができるよう，粘り強い働きかけを継続していく必要がある。

2. 矯正施設での福祉的実践

次に矯正施設での福祉的実践をみてみよう。図11−2は，再犯防止推進法（2016年成立）に基づき策定された「再犯防止推進計画」であり，2018年度からの5年間で政府が取り組む再犯防止施策を示したものであるが，以下で示す矯正施設の中での福祉的実践や次節で論じる出所後の福祉的実践は，当該施策と関連している。

なお，矯正施設には刑務所，少年刑務所，拘置所，少年院，少年鑑別所，婦人補導院が含まれるが，ここでは成人矯正の場である刑務所と少年矯正の場である少年院についてみていくことにする。

（1）刑務所での取り組み

前章でも論じたように，諸外国と比較しても日本における受刑者の高齢化は顕著であり，刑務所内では，認知機能の著しい低下や身体疾患のために，日常的に介護を必要とする受刑者は増加傾向にある。それにともない，矯正処遇のあり方にも工夫が施されるようになってきた（図11−2施策②と関連）。

まず，物理的環境への配慮があげられる。高齢になると，運動能力や判断力が低下するため，転倒やケガのリスクが高まる。そこで各刑事施

再 犯 防 止 推 進 計 画

計画期間　平成30年度から令和4年度末までの5年間

国民が犯罪による被害を受けることを防止し、安全で安心して暮らせる社会の実現を図るため、今後5年間で政府が取り組む再犯防止に関する施策を盛り込んだ初めての計画。

再犯防止推進計画策定の経緯

〔再犯の現状〕

検挙者に占める再犯者の割合
48.7%

安全・安心な社会を実現するためには、
再犯防止対策が必要不可欠

〔再犯防止に向けた取組の課題〕

刑事司法関係機関だけでの取組には、限界がある

 刑事司法関係機関による取組 → 地域社会での継続的支援 → 再犯防止

国・地方公共団体・民間が一丸となった取組が重要

超党派の国会議員による法案の検討

平成28年12月、再犯防止推進法が全会一致で成立

外部有識者を含む検討会において検討

再犯防止推進計画（案）を取りまとめ

5つの基本方針

1) 「誰一人取り残さない」社会の実現に向け、国・地方公共団体・民間の緊密な連携協力を確保して再犯防止施策を総合的に推進
2) 刑事司法手続のあらゆる段階で切れ目のない指導及び支援を実施
3) 犯罪被害者等の存在を十分に認識し、犯罪をした者等に犯罪の責任や犯罪被害者の心情等を理解させ、社会復帰のために自ら努力させることの重要性を踏まえて実施
4) 犯罪等の実態、効果検証・調査研究の成果等を踏まえ、社会情勢等に応じた効果的な施策を実施
5) 再犯防止の取組を広報するなどにより、広く国民の関心と理解を醸成

7つの重点課題と主な施策

① 就労・住居の確保
・ 職業訓練、就労に向けた相談・支援の充実
・ 協力雇用主の活動に対する支援の充実
・ 住居提供者に対する支援、公営住宅への入居における特別の配慮、賃貸住宅の供給の促進　等

② 保健医療・福祉サービスの利用の促進
・ 刑事司法関係機関と保健医療・福祉関係機関の連携の強化
・ 薬物依存症の治療・支援機関の整備、自助グループを含む民間団体への支援
・ 薬物指導体制の整備、海外における拘禁刑に代わる措置も参考にした再犯防止方策の検討　等

③ 学校等と連携した修学支援
・ 矯正施設内での学びの継続に向けた取組の充実
・ 矯正施設からの進学・復学の支援　等

④ 特性に応じた効果的な指導
・ アセスメント機能の強化
・ 特性に応じた効果的指導の充実
・ 効果検証・調査研究の実施　等

⑤ 民間協力者の活動促進、広報・啓発活動の推進
・ 更生保護サポートセンターの設置の推進
・ 更生保護事業の在り方の見直し　等

⑥ 地方公共団体との連携強化
・ 地域のネットワークにおける取組の支援
・ 地方再犯防止推進計画の策定等の促進　等

⑦ 関係機関の人的・物的体制の整備

政府目標（令和3年までに2年以内再入率を16%以下にする等）を確実に達成し、国民が安全で安心して暮らせる「**世界一安全な日本**」の実現へ

（出所：法務省（2019）『平成 30 年版再犯防止推進白書』p.15）

図11−2　再犯防止推進法に基づく「再犯防止推進計画」

設においては，居室内をバリアフリー化したり，手洗いの水洗をプッシュ式にしたり，手すりを設置するなどの対応をしている。しかし，多くの刑事施設は築年数が古く，建物全体をバリアフリー化することには予算や時間がかかるため，現時点では予算の範囲に応じた必要最低限の範囲にとどまっている。

　また，寒冷地以外の古い刑事施設においては，一般的にはエアコンが整備されておらず，夏は扇風機・うちわ，冬はストーブを使用している状況が一般的である。しかし，高齢になると身体が温度変化に対応できにくくなってくるため，各刑事施設では，当該地域の気候や建物の構造等を踏まえ，冬は衣類や寝具を増貸与したり，湯たんぽを貸与したり，早めに布団の中で休めるようにするなどの配慮をしている。一方，夏は熱中症を防止するため，保冷効果のある枕を貸与したり，水分をこまめに摂取できるようにするなどの配慮をしている。

　さらに，人的環境の変化にも注目したい。日常的に高齢受刑者の生活全般にかかわる刑務官に対しては，彼らとかかわる上で必要となる，福祉的視点やスキルを身につけるために，認知症サポーター養成研修や，外部の福祉機関における体験実習等の機会が提供されている（法務省2018）。

　また，刑務所内には，出所後に福祉的支援につなげるための社会福祉士等の配置，認知能力・身体能力等が低下した高齢受刑者等を介助するための介護福祉士・介護専門スタッフの配置など支援体制の整備が進められている。これらの専門職の他，後述する受刑者向けのプログラムの外部講師を含め，地方公共団体や民間の福祉関係機関等との連携のもと，多様な専門職が矯正処遇にかかわりはじめており，多職種での協働が模索されるようになっている。

　次に，受刑者向けに実施されている福祉的プログラムについてみてみよう。高齢受刑者等のなかには，福祉的支援の必要性があるにもかかわらず，出所に向けたモチベーションの不足や，福祉制度への理解の不足から福祉的支援を受けることを拒否し，結果として在所中に必要な支援を受けられないまま出所し，再犯につながる者が少なくない。そこで

2018 年度から全国の刑務所で「社会復帰支援指導プログラム」が実施されるようになった。これは，高齢または障害のある受刑者のうち，主に福祉的支援を必要とする者を対象に，早い段階から出所後の円滑な社会生活を見据えた指導を実施するものである。

　具体的には，生活能力（金銭管理，会話スキル，対人関係スキル等）の習得，動作能力，体力の維持・向上，健康管理能力の習得といった，日常生活を送る上で必要となる基本的な内容に関する指導の他，各種福祉制度に関する基礎的な知識を習得させるための指導，再犯防止のための自己管理スキルの習得など多岐にわたる。さらに，高齢者も含めた女子受刑者に対する窃盗防止指導も実施されている。

　運営に民間の資金やノウハウを取り入れている PFI 刑務所（社会復帰促進センター)[4) 3 庁には，「特化ユニット」が設けられており，精神障害や知的障害を有する者等に対し，自尊感情の獲得，コミュニケーション能力および社会交流スキルの向上等を目的とした多様な作業療法的職業訓練が実施されている。具体的には NPO などの協力のもと，アニマルセラピーや，農作業，園芸，工芸品の製作等が行われている。

　また，PFI 刑務所では「国民に理解され，支えられる刑務所」を基本理念に据え，刑事施設エリアの近くに地元住民も活用できる施設を提供したり，地域住民にも刑務所内の診療所を開放するなど，地域との共生を強く意識した取り組みが行われている。これは，「地域づくり」という視点からも捉えることができる。

　罪を犯した者にも人権があり，また彼らの社会復帰に向けた取り組みは，出所後ではなく受刑開始時点からすでに始まっていることに鑑みると，刑事施設の中において福祉専門職が果たせる役割は少なくないことに気付かされる。

（2）少年院における福祉的実践

　成人矯正と同様，少年矯正においても再犯防止のための施策と，そのための多様な人々との連携が重視されている（図 11 - 2 施策②と関連）。2009 年 7 月から，2 か所の医療少年院に精神保健福祉士が配置され，

その後も複数の少年院で福祉専門職が配置されるようになった。矯正施設から出ても，家族が引き受けを拒み，受け入れ先が無いというケースは少年にもみられる。少年を受け入れる更生保護施設は全国に数か所しかない上に，健康で就労可能であること等の引き受け条件があり，障害や病気のある少年が利用することは難しい。少年院に配置されている福祉専門職は，主に障害や病気のある少年の引き受け手を探したり，スムーズな地域生活へとつなぐ役割を担っている。しかし，雇用形態の問題や，触法者に対する地域の偏見や社会資源の不足のため，家族以外の引き受け手を探しだすことは，必ずしも容易ではない。

　発達上の問題を抱える少年や，虐待被害体験のある少年が増えている一方で，父母間の葛藤や経済的苦境などを背景に，子どもを守り育てるといった家族としての機能が低下していることが指摘されており，保護者の監護意欲や能力の強化が重要との認識が強まっている[5]。そこで少年院では，保護者と少年が共同で活動し，相互理解を深めさせることなどを目的とした保護者参加型プログラムや，子どもとの接し方などを実践的に学ぶプログラムなど[6]，保護者向けの取り組みを積極的に行うようになってきた。

　少年矯正に携わる福祉専門職は，「福祉的支援を要する少年」を障害や疾病のある者というように狭義に捉えるのではなく，少年が立ち直る上で深刻な家族的・家庭的課題を持った少年というように広義に捉える必要がある。このように捉えた場合，福祉的支援の内容は，各種障害手帳の申請や更新，自立支援医療の手続き，障害福祉サービス利用手続きといった事務的業務にとどまることなく，福祉機関や自治体等と少年院とのコーディネーターとしての役割や，家族的・家庭的に重大深刻な課題を持った少年及び保護者への福祉的視点からのフォローアップ及びアセスメントというように広がりをもつことになる（服部2018）。

　また，脆弱な家族基盤の支え手としては，保護観察官や保護司の役割が期待されるところである。少年矯正では，効果的な生活環境の調整に向けて，少年院入院後，なるべく早い時期から保護観察官や保護司の施設訪問を依頼し，少年との面接や少年院職員を含めたケース検討を行う

べきとされている。すなわち，少年の社会復帰に向けた取り組みもまた，処遇開始時点からすでに始まっていると理解すべきであろう。

　少年院や刑務所に福祉専門職が配置されはじめていることも含め，矯正施設内における福祉専門職や心理専門職の活躍の場が広がりつつあるといえよう。

3. 更生保護における福祉的実践

　では，これらの矯正施設から出所する際にはどのような福祉的介入がなされるのだろうか。以下では出口支援についてみてみよう。

（1）特別調整（図 11 - 2 施策②と関連）

　前章でもふれたが，帰住先の無い障害受刑者や高齢受刑者を安定した地域生活へとソフトランディングさせ，再犯を予防しようとする試み（これは特別調整と呼ばれている）が進められている（図 11 - 3）[7]。ここでは，その中核を担っている，全国 47 都道府県に 48 か所ある地域生

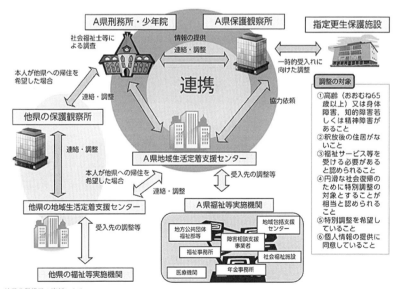

注　法務省保護局の資料による。

（出所：令和元年版 再犯防止推進白書）

図 11 - 3　特別調整における多機関連携の概要

190

表 11－1　矯正施設を退所し受入れ先に帰住した者の障害・年齢別内訳

（単位：人）

	身体障害あり	知的障害あり	精神障害あり	身体＋知的	身体＋精神	知的＋精神	身体＋知的＋精神	その他※	合計
65歳以上	44(36)	28(31)	44(29)	3(1)	3(4)	3(5)	0(0)	230(248)	355(354)
65歳未満	28(19)	127(112)	166(115)	7(6)	10(11)	56(55)	5(2)	5(3)	404(323)
合計	72(55)	155(143)	210(144)	10(7)	13(15)	59(60)	5(2)	235(251)	759(677)

※「その他」には，軽度の認知症の者や，障害が疑われる者などが含まれる。
※※かっこ内は平成30年度の実績である。

（出典：厚生労働省ウェブサイト）

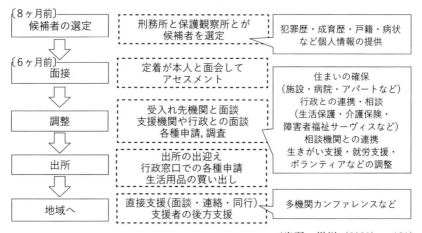

（出所：掛川（2020）p. 131）

図 11－4　地域生活定着支援センターの役割の流れ

活定着支援センター（以下，センター）の活動についてみてみよう。特別調整による支援対象者数は年々増加しており，2019年度は1,467人に対しコーディネートを実施し，そのうち受入先に帰住した者は759名であることからも，一定の成果をあげていると言うことができよう。表11－1は，2019年度にセンターの支援を受け，矯正施設を退所し受け入れ先に帰住した者の障害・年齢別内訳を示している。この表が示すように，65歳未満で精神障害のある者の割合が多いことがわかる。

　図11－4は特別調整におけるセンターの役割の大まかな流れを示している。センターの活動を担うのは主に福祉専門職であるが，その支援

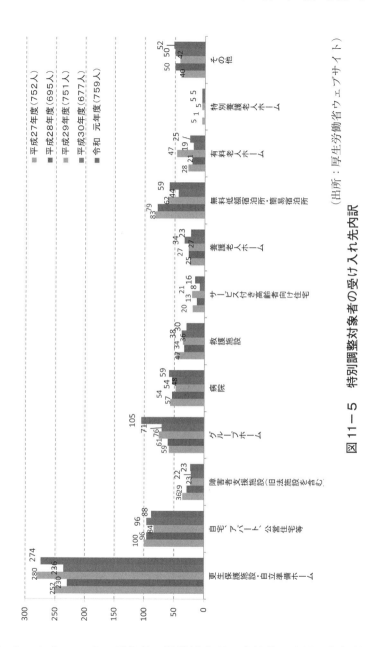

図11−5　特別調整対象者の受け入れ先内訳

（出所：厚生労働省ウェブサイト）

プロセスにおいては，刑務所や保護観察所，自治体，病院，福祉施設，
就労支援事業所など多様な機関との連携が不可欠になっている。対象者
の受け入れ先内訳（図11−5）をみても，後述する更生保護施設や自立

準備ホームなどの刑事司法領域だけでなく，障害者支援施設や高齢者福祉施設，救護施設や無料低額宿泊所などの生活保護施設，公営住宅など多岐にわたっており[8]，スムーズな地域移行には，多様な領域との連携が不可欠であることがわかる。また，センターはこのようなコーディネート業務に加え，地域の関係機関へ移行した後のフォローアップや，地域に暮らす矯正施設退所者に対する相談支援業務も担っている。

（2）就労支援（図11-2施策①と関連）

　法務省及び厚生労働省は，2006年度から，刑務所出所者等の就労の確保のための支援対策を実施している。たとえば「更生保護就労支援事業」がある（図11-6）。これは，就労支援に関するノウハウをもつ民間の事業者が，保護観察所から委託を受けて，刑務所出所者等の就労支援を行うものであり，具体的には，矯正施設在所中から就職まで切れ目のない寄り添い型の就労支援を行う「就職活動支援」と，後述する協力雇用主の開拓や研修を行う「雇用基盤整備」が含まれている。ここから

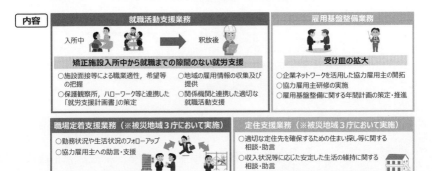

（出所：再犯防止推進白書（2019）p. 21）

図11-6　更生保護就労支援事業

もわかるように，就労に向けた働きかけは，矯正施設に入所している段階から行われている。

　罪を犯した人々が再犯せずに地域で安定した生活を維持するためには，彼らを積極的に雇用してくれる民間の事業主（協力雇用主という）の存在は不可欠である。建設業を中心に，サービス業や製造業など幅広い業種の事業主が協力雇用主となっているが[9]，さらに多くの協力雇用主を確保すべく，身元保証制度，トライアル雇用制度，就労・職場定着奨励金及び就労継続奨励金，入札参加資格審査や総合評価落札方式における優遇措置等，国や自治体はさまざまな支援策を打ち出している。

　これらの努力が少しずつ実を結んでおり，協力雇用主に雇用される者も増えてきてはいる。しかし，2018年の調査では，協力雇用主に雇用された出所者等の約半数が雇用後半年以内に辞めていることや，雇用された出所者等の約半数が無断欠勤，意欲の乏しさ，人間関係のトラブルといった就労上の問題を抱えていたことが明らかになっている[10]。また，罪を犯した者のなかには，福祉的支援の対象ではないが，知的能力に制約があったり，集中力が続かないなどの特性を有しているため，一般就労の継続が困難な者も含まれる。

　したがって，就労継続に向けて，被雇用者及び協力雇用主双方に対して継続的にフォローアップしていくことが不可欠であることは言うまでもないが，それ以前に，対象者のもつ能力や特性と仕事内容とを適切にマッチングさせることが極めて重要になる。さらに，障害福祉領域での就労支援に抵抗のある対象者には，生活困窮者自立支援法に基づく就労支援事業等を活用し個々の状態に合わせた支援をするなど，複数の制度を柔軟に活用していく工夫も必要である（法務省2019）。

　また，協力雇用主制度は，あくまでも犯罪をした者等の自立及び社会復帰に協力することを目的とした制度であり，企業の人手不足を補うことを主たる目的としているわけではない。罪を犯すに至る背景は複雑であるため，雇用の継続には粘り強いかかわりが求められるが，制度本来の目的を理解していなければ，雇用主にとっても被雇用者にとっても残念な結果になりかねない。今後は協力雇用主の数だけでなく，その質に

194

も注視していく必要があるだろう。

（3）更生保護施設等での取り組み（図11−2施策①②⑤と関連）

　更生保護施設でも，福祉的実践が行われている。表11−2は更生保護施設を含む刑事司法領域における居住支援策を整理したものである。更生保護施設は，罪を犯した人のなかでもとくに頼るべき親族等がいない，生活環境に恵まれない，あるいは本人に社会生活上の問題があるなどの理由で，すぐに自立更生ができない刑務所出所者等を一定期間保護する民間の施設である。

　主に就労自立層を対象としているが，高齢者や障害者の指定更生保護施設71か所では，福祉専門職が配置され，医療機関と連携した健康維持のための手続きの支援や調整，社会生活に適応するための指導や日常生活のための訓練等，その適性に応じた処遇を行っている（特別処遇）。

　また，薬物処遇重点実施更生保護施設25か所には，薬物処遇に関する専門職員を配置して，薬物依存のある保護観察対象者等に対し，薬物依存からの回復に向けた処遇を行っている。

　とはいえ，更生保護施設，自立更生促進センター，自立準備ホームのいずれも入所期限あるいは入所期間が決まっており，いずれは賃貸住宅や，就業先，親族・友人宅，グループホームを含む福祉施設等，他の場所へ移り住まなければならない。しかし，そのための十分な資金を確保できない，保証人がいない，集団生活になじめないなどの理由があり，地域に安定して定住できる場所を自力で見つけることは容易ではない[11]。

　そこで，「住宅確保要配慮者に対する賃貸住宅の供給の促進に関する法律」2条1項の「住宅確保要配慮者」（低額所得者，被災者，高齢者，障害者，子供を養育している者，保護観察対象者等）に該当する者に対しては，個別の事情に応じ，居住支援法人が賃貸住宅に関する情報の提供及び相談を実施している。居宅支援法人の業務には，入居者の生活の安定及び向上に関する情報の提供，相談その他の援助も含まれており（同法42条1項），入居時のみならずその後の継続したかかわりが期

表 11－2　刑事司法領域における居住支援策

	更生保護施設	自立更生促進センター・就業支援センター	自立準備ホーム
特　性	頼るべき親族等がいない者、あるいは、いても生活環境に恵まれない者、などの理由で、すぐに自立更生することが困難な刑務所出所者等を保護して、その円滑な社会復帰を支援している施設	親族等や民間の更生保護施設では円滑な社会復帰のために必要な環境を整えることができない仮釈放者、少年院仮退院者等を対象とし、保護観察所に併設した宿泊施設に泊まらせながら、保護観察官による濃密な指導監督や充実した就労支援をおこなうことで、対象者の再犯防止と自立を図ることを目的とする施設	あらかじめ保護観察所に登録した民間法人・団体等の事業者が、保護観察所から、宿泊場所の供与などのための生活指導（自立準備支援）のほか、必要に応じて食事の給与を委託するもの
施設数	103 （うち更生保護法人100、社会福祉法人1、特定非営利活動法人1、一般社団法人1）		411 （うち特定非営利活動法人149、会社法人85、宗教法人46、その他131）
定　員	2349	2＋2	非公開
主な対象者	継続保護事業対象者（保護観察対象者・刑の執行終了者・刑の執行猶予者等、現に改善更生のための保護が必要と認められる場合に、その者を施設に収容して、宿泊場所の提供をおこなう者）など（高齢・障害の指定保護施設57、薬物処遇重点実施施設が15）	受刑者のうち刑務所での成績が比較的良好であるものの現状では適切な帰住先を確保できないため仮釈放されず満期釈放となっていた者など	継続保護事業対象者（保護観察対象者・刑の執行終了者・刑の執行猶予者等、現に改善更生のための保護が必要と認められる場合に、その者を施設に収容して、宿泊場所の提供をおこなう者）など
主な業務	生活援助・環境調整・生活訓練など	就労支援・金銭管理・家族調整・住居確保・退所支援など	居住確保・食事の提供・生活指導など
所管官庁	法務省	法務省	法務省
運営（実施）主体	更生保護法人・社会福祉法人・一般社団法人・NPO法人	法務省	更生保護法人・社会福祉法人・NPO法人
入所経路	保護観察所からの委託・本人からの申出など	保護観察所・刑務所からの委託など	保護観察所・検察庁からの委託など
入所期限	6ヶ月（延長可の施設もあり）	3ヶ月（延長不可）	約60日
平均在所期間	77.7日		
形　態	グループホーム	グループホーム	一軒家・アパートの一室・グループホームなど
設置開始年	1888年	2009年（就業支援センターは2007年）	2011年

（出所：掛川 (2020) p. 118 ／一部更新）

196

待できる。

　そもそも，効果的な再犯防止には，地域生活を支援するという発想が重要であり，この意味で，福祉専門職の果たす役割は今後も拡大する可能性が高い。ただ一方で，「住まいと仕事があれば，福祉がかかわれば，刑事施設に入所しないで済む」という幻想は抱かない方がよいという意見もある（関口 2012）。刑事施設に入所した高齢者や障害者のなかには，自分の感情や要求を人に伝えることや，自分以外の人々とのかかわりを持つためのコミュニケーションの障害が重く，ちょっとしたことで支援者の言葉が耳に入らなくなり，負の連鎖に陥って行く人も多いという。関口（2012）は，支援者はできるだけ彼らとともに過ごし，かかわり続けることにより，一人ひとりの記憶と，記録と，歴史をつくり，それをつなげて行くことが重要と指摘する。しかし，現実的にはそれを一人の支援者がすべて引き受けるには限界がある。したがって，複数回，場合によっては数十回もの再犯を繰り返してきた人々を負のサイクルから救い出すには，複数の人々が緩いつながりを構築し，地域の中の支援ネットワークを持続させていくことも必要であろう。

4. 被害者に対する福祉的実践

　前章でもふれたように，犯罪被害者は犯罪そのものの直接的被害に遭うだけでなく，その後も直接的被害に起因した二次的被害に苦しめられ，さまざまな困難を抱えることが多い。遭遇した事件の内容や被害の大きさ等によっても，被害者やその家族または遺族の置かれている状況は異なるものの，この点を理解した上で，福祉専門職は彼らの人としての尊厳と生活者としての権利を守るための具体的活動に，積極的に取り組んでいく必要がある。

（1）犯罪被害者等が抱える課題

　表11-3は，犯罪被害者の心理状況を示したものである。また，図11-7は，多くの犯罪被害者が抱える困難や悩みの一部を示したものである。被害者の家族や事件により被害者を亡くした遺族もまた，類似の

表 11-3　被害者の心理状況

精神反応
●怒りやイライラを抑えることが難しい。 ●感情のコントロールがきかなくなる。 ●仕事や勉強に集中できない。 ●人や社会を信用できなくなる。 ●ささいなことから恐怖がよみがえる。 ●早く忘れてしまいたいと思う。
身体反応
●食欲がなくなる。 ●お腹の調子が悪くなる。 ●眠れなくなったり，こわい夢をみる。 ●動悸や手足の震え，息苦しさがある。 ●疲れやすくなったり，身体が重く感じる。 ●訳もなく涙が出て止まらない。
日常生活での問題
●仕事や学校に行けなくなる。 ●今まで普通にできたことができなくなる。 ●人に会うのがおっくうになる。 ●家事ができなくなる。 ●子どもに上手く接することができない。
考え方の変化
●自分を責めてしまう。 ●親や周りの人に知られたくない，話せない。 ●たとえ話せたとしても，分かってもらえないのではないかと考えてしまう。 ●同じようなことがまた起きるのではないかと不安になってしまう。 ●自分には何もできないと思ってしまう。（無力感） ●将来のことが考えられなくなる。

（出所：千葉犯罪被害者支援センターウェブサイト）

困難や悩みを抱え，同じような心理状況に陥ることが推察される。

　彼らが抱える課題を大別すると，生活に関すること，経済的なこと，精神的なこと，刑事制度等に関することが含まれる。多くの被害者の心理的困難は時間の経過とともに和らいでいくものの，裁判が終結してもなお，複数の課題を抱えており，事件が生涯にわたって彼らの人生に影響を及ぼし続けることも少なくない。

　なお，2018 年に警察庁が犯罪被害者 917 名を対象に行った調査[12]では，加害者との関係性が密接であるほど，被害からの回復度が低い傾向

198

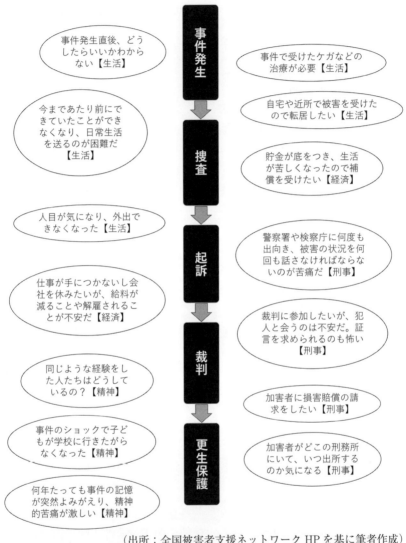

（出所：全国被害者支援ネットワークHPを基に筆者作成）

図11−7　被害者が直面する課題の例

があり，また加害者との関係性の密接さは身体上の問題よりも精神的な問題において大きいことが明らかになっている。

　これらの困難や悩みの要因になっていたり，あるいは長期化，深刻化させるのは，生命・身体・財産などに対する直接的被害（一次被害）に

起因して被る二次的被害である。二次的被害には，たとえば行政や司法機関あるいは医療機関関係者からの配慮に欠ける対応や言動，インターネットによる誹謗中傷，報道機関による過剰な取材，友人・知人・近隣住民の言動，無理解な職場環境，転居，転職，被害に起因した家族や友人との不和，生計者の死亡や失職，医療費の負担などによる経済的困窮などがある[13]。

（2）犯罪被害者等への支援

　従来，犯罪被害者等に対する支援は民間団体が中心であったが，2004年の「犯罪被害者等基本法」成立以来，警察，地方公共団体，法テラス，検察庁，弁護士会，医療機関等，さまざまな関係機関がかかわり，上記課題に対応した支援を提供しはじめている。そのなかでも福祉専門職と関連が深いと思われる支援としては，当該法律が基本的施策としてあげている，相談及び情報の提供等（11条），保健医療サービス及び福祉サービスの提供（14条），安全の確保（15条），居住の安定（16条），雇用の安定（17条）などが考えられる。さらに，犯罪被害者等が抱える課題が多様であることを考えると，これらの支援を包括的かつ円滑に提供していくためのコーディネーター機能も重要である。

　実態としては，警察，民間支援団体，市区町村それぞれがコーディネーター機能を果たしうるものの，互いの団体のことを知らなかったり，ケースの重要性緊急性に対する認識が共有できていなかったり，個人情報の取り扱いにハードルがあるなど，連携上の課題が指摘されている[14]。さらに，地方自治体では犯罪被害者のための総合的対応窓口の設置が進められているが，社会福祉士，精神保健福祉士，臨床心理士，公認心理師等の専門職を配置している市区町村はわずか5％程度である（警視庁 2020）。

　犯罪被害者支援は仕組み整備もサービス内容の充実も途上であり，今後早急に取り組まねばならない課題である。被害者や遺族が孤立したり，援助を受けられなかったり，たらい回しにされるということを防ぎ，彼らの生活者としての権利を守るためには，合同の事例検討等を通

して関係者の相互理解を深め，連携，協働することが重要である。

5. 司法福祉実践の充実に向けて

　本章では司法と福祉の連携について実務的視点から論じてきた。罪を犯した人々は，受刑によって自由を奪われるだけでなく，社会とのつながりを失うことが多い。実際は，彼らの中には受刑以前から家族や地域の中で良好な人間関係が築けていない者も多くおり，そのことが犯罪の一つの要因になっていることもある。彼らが同じ過ちを繰り返さないようにするためには，刑期終了後に地域社会にソフトランディングするための効果的な仕組みを社会の中に構築し，有効な実践を司法領域と福祉領域，そして官民が協力して積み重ねていく必要がある。

　また，事件により被害を被った者やその家族に対する支援もこれまで社会福祉領域では等閑視されてきた課題である。制度的には整いつつあるものの，支援実態としてはこれからその充実が期待されるところである。

》》 注

1）隅田川の石川島と佃島の間を埋めたてて設置された人足寄場は，江戸で増加する無宿人に対して長谷川平蔵の建議で設立され，無宿人や軽犯罪者を収容して江戸の打ちこわし発生を防ぐとともに，職業訓練や社会復帰のための授産施設でもあった（黒田日出男監修（2017）『図説日本史通覧』帝国書院 p. 183）。

2）このような人々を「供述弱者」とよぶ。

3）2018 年からは，法務省による地域再犯防止推進モデル事業の一環として，全国15 か所の委託先地方公共団体が入口支援を実施している。とはいえ，2020 年段階では，法的根拠や財政的裏付けがないこともあり，全国に波及するまでには至っていない。

4）施設整備，維持管理，運営面において民間事業者のノウハウを活用する刑務所。ただし，すべての業務を民間事業者が運営する「民営刑務所」ではなく，公務員である刑務官と民間職員が協働して運営する「混合運営施設」の方式を採用している。刑務所管理に伴う行政責任については，国がすべての責任を負っている。2020 年現在，美祢，島根あさひ，播磨，喜連川，の 4 か所がある。

5）法務省・少年矯正を考える有識者会議「少年矯正を考える有識者会議提言—社

会に開かれ，信頼の輪に支えられる少年院・少年鑑別所へ」平成 22 年 12 月 7
日。

6）法務省は『保護者のためのハンドブック～より良い親子関係を築くために』
（2016）を作成し，子どもとのコミュニケーションの方法について示している。

7）保護観察所は，釈放後の住居があるものの，高齢又は障害により，釈放後に福
祉サービス等を受けることが必要である者については，地域生活定着支援セン
ターの長に対して協力を求め，釈放後に福祉サービス等を受けられるよう調整
している（一般調整という）。

8）「地域生活定着支援センターの支援状況」https://www.mhlw.go.jp/
content/000335065.pdf（最終閲覧 2020 年 9 月 1 日）。

9）2019 年時点で，協力雇用主は全国で 22,472 あり，そのうち実際に雇用している
のは 945 である。

10）法務省保護局（2019）「協力雇用主に対するアンケート調査」http://www.moj.
go.jp/content/001290741.pdf（最終閲覧 2020 年 9 月 2 日）。

11）国土交通省は，公営住宅への入居において，保護観察対象者や矯正施設出所者
の置かれた事情に鑑み，特別な配慮をするよう地方公共団体に要請している。
また，法務省は更生保護施設退所者の住居確保の観点から，保護観察対象者等
の入居を拒まない住居の開拓・確保にも努めている。

12）警察庁（2019）「平成 29 年度 犯罪被害類型別調査 調査結果報告書」（平成 30
年 3 月）」https://www.npa.go.jp/hanzaihigai/kohyo/report/h29-1/index.html
（最終閲覧 2020 年 9 月 7 日）。

13）福岡県犯罪被害者等支援条例では，二次的被害を「犯罪被害者等が，犯罪等に
よる直接的な被害を受けた後に，犯罪被害者等に接する行政若しくは司法機関
の職員その他の関係者又は報道等により当該犯罪等を知る者の偏見，無理解等
による心ない言葉や行動，インターネットを通じて行われる誹謗中傷，報道機
関による過剰な取材等により受ける精神的な苦痛，身体の不調，名誉の毀損，
私生活の平穏の侵害，経済的な損失等の被害をいう」（2 条 4 項）としている。

14）伊藤冨士江・大岡由佳・大塚淳子（2019）『犯罪被害者等支援のための多機関
連携に関する調査　報告書』参照。

引用文献

・掛川直之（2020）『犯罪からの社会復帰を問いなおす―地域共生社会におけるソー
　シャルワークのかたち』旬報社
・警察庁（2020）『令和 2 年版犯罪被害者白書』

・関口清美（2012）「福祉的な支援を必要とする刑事施設出所者の社会復帰支援―地域生活定着支援センターの活動を通して」『法律のひろば（特集：受刑者処遇の現状）』8月号，pp. 26-34
・服部達也（2018）「虐待事犯により少年院送致となった少年・家族への少年院における福祉的支援の実践例に基づく家族関係再構築，包摂的支援の在り方への考察」『社会安全・警察学』第5号，pp. 139-148
・法務省法務総合研究所編（2018）『平成30年版犯罪白書』
・法務省法務総合研究所編（2019）『令和元年版 再犯防止推進白書』p. 32
・水藤昌彦（2017）「社会福祉士等による刑事司法への関わり―入り口支援としての福祉的支援の現状と課題」『法律時報』89（4），pp. 40-47

参考文献

・藤岡淳子編著（2019）『治療共同体実践ガイド―トラウマティックな共同体から回復の共同体へ』金剛出版
・梓澤和幸（2007）『報道被害』岩波新書
・宮口幸治（2019）『ケーキの切れない非行少年たち』新潮新書

研究課題

1．保護観察対象者に対する偏見を無くしていくための取り組みとして，どのようなものがあるか考えてみよう。
2．犯罪の二次的被害を少なくするために，どのようなことが必要か，考えてみよう。

12 | 薬物依存症と福祉政策

深谷　裕

　薬物やアルコール，ギャンブル等への依存の問題は刑事政策や福祉政策とも深く関わるが，依存症を抱えた人々が直面する生活課題については，社会の中で十分に理解されているとは言い難い。また，依存症問題に対する刑事政策および福祉政策における捉え方は終始一貫しているわけではなく，時代と共に少しずつ変化してきている。このような変化に伴い，問題への対応方法も変化をみせている。本章では，複数ある依存症の中でもとりわけ刑事政策に関連の深い薬物依存症に焦点を当て，その捉え方と対応の変化について理解を深めることにする。

《キーワード》　刑の一部執行猶予制度，DARC（ダルク），ドラッグ・コート，ハーム・リダクション

---

1. 薬物依存の概念と薬物犯罪者数の推移

（1）薬物依存症の概念

　依存症は，特定の物質を摂取することや，特定の行動をすることについて，「やめたくても，やめられない」状態に陥り，心身の問題や，社会生活への支障が生じることである[1]。依存症は大きく物質依存と嗜癖行為に分けられる。物質依存の対象は，覚醒剤や大麻，コカイン等，法によって所持や使用が禁じられている薬物の他，アルコールやニコチンなど，嗜好品に含まれ広く流通している物質も多くある。欲しいという欲求が我慢できなくなる精神的依存と，対象物質がなくなると不快な離脱症状が出る身体的依存がある。一方，嗜癖行為は，ギャンブルやネットゲームなど，特定の過程や行為に「のめりこむ」ことである。

　現在は，これらは脳機能の異常によるコントロールの障害であり，本

人の意思や我慢によっては解決できない問題という理解が一般的である。脳機能の異常は元の状態には戻らないと考えられているため，依存症が完全に治るということはないが，きちんと治療を受けて薬物を止め続ければ，多くの人は通常の社会生活を営み，薬物依存症によって失ったものを少しずつ取り戻すことが可能である。これを回復という。慢性疾患のようなものであるため，回復のためには継続的な治療や支援が不可欠となる。

（2）薬物使用等の罪の推移

　次に日本国内の薬物使用者数の推移をみてみよう。2019年に実施された一般住民（15歳から64歳）を対象とした全国調査（嶋根，猪浦他2019）によれば，最も使われているのは大麻であり，生涯経験者数は約161万人と推計されている。覚醒剤は推計35万人である。2015年の調査結果と比較すると，大麻では推計66万人，覚醒剤では推計15万人の減少傾向がみられる。とはいえ，これらの人々がすべて「覚醒剤取締法」「大麻取締法」「麻薬取締法」「あへん法」といった薬物関連法規違反として検挙されているわけではない。

　図12-1は，2000年（平成12年）以降の薬物犯罪検挙人員の罪名別構成比の推移を示したものである。薬物犯罪による検挙人員の総数は，2000年には2万人を超えていたが，2001年以降減少傾向を示し，2019年は1万3,860人まで減少している。図12-1からは，覚醒剤取締法違反の検挙人員の減少傾向と大麻取締法違反の検挙人員の増加傾向がうかがえる。ここには20歳代の大麻使用の増加が反映されている。また，少年においても，薬物犯罪総数の減少，覚醒剤使用の減少，大麻使用の増加いずれについても同様の傾向がみられている。なお，昭和から1998年頃まで多かった有機溶剤の使用は，2019年ではほとんどみられなくなった。2012年に登場した危険ドラッグ症例は，2014年にピークを迎え，その後急激に減少している。睡眠薬や抗不安薬を主たる薬物とする症例が徐々に増加しており，現在では覚醒剤に次ぐ患者群になっている（松本他2017）。

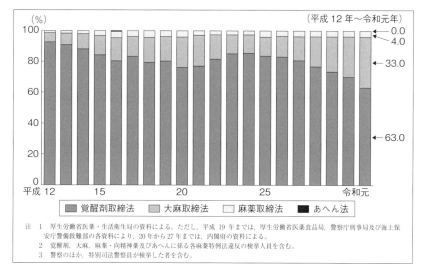

（出所：令和 2 年版犯罪白書）

図 12－1　薬物犯罪検挙人員の罪名別構成比の推移

　薬物依存症は，本人の健康上の問題（身体的障害，精神障害，性格の変化）だけでなく，さまざまな深刻な問題をもたらすことが多い。具体的には，本章の最後に論じる家族問題（家族機能の障害，家庭内暴力，家族崩壊，家族の心身の健康），対人関係の問題（喧嘩をおこしやすく，友人・知人から離れ孤立，薬物乱用仲間の形成），社会生活上の問題（職務能力の低下，怠業・怠学，失業・退学，借金），社会全体の問題（薬物汚染，犯罪・事故の増加，治安の悪化）などがあげられる。

2.　薬物依存対策の動向

（1）国内における政策動向

　では，これらの薬物依存問題に日本はどのような対策をとってきたのか。2000 年前後からの動きをみてみよう。政府は，1997 年頃に 2 万人に達する勢いで増加していた薬物乱用者の対策として，1998 年に薬物乱用防止五か年戦略を策定している。この戦略を皮切りに，その後 2003 年に「薬物乱用防止新五か年戦略」，2008 年に「第 3 次薬物乱用防止五か年戦略」，2013 年に「第 4 次薬物乱用防止五か年戦略」，2018 年

206

に「第5次薬物乱用防止五か年戦略」を打ち出している。これらの戦略の内容をみると，薬物密売組織の壊滅や水際での密輸入を阻止する「供給側の政策」と，青少年等への啓発活動や徹底した末端薬物乱用者の取締り，治療・社会復帰支援による薬物再乱用防止を行う「需要側の政策」という2つの視点から薬物政策が行われていることがわかる。

一方で，並行して2003年の犯罪対策閣僚会議では「犯罪に強い社会の実現のための行動計画」が決定され，そこでも「薬物乱用，銃器犯罪のない社会の実現」の中で薬物対策を重要施策として取り上げている。さらに，同閣僚会議は，2016年7月に「薬物依存者・高齢犯罪者等の再犯防止緊急対策」を公表している。当該緊急対策では，薬物事犯者の多くが犯罪者であると同時に，薬物依存の問題を抱える者でもあることを強調し，彼らの再犯防止を進めるためには，刑事司法と地域社会をシームレスにつなぎ，官民が一体となって立ち直りに向けた"息の長い"支援のネットワークを構築することが必要としている。

丸山（2018a）は，従来の施策をふりかえり，取締りを強化することが掲げられ行動に移されてきたが，薬物依存症という症状をケアするという側面は弱かったこと，刑事司法手続き全体からみれば，自助グループなどの活動とそのサポート体制が不十分なままであったこと，そして福祉的な援助の側面が圧倒的に不足している状態にあったことを指摘する[2]。

昨今では，薬物依存症は，貧困，生活環境，障害，疾病，学歴の乏しさなどの要因が複雑に絡み合っており，刑事司法領域での取り組みでは限界があるため，官民を含め多様な領域の関係者が連携・協働しながら取り組まなければならない課題であることが，関係者の間では共通理解となりつつある。しかし，丸山が指摘するような状況が大きく改善されているわけではない。

また，丸山（2018a）は，2016年の緊急対策において2020年までに再入率を20%減少させるという数値目標を設定したことや，再犯防止を強調していること[3]を受けて，監視態勢が厳格化する可能性や，福祉の刑罰的運用の危険性を示唆している。

　日本はこれまで違法薬物を使用したら，刑罰で厳格に罰するという対応（不寛容・厳罰主義）をとってきた。それは，医療や福祉的支援の必要性が認識されるようになった現在も変わらない。しかし，世界に目を向けると「薬物使用＝犯罪」という考え方自体を問い直す時期に来ていることに気づかされる。

（2）　国際的動向

　米国では薬物問題に対して「ゼロ・トレランス（不寛容主義）」政策を率先してきた。しかし，2009年頃から，それまで通り供給側への対策を行う一方で，需要側である薬物使用者に対しては社会復帰を念頭に置いた治療に力を入れ，需要そのものを無くす取り組みに舵を切りつつある。ただし，不寛容主義としながらも，その一方で薬物事犯者に対しては裁判所による福祉的な取り組みが1980年代後半から行われていた。その取り組みが以下に示すドラッグ・コートである。

　また，ヨーロッパの複数の国々では，「ハーム・リダクション」と呼ばれる政策が広く受け入れられている。これは，薬物の使用を「犯罪」ではなく医療的福祉的問題としてとらえた上で，薬物使用者個人とコミュニティへの害を減らす施策である（佐藤2008）。ドラッグ・コートとハーム・リダクションのいずれにおいても，ソーシャルワーカーが重要なかかわりをしていることに注目したい。

① ドラッグ・コート

　ドラッグ・コートは薬物事犯者（薬物乱用が原因となって犯された他の犯罪も含む）を通常の刑事司法手続きではなく，薬物依存から回復を促すための治療的な手続きにのせる特別な裁判手続きまたは実践である。一般的には罪状認否前，有罪の答弁後，刑宣告後等の刑事手続きのいずれかの段階において，対象者に刑務所内ではなく地域において個別の治療計画に沿ったプログラムを受講させるものであり，プログラムを修了することによって，その段階に応じて，起訴の取り下げ，軽い刑の言い渡し，保護観察の終了等がなされる。つまり，ドラッグ・コートは司法的な強制力を行使して，治療へのアクセスを保障する仕組みという

ことができる。

　プログラムは 1 ～ 2 年の期間が設定され，多くの場合，断薬のための治療に加えて，メンタルヘルス治療，家族カウンセリング，職業カウンセリング，教育支援，住宅支援，医療または歯科治療を受けるための支援といったサービスが含まれる。ケースマネージャーやソーシャルワーカーも，参加者が医療保険やその他の社会サービスを受けられるよう支援を行う。

　参加者は，毎週抜き打ちの薬物・アルコール検査を受けるとともに，裁判所に出頭して現状の報告を行う。仮にプログラム受講期間中に薬物を再使用した場合でも，すぐに有罪になることはなく，まずは裁判官の前に出廷させられその理由を問われた上で，プログラム内容の変更などが考慮される。日本においては，薬物の再使用は犯罪と捉えられるが，ドラッグ・コートにおいては，薬物の再使用を使わなくなるためのプロセスと考えるという点に特徴がある。プログラムに参加するのをやめてしまった場合でも，数日刑務所に収容された後に，再度回復プログラムに参加させられたり，入寮して行うプログラムに変更させられたりする。

　このことが示すように，ドラッグ・コートの目的は薬物使用者を薬物依存症から回復させることであるため，すぐに刑務所に収容するのではなく，できるだけ地域での回復プログラムを受講させようと，さまざまな努力がなされるのである。このように，ドラッグ・コートに参加すれば有罪にならないというのも，参加者が回復プログラムに参加する動機づけとなっている。

② ハーム・リダクション

　EU における薬物問題対策の取り組みは，自治体レベルで行われている。しかし，実際の支援は自治体だけでなく NGO や NPO なども担っている。

　たとえばポルトガルでは，2001 年にほぼすべての規制薬物を非刑罰化している。所持量が規定よりも少ない場合は，弁護士や心理学者，ソーシャルワーカーなどにより構成されるコミッション（薬物説得委員

会）に相談に行くよう促され，そこで医療や福祉に関するアドバイスを受ける。仮にアドバイスに従わない場合でも，刑事罰にはならない。実際には，薬物依存症者のための統合施設にいる看護師やソーシャルワーカー，ピアカウンセラーなどが支援にあたり，衛生的な薬物キットを提供したり，福祉的支援につながるよう活動している。丸山（2018b）は，ポルトガルの薬物対策は，薬物問題を刑事司法でどう扱うかという関心から離れ，その人がその人らしく生きるとはどのようなことなのかを探求し，それをサポートする体制に入っていると述べている。

　またオランダ・アムステルダム市の統合施設でも，薬物依存症者に対して公衆衛生・保健部門だけでなく，社会保障や日常活動支援の部門が共同で支援にあたっている。ポルトガル同様，ここにつながった利用者に対しては，個々の必要に応じて嗜癖ケア，生活保護と健康保険，日常活動，住まいのケアを提供している。また，施設にはユーザースペースがあり，判定条件に基づきヘロインが供与され，その場で使用することができるようになっている。これらのケア全体の基礎となるのは，利用者のライフスタイルの安定であり，そのことを通してコミュニティへ再包摂することが目的となっているという（佐藤 2013）。

　オランダの取り組みで特筆すべきことは，薬物依存症者が生活保護を受給する際には，勤労（あるいは職業訓練への参加）が義務づけられていることである。そこには「人は誰でもコミュニティのために何かをしなくてはならない」「コミュニティのために何か（勤労など）をするからこそ，その一員になれる」といった考え方がある。つまり，ハーム・リダクションを通したコミュニティへの再包摂である。このようにしてハーム・リダクションはコミュニティにとっても良いこととして正当化されることになる（佐藤 2013）。

　それぞれの国において福祉的支援の充実度合いも異なるため，その国の事情に見合った対応をとることが求められることは言うまでもない。しかしながら，薬物依存症者への対応には，日本がとってきたような不寛容・厳罰主義とは異なる方法もあるということ，そしてそれらの方法においては，ソーシャルワーカーが重要なかかわりをしているというこ

とを理解することが重要であろう。

3. 薬物使用への介入（刑事司法的介入）

　薬物依存の問題を抱えて犯罪をした人に対しては，再犯防止と依存症治療の2つの側面から働き掛ける必要があるということを前提に，日本においては刑事政策領域および福祉政策領域において複数の取り組みが進められている。

　まず，刑事司法分野では，（1）2016年に「刑の一部執行猶予制度」の運用が開始されたほか，（2）刑事施設や保護観察所等では，薬物事犯者に対する処遇や治療・支援の充実が図られている。薬物事犯者の再犯防止や社会復帰に向けた取り組みは，「薬物依存者・高齢犯罪者等の再犯防止緊急対策〜立ち直りに向けた“息の長い”支援につなげるネットワーク構築〜」（同年7月犯罪対策閣僚会議決定），「再犯防止推進計画」（第11章参照）等に盛り込まれている。以下では（1）（2）について詳しくみていくことにしよう。

（1）「刑の一部執行猶予制度」導入の背景と課題（民間の協力と連携）

　2013年6月，刑の一部執行猶予制度の導入等を内容とする「刑法等の一部を改正する法律」及び「薬物使用等の罪を犯した者に対する刑の一部の執行猶予に関する法律」が成立した。従前は刑期の全部を実刑とするか，刑期の全部を執行猶予とするかの2つしか選択肢がなかった。また，刑務所出所者の再犯防止・社会復帰のための仕組みとして仮釈放制度はあるが，期間が短く十分な地域移行ができずに再犯に至るケースが多数を占めていた。

　そこで，3年以下の懲役・禁錮を言い渡すとき，判決で1〜5年の間その一部の執行を猶予することができる制度を導入したのである。たとえば，一部執行猶予が適用され「被告人を懲役2年に処する。その刑の一部である懲役6月の執行を2年間猶予する」と言い渡された場合，まず猶予されなかった1年6か月の懲役刑の執行を実際に受けて服役することになる。その服役が終わった後に，猶予された6か月の執行猶予期

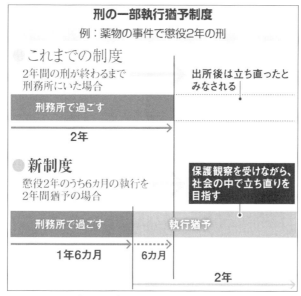

（出所：朝日新聞デジタル　2016 年 8 月 4 日）
図 12 － 2　刑の一部執行猶予制度

　間である 2 年間がスタートする。執行猶予が取り消されないでこの 2 年間の猶予期間が満了すれば，6 か月分の執行はされないことになる（図 12 - 2）。ただし，執行猶予期間中に再び薬物を使用したり，遵守事項に違反すれば，執行猶予取消の対象となる。なお，薬物事犯者の場合は累犯者も対象となり，執行猶予中は必ず保護観察に付すことになっている。すなわち，刑務所内における施設内処遇と保護観察下での社会内処遇の連携によって，再犯防止及び改善更生を促そうという趣旨である。
　なお，執行猶予期間中は保護観察所や関係機関が実施する薬物離脱プログラムを受けなければならない。また，法務省は保護観察終了後も，必要な支援等（薬物依存に対する治療・相談支援，家族支援など）を受けられる態勢を整えておくことが特に重要とし，そのためにも保護観察所と地域の医療・保健・福祉機関等との連携が不可欠と指摘している（法務総合研究所 2020）。
　2019 年に覚醒剤取締法違反で一部執行猶予の言い渡しを受けた人員

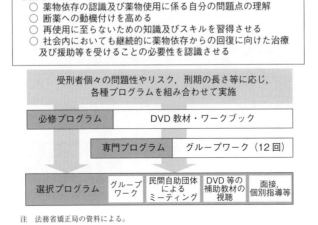

◎指導の目標
　○ 薬物依存の認識及び薬物使用に係る自分の問題点の理解
　○ 断薬への動機付けを高める
　○ 再使用に至らないための知識及びスキルを習得させる
　○ 社会内においても継続的に薬物依存からの回復に向けた治療
　　及び援助等を受けることの必要性を認識させる

受刑者個々の問題性やリスク，刑期の長さ等に応じ，
各種プログラムを組み合わせて実施

| 必修プログラム | DVD 教材・ワークブック |

| 専門プログラム | グループワーク（12 回） |

| 選択プログラム | グループワーク | 民間自助団体によるミーティング | DVD 等の補助教材の視聴 | 面接，個別指導等 |

注　法務省矯正局の資料による。

（出所：令和2年版犯罪白書）

図 12 − 3　刑事施設における薬物依存離脱指導の概要

は 1,308 人であり，一部執行猶予の取消人員は 232 名であった。

（2）刑事施設や保護観察所での取り組み

　刑事施設における薬物依存離脱指導は，2006 年度から特別改善指導の一つとして，全国の刑事施設に共通の標準プログラムを用いて実施されている。2016 年度からは，それまで1種類であった標準プログラムを必修，専門，選択の3種類に複線化して整備し，指導を行っている（図 12 − 3）。

　必修プログラムは，麻薬，覚醒剤その他の薬物に対する依存があると認められる者全員に対して実施される。薬物依存からの回復の段階における特徴的な心身の状況，薬物を使用していた行動・生活パターンに戻ってしまう兆候に気付き，対処する必要性や，地域で断薬を継続するための支援を行っている専門機関・民間自助団体について理解を深めさせる取り組みである。

　専門プログラムは，より専門的・体系的な指導を受講させる必要性が高いと認められる者に対して，他の受講者の発言を聞くことで新たな気付きを得る機会を提供するなどしている。選択プログラムはさらに補完

的な指導を受講させる必要性が高いと認められる者に対して行われる。
なお，これらのプログラムは刑事施設の職員（法務教官，法務技官及び
刑務官），処遇カウンセラー（認知行動療法等の技法に通じた臨床心理
士等）及び民間協力者（薬物依存からの回復を目指す民間自助団体，医
療関係者，警察関係者等）が協働して当たる。

　2019 年度からは，札幌刑務支所内の「女子依存回復支援センター」
において「女子依存症回復支援モデル」が施行されている。事業委託を
受けた特定 NPO 法人により，グループワーク等の集団処遇が実施され
るが，そのプログラムには，未成年の子をもつ女性受刑者に対応した内
容，女性特有の精神状態の変化や不定愁訴に関する事項等が盛り込ま
れ，出所後も継続して実施できる構成となっている。

　さらに全国の少年院では，薬物依存がある者を対象に，薬物の害と依
存性を認識するとともに，薬物依存に至った自己の問題性を理解し，再
び薬物を乱用しないことを目的として，受講者全員に対してグループ
ワークまたは個別指導を統一的に行う中核プログラムを実施している。
加えて，受講者の個々の必要性に応じた個別面接指導や固定メンバーに
よる継続的な集会等を選択的に行う周辺プログラム等も実施されている。

　保護観察所では，2015 年に法務省と厚生労働省が共同して策定した
「薬物依存のある刑務所出所者等の支援に関する地域連携ガイドライ
ン」を踏まえ支援を行っている（図 12 - 4）。このガイドラインは，保
護観察所，地方更生保護委員会，刑事施設，都道府県，医療機関等を含
めた関係機関及び民間支援団体が緊密に連携し，薬物依存のある刑務所
出所者等に効果的な地域支援を行えるよう，基本的な指針を定めたもの
である。なお，薬物依存に関する専門的な処遇を集中して行うために，
複数の保護観察所に薬物処遇ユニットが設置されている（図 12 - 5）。
図 12 - 6 は，保護観察所が実施する薬物再乱用防止プログラムの内容
を示したものである。コアプログラムとステップアッププログラムから
構成されている。なお，精神保健福祉センター，薬物処遇重点実施更生
保護施設等が実施する SMARPP[4] またはこれと同様の理論的基盤を有
する回復プログラムを受ける見込みがある場合には，コアプログラムの

214

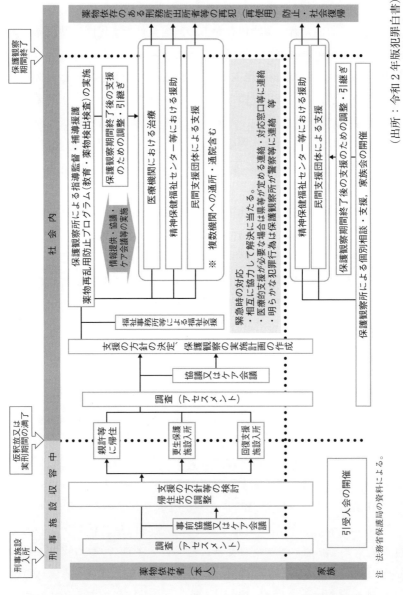

注　法務省保護局の資料による。

図12−4　「薬物依存のある刑務所出所者等の支援に関する地域連携ガイドライン」を踏まえた支援の流れ

（出所：令和2年版犯罪白書）

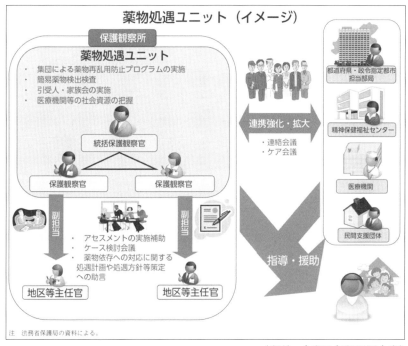

（出所：令和 2 年版犯罪白書）

図 12－5　薬物処遇ユニットの概要

開始を延期することができ，これらの回復プログラムを一定期間継続的
に受けたときはコアプログラムを一部免除することができる。

4.　薬物使用への介入（医療・福祉的介入）

（1）回復に向けた総合的支援

　本章第 1 節で触れたように，薬物依存症になると健康上の問題，家族
問題，対人関係の問題，社会生活上の問題などさまざまな問題を抱える
ことが多い。刑事施設への服役はこれらの問題の棚上げにはなるが，根
本的解決にはならない。したがって，回復のためにはこれらの問題に向
き合い，対応していくことが不可欠になるが，自分の力だけで解決する
ことは極めて困難である。治療に向けた医療的関わり，住まいや生活
費，居場所の提供などの福祉的関わり，就労支援，継続的な心理的サ

薬物再乱用防止プログラム

[対象] 保護観察に付されることとなった犯罪事実に、指定薬物又は規制薬物等の所持・使用等に当たる事実が含まれる仮釈放者又は保護観察付執行猶予者（特別遵守事項で受講を義務付けて実施）
※保護観察付全部猶予者の場合は、プログラム受講を特別遵守事項に定めることが相当である旨の裁判所の意見が示された者

教育課程　ワークブック等に基づき、保護観察所において、個別又は集団処遇により学習（保護観察官が実施）

コアプログラム（全5回）

【方式】おおむね2週間に1回の頻度で原則として3月程度で全5回を修了

【内容】依存性薬物の悪影響と依存性を認識させ、自己の問題性について理解させるとともに、再び乱用しないようにするための具体的な方法を習得させる。

第1回　薬物依存について知ろう
第2回　引き金と欲求
第3回　引き金と錨
第4回　「再発」って何？
第5回　強くなる　より賢くなろう

保護観察の開始

修了後 → ステップアッププログラム

【方式】おおむね1月に1回とし、発展課程を基本としつつ、必要に応じて他の課程を、原則として保護観察終了まで実施

【内容】コアプログラムで履修した内容を図りつつ、薬物依存からの回復に資する発展的な知識及びスキルを習得させることを主な目的とする以下の3つの課程

【発展課程】
コアプログラムで履修した内容を定着、応用、実装させる（全12回）。

【特修課程】
依存回復に資する発展的な知識及びスキルを習得させる。
A　アルコールの問題
B　自助グループを知る
C　女性の薬物乱用者

【特別課程】
①外部の専門機関・民間支援団体の見学や、②家族の見学や、②家族を含めた合同面接をさせる。

保護観察の終了

簡易薬物検出検査

○教育課程と併せて、尿検査、唾液検査又は外部の検査機関を活用した検査により実施。
○陰性の検査結果を検出することを目標に断薬意志の強化を図る。

注　法務省保護局の資料による。

図12−6　薬物再乱用防止プログラムの概要

（出所：令和2年版犯罪白書）

ポートなどが総合的に提供される必要がある。

　そこで政府は「第5次薬物乱用防止五か年戦略」の中で，目標の一つに「薬物乱用者に対する適切な治療と効果的な社会復帰支援による再乱用防止」を掲げ，そのなかで「薬物依存症者等への医療提供体制の強化」として，専門医療機関の充実等の取り組みを「地域社会における本人・家族等への支援体制の充実」として，相談・支援窓口の周知と充実，自助グループ等民間団体支援の充実等の取り組みを進めることとしている（図12-7）。

（2）自助グループ（当事者グループ）の取り組み

　ここまでの説明からもわかるように，薬物依存症からの回復には民間支援団体の存在が不可欠になっている。全国各地にある薬物依存症からの回復支援施設として，ダルク（DARC：Drug Addiction Rehabilitation Center）が知られている。ダルクでは，仲間同士で共同生活を送りながら，薬物をやめ続けることに成功した人が，今やめられないで困っている人の手助けをして，共に薬物を使わない生活を目指している。ダルクは全国各地にあるが，個々のダルクは独立して運営されている。精神保健福祉士等の専門職がスタッフとして関与しているところもあるが，基本的には薬物依存からの回復者による当事者組織であり，運営スタッフも利用者も共に薬物依存の経験者である。自宅から通所する利用者もいるが，多くは近隣のグループホームに住み，そこからデイケア・プログラムに通っている。また，必要に応じて生活保護や医療，就労につなぐといった福祉的支援も行っている。

　プログラム内容は施設により異なるが，活動の中心が日々のミーティングであることは共通している。近年ではダルクの施設数は増加傾向にあり，また上述した通り活動場所も矯正施設，保護観察所，精神保健福祉センターなど広がりをみせており，薬物依存症からの回復を進めていく上で，ダルクは不可欠な存在となっている。

　従来は法人格を持たない任意の当事者グループであったが，障害福祉制度の枠組みの中で行政の認可を受けて運営するようになったこと

218

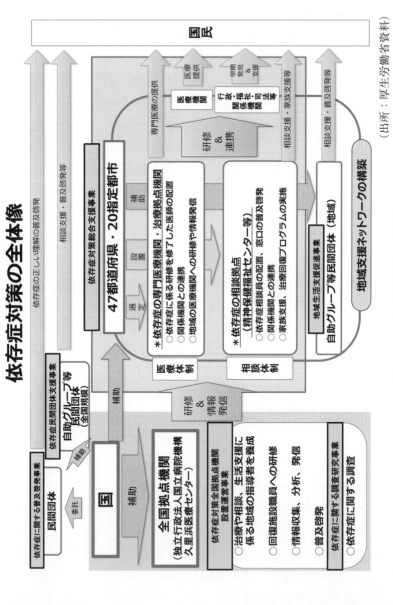

依存症対策の全体像

国民

依存症の正しい理解の普及啓発

相談支援・普及啓発等

依存症対策総合支援事業

47都道府県・20指定都市

* 依存症の専門医療機関・治療拠点機関
  ○依存症に係る研修を修了した医師の配置
  ○関係機関との連携
  ○地域の医療機関への研修や情報発信

専門医療の提供

医療機関

医療提供

行政
関係機関
医療福祉司法
機関等

早期発見&支援

研修&連携

補助

設置

選定

医療体制

* 依存症の相談拠点
  （精神保健福祉センター等）
  ○依存症相談員の配置、窓口の普及啓発
  ○関係機関との連携
  ○家族支援、治療回復プログラムの実施

相談支援・普及啓発等

相談支援・家族支援等

相談体制

地域生活支援促進事業

自助グループ等民間団体（地域）

地域支援ネットワークの構築

依存症民間団体支援事業

自助グループ等
民間団体
（全国規模）

補助

補助

研修&情報発信

国

補助

全国拠点機関
（独立行政法人国立病院機構
久里浜医療センター）

依存症対策全国拠点機関
設置運営事業
○治療や相談、生活支援に
係る地域の指導者を養成
○回復施設職員への研修
○情報収集、分析、発信
○普及啓発

依存症に関する調査研究事業
○依存症に関する調査

依存症に関する普及啓発事業

民間団体

委託

（出所：厚生労働省資料）

図12-7 依存症対策の全体像

で[5]，精神障害者である利用者のサービス利用にかかる利用費や運営費を活用できるようになり，以前と比較すると安定した運営が可能になったというダルクもある。

　NA（ナルコティクス・アノニマス：Narcotics Anonymous）もまた，薬物依存からの回復を支える重要な役割を果たしている。NA も全国各地に多くのグループがあるが，ダルクのように施設をもつわけではなく，公民館等の地域のスペースを借りて，「12 ステップ・プログラム」と呼ばれる回復プログラムに基づくミーティング等を自発的に行っている。他のグループメンバーと体験を共有し，分かち合い，自分の抱える問題や悩みを直視して自分を変化させていくことができ，薬物依存症の回復段階における心の回復と人間関係の回復を達成する上で効果があるとされている。

5.　周辺環境への働きかけ

（1）地域住民との関わり──施設コンフリクト

　ここまでみてきたように，ダルクのような民間支援団体は薬物依存症からの回復に欠かせない存在となっているのだが，近年，利用者のためのグループホームを地域に建設（設置）するにあたり，近隣住民からの激しい反対運動が生じるようになっている（施設コンフリクト）。しかし，残念ながら「話し合い」以外に抜本的な解決策が見出されているわけではない。個々人の居住権保障の観点からも，政府が進める再犯防止の観点からも，薬物依存症者が回復し，地域の一員として生活していくためには，安定した住居・居場所の確保が不可欠であり，それを阻む地域との軋轢は早急に解消されてしかるべきである。

　とはいえ，一般市民の薬物依存に対する否定的認識や偏見は非常に根深いものがあり，一度薬物依存に陥った人々が地域の人々から理解され受け入れられることは容易ではない。それを理解しているからこそ，ダルクの人々はさまざまな関係者らの協力を得ながら，注意深く地域住民との関わり方を模索していることが明らかになっている（深谷 2019）。

　一方で，施設コンフリクトが薬物依存回復施設だけでなく，保育園や

220

障害者施設，介護施設といったさまざまな福祉施設の建設にあたり発生
している実情に鑑みると[6]，地域社会のあり方が問われているとも言え
よう。建前は「地域共生社会の実現」「居住権の保障」があるべき姿と
されてはいるが，地域住民一人ひとりが，その実現のためにどう振る舞
う必要があるのか，何が求められるのかを十分に理解しているわけでは
ない。自らの問題として目前に突きつけられて，初めてその意味を考え
る機会が与えられるのではないだろうか。

　施設コンフリクトは，住民の気質や地域の歴史も複雑に絡んでいるこ
とが多く，和解することが非常に難しい問題である。野村（2008）は，
過去に精神障害者施設で生じた複数の施設コンフリクト（和解に至った
ケース）を振り返り，そのプロセスを大きく5つに整理している。さら
に，このような和解プロセスの特徴を規定している要因について，年代
の違い，地域の特性，施設側の姿勢，コンフリクト発生の要因と大き
さ，という4つの視点から論じている。別言すれば，施設を利用する
人々についての知識だけでなく，これらさまざまな要因が施設コンフリ
クトには絡んでおり，和解に至るプロセスも多様ということである。単
純に施設利用者の実情を説明すれば解決するという問題ではないことが
わかる。薬物依存回復者らが地域住民に受け入れられ，理解を得る道の
りは長く，地道な取り組みが求められるということであろう。

（2）薬物報道ガイドライン

　地域住民の態度形成に影響を及ぼす要因として，マスメディアの影響
があげられる。しばしばセンセーショナルな薬物事件の報道が，人々の
誤解と偏見を強め，当事者や家族を孤立させて回復を阻害してしまうこ
とがある。そこで，2017年には薬物問題に詳しい有識者たちが集まり，
「薬物報道ガイドライン」を作成している。

　人々によく知られている著名人等が薬物問題で逮捕された際は，当該
ガイドラインに沿って報道するのが望ましいという指針である。具体的
には，「依存症については，逮捕される犯罪という印象だけでなく，医
療機関や相談機関を利用することで回復可能な病気であるという事実を

伝えること」「相談窓口を紹介し，警察や病院以外の“出口”が複数あることを伝えること」「友人・知人・家族がまず専門機関に相談することが重要であることを強調すること」「“人間やめますか”のように，依存症患者の人格を否定するような表現は用いないこと」「薬物依存症であることが発覚したからといって，その者の雇用を奪うような行為をメディアが率先して行わないこと」などが含まれている。

（3）家族への支援

　依存症は「家族の病」とも言われている。というのも，家族の誰かが薬物依存症に陥ると，家族はその悪い影響を受けて，気がつかないうちに病んでいくからである。図 12-8 は薬物依存症の進行に伴う家族の変化を示したものである。薬物依存症は，気がつかないうちに家族全体の健康をも奪っていくのである。

　厚生労働省は，薬物依存症の家族向けに家族読本を作成している（厚生労働省 2020）。そこでは，薬物依存からの回復のために家族にできることとして以下の3点をあげている。

　まず一つは，薬物依存症という障害について学ぶことである。医学的・心理学的側面からの理解，回復に有効な資源，法律のことについてもある程度知っておくと役立つ。

　2つ目は，薬物依存症者本人に対する適切な対応方法を身につけることである。本人を助けたいという思いから行っていることが，逆に本人の回復を遅らせてしまうと

（出所：NPO 法人セルフ・サポート研究所／厚生労働省ウェブサイト）

図 12-8　薬物依存症の進行に伴う家族の変化

いうことがよくある。結果的にみると，実は本人の薬物使用を助けてしまっているような家族の対応を「イネイブリング行動」という。その場

しのぎの対応や感情に左右された一貫性のない対応ではなく，長期的にみてどうすることが薬物依存症からの回復に役立つのかという基本をしっかり守った対応法を身につけることが大切になる。

3つ目は，問題への対応能力を高め行動を起こすためにも，家族の方がまず元気を取り戻すことが重要である。そのためには類似の経験をしている仲間と出会うことが役立つ。

たとえば依存症病棟がある医療機関，精神保健福祉センター，保健所，ダルクなどでも薬物依存の問題を抱えた家族向けに個別相談や定期的なグループ活動や勉強会を行っている。また，家族の自助グループ活動としてはナラノン（Nar-Anon）があり，全国に点在している。

6. 薬物依存症対策の見直しに向けて

本章では，薬物依存症に対する政策的対応と実践について論じてきた。これまで日本では，違法薬物使用に対しては刑事罰を科すことにより対応してきた。そのため，福祉専門職が薬物問題に積極的に関与することは決して多くなかった。しかし昨今では，薬物の再使用を予防し，個々人が社会の一員として暮らしていくためには，医療的支援や福祉的支援が不可欠であるということが共通理解となっており，福祉専門職への期待も高まっている。官民，司法と福祉，医療等がネットワークを構築し，柔軟で持続性のある支援を繰り広げようと模索しているのである。

他方，諸外国では薬物使用の非刑罰化が進んでおり，そのなかではソーシャルワーカーたちが不可欠な存在となっている。その役割は，「再犯防止」ではなく，薬物を使用しなくても生きていけるよう，人々の暮らしを支えることであり，社会参加を可能にすることである。つまり，再犯防止はその二次的メリットにすぎないのである。日本の福祉専門職が薬物依存症の人々に関わっていく上で，諸外国の実践から学べることは多くある。

〉〉注

1) 依存と類似した概念で「乱用」という概念があるが，乱用を繰り返した結果生じた脳の慢性的な異常状態が「依存」であり，厳密には異なる意味を持つ。
2) 2003 年の犯罪対策閣僚会議による「犯罪に強い社会の実現のための行動計画」では，末端使用者への取り組みの充実を図るとしながらも，徹底した取り締まりが中心であった（丸山 2018a）。
3) 2017 年には法務省の再犯防止推進会議による「再犯防止推進計画」の中で，薬物事犯を含む再犯の防止に向けた提案がなされている。
4) Serigaya Methamphetamine Relapse Prevention Program：せりがや病院覚せい剤依存再発防止プログラム。
5) 障害者総合支援法上のどのサービスを利用するかは，各ダルクにより異なっている。一般的にはデイケアは生活訓練（自立訓練）事業所，就労支援 B 型事業所，地域活動支援センター等の認可を受けており，グループホームは共同生活援助に該当する。
6) 毎日新聞が，2019 年 9 月に 47 都道府県と，道府県庁所在地，政令市，中核市，東京 23 区の計 106 自治体に，2014 年 10 月～ 19 年 9 月の 5 年間に起きた反対運動などについて尋ねる調査票をメールで送付し，全てから回答を得た。グループホームなどの障害者施設が住民の反対で建設できなくなったり，建設予定地の変更を余儀なくされたりしたケースが，過去 5 年間に少なくとも全国 21 都府県で計 68 件起きていたことが調査で明らかになった。反対運動が起きても施設を運営する事業者に任せ，県や自治体などが対応しなかったケースが 32 件あった（毎日新聞 2019 年 12 月 22 日）。

引用文献 ▍

・厚生労働省（2020）「ご家族の薬物問題でお困りの方へ（家族読本）―身近な方の薬物依存症からの回復のために」
　https://www.mhlw.go.jp/stf/seisakunitsuite/bunya/kenkou_iryou/iyakuhin/yakubuturanyou/other/kazoku_doikuhon.html.
・佐藤哲彦（2013）「薬物問題に対する欧州アプローチと脱犯罪化統制の現在：ハーム・リダクションの動向とその含意」『犯罪社会学研究』38，pp. 124-137
・嶋根卓也，猪浦智史，邸冬梅，和田清（2019）「薬物使用に関する全国住民調査（2019 年）」『令和元年度厚生労働行政推進調査事業費補助金（医薬品・医療機器等レギュラトリーサイエンス政策研究事業）分担研究報告書』
・特定非営利活動法人 ASK（2017）「薬物報道ガイドライン」

https://www.ask.or.jp/article/8753
・野村恭代（2008）「地域住民と社会福祉施設の関係形成に関する一考察」『帝塚山大学心理福祉学部紀要』（4）pp. 111-121
・深谷裕（2019）「包摂型社会実現の課題：薬物依存症回復施設と地域住民との関係性」『地域課題研究プロジェクト論文集』北九州市立大学地域戦略研究所 pp. 13-22
・法務総合研究所（2020）『令和2年版犯罪白書』
・松本俊彦，高野歩，谷渕由布子，立森久照，和田清（2017）「全国の精神科医療施設における薬物関連精神疾患の実態調査」『平成28年度厚生労働科学研究費補助金医薬品・医療機器等レギュラトリーサイエンス政策研究事業「危険ドラッグを含む薬物乱用・依存状況の実態把握と薬物依存症者の社会復帰に向けた支援に関する研究」分担研究報告書』
・丸山泰弘（2018a）「薬物政策の新動向―規制を用いた統制から「その人らしく生きる」ことを支える政策へ―」『犯罪社会学研究』43 pp. 136-143
・丸山泰弘（2018b）「アメリカの薬物政策：刑事司法で行う福祉～アメリカの挑戦～」『龍谷法学』50（3）pp. 42-54，龍谷大学法学会

参考文献

・ダルク（2018）『ダルク 回復する依存者たち―その実践と多様な回復支援』明石書店
・松本俊彦（2018）『薬物依存症』ちくま新書
・吉田精次，ASK（アルコール薬物問題全国市民協会）（2014）『アルコール・薬物・ギャンブルで悩む家族のための7つの対処法―CRAFT（クラフト）』アスクヒューマンケア

研究課題

1．ドラッグ・コートやハーム・リダクションを日本で取り入れる上での課題はどのような点にあるか，考えてみよう。
2．薬物依存症者の回復に向けて，専門職として，あるいは一住民として，あなたはどのようなことができるだろうか，考えてみよう。

13 | 教育を受ける権利と福祉政策

藤澤宏樹

　近年,「子どもの貧困」問題の解決を企図した教育政策が, いくつも打ち出されている。これらの政策は, 人権保障の観点からは, どのように考えられるのか。ここでは, 教育費支援制度をとりあげて, この制度の現状を踏まえつつ, 教育を受ける権利と福祉政策との連関を考察し, 検討する。
《キーワード》 教育を受ける権利, 就学援助制度, 教育扶助, 高等教育

1. 教育を受ける権利と福祉政策

　憲法 26 条は「すべて国民は, 法律の定めるところにより, その能力に応じて, ひとしく教育を受ける権利を有する。すべて国民は, 法律の定めるところにより, その保護する子女に普通教育を受けさせる義務を負う。義務教育は, これを無償とする」と規定している。教育を受ける権利は, その性質上, おもに子どもに対して保障され, 子どもの学習権を保障したものと解されている。学習権とは「国民各自が, 一個の人間として, また, 一市民として, 成長し, 発達し, 自己の人格を完成, 実現するために必要な学習をする固有の権利」[1] をさす。
　憲法 26 条を受けて, 教育基本法 4 条は「すべて国民は, ひとしく, その能力に応じた教育を受ける機会を与えられなければならず, 人種, 信条, 性別, 社会的身分, 経済的地位又は門地によって, 教育上差別されない」とし, 同条 3 項は「国及び地方公共団体は, 能力があるにもかかわらず, 経済的理由によって修学が困難な者に対して, 奨学の措置を講じなければならない」とする。さらに同法 5 条は, 親の普通教育を受けさせる義務, 授業料無償原則を定めており, 教育を受ける機会の実質化が図られている。ここに, 教育を受ける権利が保障されるとともに,

教育を受ける機会が保障されている。

　このような憲法・教育基本法の定めにもかかわらず，今日，教育を受ける権利が，危機にさらされている。貧困その他の理由で教育を十全に受けることのできない子どもが多くいる。いわゆる「子どもの貧困」「教育格差」の問題である。子どもの貧困率は，2018年現在で13.5%に達しているという[2]。また，親の収入が少なく十分な教育を受けることができず，進学や就職のチャンスも少ないため十分な収入を得られないために，子どももまた貧困になってしまう，いわゆる貧困の連鎖が生じている[3]。もっとも，こういった説明は，悲しいことに「お馴染み」のものになっているかもしれない。

　しかしながら，子どもの貧困や教育格差が定着し，「お馴染み」になるような状況が好ましいはずはない。「子どもの教育は，子どもが将来一人前の大人となり，共同社会の一員としてその中で生活し，自己の人格の完成，実現していく基礎となる能力を身につけるために必要不可欠な営みであり，それはまた，共同社会の存続と発展のためにも欠くことのできないものである」[4]なら，なおさらである。

　もちろん，上の状況が，ただただ見過ごされてきたわけではない。後述のように，親（家庭）などの教育費負担軽減をはかる制度（教育費支援制度）の整備は行われてきた。また，子どもの貧困対策法が制定され，そこに教育支援，生活支援の仕組みが盛り込まれている。その他にも多くの施策が存在する。それでは，教育を受ける権利という視座からみて，これらの施策にはどのような課題があり，そしてそこからどのような展望を見いだすことができるのか。以下，教育費支援制度を概観して，考えていきたい。

2. 教育費支援制度の概観

　教育費支援制度は，厚労省系列と文科省系列の二系列で行われてきた。制度を概観する。

表13－1　教育費支援制度の概観

	小中学校	高校	大学
厚労省	教育扶助（生活保護法）子どもの学習・生活支援事業（生活困窮者自立支援法，子どもの貧困対策法）その他	生業扶助［高等学校等就学費］（生活保護法）その他	進学準備給付金制度（生活保護法）その他
文科省	義務教育無償教科書無償就学援助制度特別支援就学奨励法その他	高校等就学支援金制度高校生等奨学給付金制度各種奨学金その他	大学等修学支援制度各種奨学金その他

（筆者作成）

（1）二系列の支援制度形成の経緯

　二系列の支援制度が形成された経緯は次の通りである。1899年制定の小学校令が，疾病，障害，貧困を理由とする子どもの就学猶予・免除を認めていたため，義務教育から振り落とされる児童が多く出た。そこで旧内務省（現厚労省）が，これら児童を慈善的に保護していたという事情があった。その後，大正中期より，経済的困窮により義務教育を受けることが困難な子どもへの援助が社会問題として明確に認識されるようになった。この問題には，旧文部省（現文部科学省）が取り組んだ。これが厚労省と文科省の二系列の援助制度の策定につながった。経済的困窮の側面に注目する厚労省系列の援助制度は，1932年施行の救護法を，義務教育を受けることの困難という側面に注目する文科省系列の制度は，1928年の学齢児童就学奨励規程を嚆矢とする。

　まず，厚労省系列の制度をみる。救護法には教育扶助はなかったが，生活扶助の中で学用品費等の義務教育費が支給されていた。これが，1947年の旧生活保護法で生活扶助と教育費が別枠扱いとなり，さらに，1950年の生活保護法制定にあたり，義務教育段階での教育費を対象とする教育扶助がもうけられた（藤澤 2006：8-14）。その後，高度成長期における高校進学率の上昇に伴って，1970年代には高校進学者の世帯内修学が認められ，さらに2005年に生業扶助の中に高等学校等就学費

がもうけられた。2018年には進学準備給付金制度がつくられた。

　次に文科省系列の制度をみる。1928年の学齢児童就学奨励規程は，貧困によって就学困難な学齢児童の就学を奨励するため，教科書，学用品，被服，食料その他生活費の一部または全部を給付するというものであった。本規程は1948年の旧生活保護法の制定に伴い，生活保護費に吸収される形で廃止された。その後，1950年の生活保護法制定の際に，教育扶助が設けられたが，このとき，文部省（文科省）は，1951年の義務教育就学奨励法案で，生活保護世帯より多くの世帯を対象とした就学支援を構想し，教育扶助を移管することにより制度の一本化を目指した。しかし，厚生省（厚労省）の同意が得られず断念した（藤澤2007：208）。

　結局，1951年には，現在の就学援助制度の前身にあたる教科書給与法（小学校1年生の国語と算数の教科書を給与するという内容）が成立することになった。その後，支給費目が，学校給食，修学旅行，健康診断等へと広げられ，1961年，就学困難な児童及び生徒に係る就学奨励についての国の援助に関する法律（就学奨励法）が成立し，現在の就学援助制度の仕組みが整えられた（藤澤2010；2012；2014）。なお，同じ頃に教科書無償制度がもうけられたため，教科書は就学援助制度から外されている。21世紀に入ってからは，高校等就学支援制度（いわゆる高校無償化）が開始されたのが大きな動きである。さらに2020年，大学授業料を支援する高等教育修学支援制度が策定された。

（2）厚労省系列の支援制度

　厚労省系列の支援制度の中心は，生活保護制度である。小中学校段階では教育扶助，高校段階では生業扶助（高等学校等就学費），大学段階では進学準備金支援制度がもうけられている。ここでは，子どもの貧困対策法もあわせて紹介する。

　① **教育扶助**：教育扶助は，困窮のため最低限度の生活を維持することのできない者に対して，義務教育に伴って必要な学用品・通学用品・学校給食その他義務教育に伴って必要なものを給付するものである（生

保13条，32条)。金銭給付が原則であり，これによることができない場合は現物給付となる。内容は，一般基準として基準額・教材代・学校給食費・通学交通費・学習支援費，特別基準として学級費等・災害時等の学用品の再支給・校外活動参加費などがある。保護金品は保護者に交付される。ただし，給食費などで，学校長に交付した方が適切であると判断される場合には，学校長に対して直接交付されることがある。2020年6月現在で，約10万人強が利用している[5]。

② **生業扶助（高等学校等就学費）**：生業扶助の高等学校等就学費は，高校等に就学するために必要な費用について，基準額・教材代・授業料・入学料及び入学考査料・通学のための交通費などを給付するものである（生保17条，36条)。生業扶助は，もともとは技能習得など職業的自立にかかわる費用を対象としたものであるが，2005年度より，その一費目として高等学校等就学費が付け加えられた。

③ **各種福祉資金貸付制度**：生活福祉資金貸付制度は，低所得者や高齢者，障害のある人の生活を経済的に支えるとともに，その在宅福祉及び社会参加の促進を図ることを目的とするもので，この中に教育支援資金がある。母子父子寡婦福祉資金貸付金制度は，ひとり親世帯の親等が就労や児童の就学等で資金が必要な時，都道府県，政令指定都市，又は中核市から貸付を受けられるもので，この中に修学資金及び就学支度資金という種類がある。両制度とも無利子での貸付である。

④ **学習支援事業**：生活困窮者自立支援法にもとづく子どもの学習支援事業は，生活保護世帯，就学援助世帯，児童養護施設入所児童などに学習指導を行うものである（同法3条7項，7条2項3号)。具体的には，拠点を設けての支援，訪問支援，保護者相談，イベント開催などが行われている。2019年度には576自治体が実施しており，このうち約8割はNPO法人，社会福祉協議会に委託されている[6]。

⑤ **進学準備給付金制度**：進学準備給付金制度は，生活保護法55条の5にもとづき，2018年度より開始されたものである。生活保護世帯の子どもの大学等進学率は，全世帯の進学率と比較して低い状況にあるから，貧困の連鎖を断ち切り，生活保護世帯の子どもの自立を助長するた

めには，大学等への進学を支援していくことが有効である⁷⁾との見地
からもうけられた。大学等に進学する者に対して進学の際の新生活立ち
上げの費用として，自宅生10万円，下宿生30万円が支給される。

⑥ **子どもの貧困対策法**：子どもの貧困対策法は，子どもの生育環境
によって将来が左右されることのないよう，貧困の状況にある子どもが
健全に育成される環境を整備し，教育の機会均等を図り，子どもの貧困
対策に関し，基本理念を定め，国等の責務を明らかにし，および子ども
の貧困対策の基本となる事項を定めることにより，子どもの貧困対策を
総合的に推進することを目的とする。本法にもとづき，2014年に「子
供の貧困対策大綱」が出された。大綱では教育・生活・就労・経済的支
援の4分野で重点施策が示され，教育関連では，スクールソーシャル
ワーカーの配置充実，幼児教育無償化への取り組み，奨学金の拡充，貧
困の連鎖防止のための学習支援の推進などが示された。本法の制定その
ものは評価されてよいが，大綱に具体的な数値目標は示されていない。

⑦ **その他**：児童手当・児童扶養手当などの社会手当が実質的に教育
支援の役割を果たす場合がある。

（3）文科省系列の支援制度

① **義務教育無償**：憲法26条2項後段は「義務教育は，これを無償と
する」と定める。義務教育無償とは，すべての児童生徒について，義務
教育にかかる費用を無償とするものである。憲法26条2項の解釈につ
いては，授業料のみ無償とするのが憲法の要請である授業料無償説と学
校就学に必要な費用すべてを無償にしなければならないとする就学必需
費無償説とに分かれるところ，通説・判例は前者を採っており，教育基
本法5条4項および学校教育法6条には，授業料不徴収の規定がある。
義務教育無償は，すべての児童生徒を対象としている点で普遍的な制度
であるが，授業料を納めずとも義務教育学校への就学を認め，授業料負
担を抑えようとしている点で，低所得世帯支援の役割をも果たしてい
る。

② **教科書無償**：教科書無償とは「義務教育諸学校の教科用図書の無

償に関する法律」および「義務教育諸学校の教科用図書の無償措置に関する法律」にもとづいて実施される義務教育教科書無償給与制度のことである。この制度は，憲法26条に定める義務教育無償の精神をより広く実現するものとして，全児童・生徒に対し，国庫負担によって教科書給与を実施するというものである。給与対象は，国・公・私立の義務教育諸学校の全児童生徒であり，その使用する全教科の教科書である。

③ **就学援助制度**：就学援助制度は，経済的理由により就学困難と認められる学齢児童生徒の保護者に対して，市町村が，教育費用にかかわって必要な援助を行うものである。就学援助制度の法的構造は，教育基本法4条が教育機会の均等の理念を定め，学校教育法19条が実施主体を定め（市町村），就学奨励法，学校給食法，学校保健安全法等における就学援助規定が給付の根拠となると理解される[8]。支給対象は，生活保護利用世帯（要保護世帯）および要保護世帯に準ずる程度に困窮していると認められる世帯（準要保護世帯）である。準要保護世帯の決定は，市町村教育委員会が行う場合がほとんどである。制度利用に際して所得制限（生活保護世帯所得の1.0〜1.5倍の範囲であることが多い）がある場合がほとんどである。国は市町村が実施する就学援助事業のうち，要保護者に対して行う事業に要する経費について補助を行う。費目は，学用品費・通学費・修学旅行費・給食費・医療費・校外活動費などである。準要保護世帯についてはすべての費目が支給対象となり，要保護世帯については修学旅行費および一部の医療費が対象となる。また，市町村の判断で独自の支給を行うこともでき，卒業アルバム代などの費目を持つところもある。就学援助制度と教育扶助との関係は表13−2のとおりである。2019年度の利用者数は約135万人，利用率は14.53％である[9]。その利用者数の多さから，就学援助制度は，実は，影響力の非常に大きな制度であることがわかる。また，就学援助制度の実務を，学校事務職員[10]が担っていることも押さえておく必要がある。

④ **特別支援就学奨励法**：特別支援学校への就学奨励に関する法律（特別支援就学奨励法）は，教育の機会均等の趣旨に則り，かつ，特別支援学校への就学の特殊事情にかんがみ，国および地方公共団体が特別

232

表13-2　教育扶助と就学援助の関係

生活保護（教育扶助） 資産調査あり 全国共通の 認定基準あり	就　学　援　助 資産調査なし：主として所得（収入）基準 全国共通の認定基準なし：生活保護基準所得の1.3倍程度が多いが， 1.0倍から1.5倍以上まで幅広く分布。	
要保護者	要保護者	準要保護者（要保護者に準ずる程度に困窮）
学用品費 通学費 学校給食費	修学旅行費 一部の医療費	学用品費　修学旅行費 ┐ 通学費　　　　　　　 ┘学用品費等 学校給食費　一部の医療費
国庫補助3/4	国庫補助1/2	（2005年度以降：国庫補助 →市町村の一般財源化）

（注）学校給食が実施されていなければ，就学援助費・生活保護費の学校給食相当額は支給されない。一部の医療費とは学校保健安全法施行令8条に定める（1）トラコーマ・結膜炎（2）白癬・疥癬・とびひ（3）中耳炎（4）慢性副鼻腔炎・アデノイド（5）むし歯（6）寄生虫病（虫卵保有を含む）をさす。

（出所：厲2013：44（注）を一部改変）

支援学校に就学する児童または生徒について行う必要な援助を規定し，もって特別支援学校における教育の普及奨励を図ることを目的とする。内容は，都道府県が当該児童生徒の，教科書購入費・学校給食費・通学費および付添人の交通費・寄宿舎居住経費・修学旅行費・学用品費購入費について，全部または一部を支弁するというものである。障害のある児童生徒への支援制度として評価されてきたが，近年では，特別支援学校在籍児童生徒と特別支援学級在籍児童生徒との格差が指摘されている（小長井2020：175）。

　⑤　**高等学校等就学支援金制度（高校授業料無償）**：この制度は，授業料に充てるための就学支援金を支給することにより，高等学校等における教育に係る経済的負担の軽減を図り，もって教育の実質的な機会均等に寄与することを目的とするものである。具体的には，公立高校の授業料は不徴収，私立高校の授業料は公立高校の授業料と同等の金額を支援金として補助，特別支援学校および中等教育学校も同様，という仕組みになっている。この制度は2010年度より開始され，当初はすべての生

高校生への2つの支援（返還不要の支援）

	名称	対象世帯の年収	学校種	申し込み
①	高等学校等就学支援金	約910万円未満	高校・特別支援学校（高等部）・高専（1〜3年）など	学校へ
②	高校生等奨学給付金	生活保護世帯、約270万円未満（住民税所得割非課税）	高校等就学支援金の対象校と高校の専攻科	学校または居住する都道府県へ

保護者等の年収目安と支給額（2020年度）

	保護者の年収目安	約270万円未満 ①②とも利用可	約270〜500万	約590〜910万	約910万円以上
①	高等学校等就学支援金	国公立:約12万円			支給なし
		私立:約40万円		私立:約12万円	
②	高校生等奨学給付金	約3〜14万円	支給なし		

（出所：文部科学省ホームページ「高校生への2つの支援　高校生等奨学給付金・高等学校等就学支援金リーフレット」をもとに筆者作成）

図 13−1　高校生への2つの支援

高等教育の修学支援新制度について　（実施時期：令和2年4月1日）
※大学等における修学の支援に関する法律（令和元年5月10日成立）

【支援対象となる学校種】大学・短期大学・高等専門学校・専門学校
【支援内容】①授業料減免制度の創設　②給付型奨学金の支給の拡充
【支援対象となる学生】住民税非課税世帯　及び　それに準ずる世帯の学生
　　　　　　　　　　　（（令和2年度の在学生（既入学者も含む）から対象））
【財源】少子化に対処するための財源を活用　消費税率引上げによる財源を活用
　　　国負担分は社会保障関係費として内閣府に予算計上、文科省で執行

令和3年度予算額（案）　4,804億円

授業料等減免　2,463億円※
給付型奨学金　2,341億円
※公立大学等及び私立専門学校に係る地方負担分（404億円）は含まない）

国・地方の所要額　　　　　5,208億円

授業料等減免
○各大学等が、以下の上限額まで授業料等の減免を実施。減免に要する費用を公費から支出
（授業料等減免の上限額（年額）（住民税非課税世帯））

	国公立		私立	
	入学金	授業料	入学金	授業料
大学	約28万円	約54万円	約26万円	約70万円
短期大学	約17万円	約39万円	約25万円	約62万円
高等専門学校	約8万円	約23万円	約13万円	約70万円
専門学校	約7万円	約17万円	約16万円	約59万円

給付型奨学金
○日本学生支援機構が各学生に支給
○学生が学業に専念するため、学生生活を送るのに必要な学生生活費を賄えるよう措置
（給付型奨学金の給付額（年額）（住民税非課税世帯））

国公立	大学・短期大学・専門学校	自宅生 約35万円、自宅外生 約80万円
国公立	高等専門学校	自宅生 約21万円、自宅外生 約41万円
私立	大学・短期大学・専門学校	自宅生 約46万円、自宅外生 約91万円
私立	高等専門学校	自宅生 約32万円、自宅外生 約52万円

住民税非課税世帯に準ずる世帯の学生
住民税非課税世帯の学生の2／3又は1／3を支援し、支援額の段差を滑らかに

年収目安　約270万円　約300万円　約380万円
（非課税）
（両親・本人・中学生の家族4人世帯の場合の目安。基準を満たす世帯年収は家族構成により異なる）

支援対象者の要件
○進学前は成績だけで否定的な判断をせず、レポート等で本人の学修意欲を確認
○大学等への進学後の学修状況に厳しい要件
大学等の要件：国又は自治体による要件確認を受けた大学等が対象
○学問追求と実践的教育バランスが取れた大学等
○経営に課題のある法人の設置する大学等は対象外

※詳細は、文部科学省ホームページ「高等教育の修学支援新制度」参照(http://www.mext.go.jp/a_menu/koutou/hutankeigen/index.htm)

（出所：「高等教育修学支援新制度」文部科学省ホームページ）

図 13−2　高等教育の修学支援制度

234

徒が利用できる制度であったが，2014年度からの新制度で所得制限が設けられた。

⑥ **高校生等奨学給付金制度**：本制度は，2014年度より開始されたもので，都道府県が行う高等学校等に係る奨学のための給付金事業に対して，国がその経費の一部を補助することにより，高等学校等における教育に係る経済的負担の軽減を図り，もって教育の機会均等に寄与することを目的としている。授業料以外の教育費負担[11]を軽減するため，高校生等がいる低所得世帯を対象に支援を行う制度である。国の補助基準は，生活保護受給世帯で全日制等・通信制高校に在学する者で国立・公立高等学校等に在学する者は年額3万2,300円，私立高等学校等に在学する者は年額5万2,600円，非課税世帯で全日制等に通学する者の第一子の場合は，国立・公立高等学校等に在学する者は年額8万4,000円，私立高等学校等に在学する者は年額10万3,500円等となっている（2020年度）[12]。

⑦ **高等教育修学支援制度**：大学等における修学の支援に関する法律（大学等修学支援法）にもとづき，2020年度から開始された制度である。この制度は，進路への意識や進学意欲があれば，家庭の経済状況にかかわらず，大学，短期大学，高等専門学校，専門学校に進学できるチャンスを確保しようとする。そして，住民税非課税世帯及びそれに準ずる世帯の学生のうち，大学・短大・高専・専門学校に進学するものを対象として，(1)授業料等減免，(2)給付型奨学金の二つの仕組みをもって支援を行うことになっている。高等教育修学支援制度は，2012年に，日本が国際人権規約社会権規約（以下，社会権規約）13条2項（c）に付していた留保の撤回に対応したものと見ることができる[13]。しかし，この制度については，対象者が限られること，対象大学が限られること，授業料負担がかえって増える学生がいることなどから社会権規約の趣旨にかなっていないとの批判がある（申2020：14-16）。

⑧ **その他**：日本学生機構ほかによる各種奨学金が，大学生の修学に際して大きな役割を果たしている。もっとも，日本では，給付型奨学金は少ない。ほとんどが返済を義務付けられている貸与型奨学金であり，

大学生は奨学金という名の「借金」を背負わされる仕組みになっている [14]。大学生の平均借入額は 324.3 万円であるとの調査（労働者中央福祉協議会：2018）もあり，改善が急務の課題である。

3. 教育費支援制度の課題

　二系列の支援制度の概観から，何がわかるだろうか。課題を考えたい。

（1）　保護範囲は垂直的に拡大されたが，水平的拡大に課題

　教育費支援制度の保護範囲が，義務教育→後期中等教育→高等教育へと拡大してきたことがわかる。この動きそのものは評価されてよいが，課題は残されている。

　高校就学支援金制度は，もともとは生徒全員を対象とした普遍的制度を目指して行われていたのが，所得制限のある制度へと変質した。95％以上の子どもが高校進学を果たしている現状では，所得制限の根拠は弱いように思われる。また，高校生等奨学給付金は，授業料以外の学校教育費負担軽減を図るものであるため，学校外教育費である部活動や校外活動の費用について課題が残されている。

　高等教育修学支援制度については，「限定と選別」という傾向を見て取ることができる。この制度は，最初に所得制限をかけて受給者を限定し，さらにそこから入学後の出席率や成績によって受給者を選別していく仕組みになっている。この場合，「真に必要な」者かどうかは，毎年度ごとに適性が判定されることになる。こういった，二段階選抜のような仕組みが，大学進学率が 50％程度にまで達した現在でもなお妥当なのかどうか，検討の余地があるように思われる。

（2）教育費支援制度は教育政策か福祉政策か

　厚労省系列の制度のうち，高校等就学費は，生業扶助に位置付けられていることから，高校進学が就労自立のための資格と捉えられていることがわかる。他方，進学準備給付金制度の目的は，大学等への進学の支

援を図ること，つまり教育目的のものとなっている。ということは，厚労省系列の制度は，高校進学＝就労自立のため，大学進学＝教育のためという奇妙な設計となっているのである。

　進学準備給付金制度の趣旨をみると，このことがよくわかる。すなわち，「生活保護世帯の子どもの大学等への進学率が全世帯の子どもより著しく低いことを踏まえ，貧困の連鎖を断ち切り，生活保護世帯の子どもの自立を助長するため，生活保護制度に起因する課題に対応した支援策を講じる」。これは，貧困の連鎖断ち切りと自立助長のために大学進学を支援する（＝大学進学率を上げる）という意味であろう。そうだとすると，生活保障を行うものとしての福祉制度の色合いは薄まり，教育制度の色合いが濃くなってしまっているのではないか。言いかえると，教育と福祉との間に「ねじれ」が生じてしまっているのである。

　実は，これは，厚労省系列の制度に限った話ではない。大学等修学支援法1条は「真に支援が必要な低所得者世帯の者に対し，社会で自立し，及び活躍することができる豊かな人間性を備えた創造的な人材を育成するために必要な質の高い教育を実施する大学等における修学の支援を行い，その修学に係る経済的負担を軽減することにより，子どもを安心して生み，育てることができる環境の整備を図り，もって我が国における急速な少子化の進展への対処に寄与することを目的とする」とする。こちらは，教育制度のはずが，少子化対策が目的になってしまっている。教育制度，福祉制度という語を，本書の書名として採用している「福祉政策」と言い換えても同じことである。すなわち，福祉政策のはずが教育政策になり，教育政策のはずが福祉政策となるという「ねじれ」が生じてしまっている。

　教育政策と福祉政策の「ねじれ」に関して，桜井（2020）の次の指摘が参考になる。桜井は大学等就学支援法1条の文言の検討から，国は「子どもが『貧困』であるかどうかには興味がなく，『貧困の連鎖』と『少子化』だけが問題であり，対策にカネが費やされる。しかし『貧困』ではなく，『貧困の連鎖』に問題の焦点を移すことは，社会福祉や社会保障が後退し，その場所に『教育』の論理が前景化していく」とす

る。その上で，子どもの貧困において社会福祉が役割を放棄し教育に問題解決を委ねようとするいま，教育の可能性だけでなく「限界」を考えることが必要であること，すなわち，「『教育と福祉の連携』は重要かもしれないが，互いが互いの代わりになるわけではない。財が足りないという『貧困』の問題を『教育』で乗り越えるという枠組みを簡単に許容すべきでない」とする。

　たしかに，教育には「限界」がある。第一に，教育は就労支援のためだけのものではない。教育とは「人格の完成」を目指す試みであり，また，教育は「市民社会において人々が共通に考えるべき公共的課題や他者と共に生きる世界の平等や自由に関する感覚をとぎすます機会」等を提供するものである（広田 2015：146）。第二に，教育が雇用に及ぼす効果は限定的である。適切な雇用機会が存在する場合にのみ，教育は生産性を向上させることができる（レヴィン＆ケリー 2005：279-285）。つまり，学校が社会で活躍できる人材をいくら育てても，雇用機会の提供が不十分であれば，就職にたどりつけず，画餅に帰してしまうのである。こうしてみると，教育と福祉とは互換的関係にはないし，安易に両者の連携を語るべきではない。

　とはいえ，他方で，教育と福祉が「相互促進的に機能」する場合がある。岩下（2016：16）は，学校給食について，次のように述べている。「たとえば学校給食は，児童の欠食という慈善事業の領域で取り扱われていた問題を，教育の論理を梃子として救貧法制の領域から切断した上で，教育を実効的なものにするための『障害の除去』を目的とする公的介入の端緒を開いたという画期性が評価されてきた。特定の歴史的社会的条件のもとでは，教育と福祉が相互促進的に機能することがあり得るということ，さらに教育の論理から福祉供給構造の変化や再編の動きが起こり得るということは，改めて注目されて良い」。この指摘に照らせば，日本の二系列の支援制度は，教育と福祉の相互促進を期待できる側面がある。安易な連携を戒めつつ，個々の制度に即して相互促進の機能を検討することが必要なのであろう。

（３）高等教育への平等なアクセス

　大学進学支援は，近年の教育費支援の１つのトレンドとなっている。生活保護世帯および低所得世帯の子どもと一般世帯の子どもの大学等進学率を縮小させるべきであることは，多くの論者の主張するところであり，国の目指すところでもある。では，なぜ縮小されなければならないのか。この点については，格差が大きすぎるから縮小されるべきであるとの主張（桜井・鷲見・堀毛2018）や，「資産の活用」において家電製品等について当該世帯における普及率70％以上の場合に保有が認められることから，進学率70％を超えている大学等への支援が理解できるとするもの（菊池2018）などがあり，それぞれ一定の説得力があるといえる[15]。

　しかしながら，なぜ高等教育への平等なアクセスが保障されなければならないのかという問いは，残される。社会で活躍する人材育成や少子化対策のためなのか，それ以外のものが根拠となるのか。この点については，高等教育は自由市場を通じて提供されることで十分な効果を発揮し，人材が育つのだとする市場基底的アプローチと，社会権規約，子どもの権利条約，ユネスコ高等教育宣言等を参照しつつ，高等教育への平等なアクセスを保障するための教育の質，人権尊重を重視する人権基底的アプローチに分けて検討する見解が参照に値する。すなわち，市場基底的アプローチ（チリ・イギリス・アメリカ）は，高等教育の経済的側面ばかりに注目し，学生を消費者として扱っており，高等教育機関の学術的質低下の問題といった非経済的側面を等閑視するものであり，深刻な脆弱性を抱えている。他方，人権基底的アプローチ（フィンランド・アイスランド・スウェーデン）は，学生をエンタイトルメント（学ぶ資格を有する者）をもつ主体として扱っており，国際条約が初等教育に比して高等教育に冷淡な態度をとっていることなどの脆弱性を有するものの，このアプローチの方が優れている，というものである（Kotzmann 2018）。高等教育に市場原理を持ち込もうとしがちである，日本の高等教育のあり方を考えるにあたって参考になるのではないだろうか。

4．教育費支援制度の未来

　教育費支援制度に即して政策課題を検討してきた。教育費支援制度は垂直的に拡大しているが水平的拡大に課題を残していること，高等教育への平等なアクセスが課題となっていることなどを示した。また，教育と福祉の連携については，安易な連携を戒めつつ，相互促進を図ることが可能ではないかと述べた。

　今後の課題は多岐にわたるが，ここでは，まず，現在の教育費支援制度が教育を受ける権利の内実にふさわしい仕組みとなっているかをあらためて検証すること，次に，義務教育費の負担軽減について，修学旅行費や学校給食費をどうするか，すなわち水平的拡大をいかにして図るかといった点をあげておきたい。

》》注

1）旭川学力テスト事件最高裁判決昭和 51（1976）年 5 月 21 日刑集 30 巻 5 号 p. 615。

2）本書第 8 章参照。

3）「『教育格差』を著した松岡亮二・早大准教授『9 月入学で学力格差は埋まらない』」朝日新聞 EduA　https://www.asahi.com/edua/article/13349367（2020 年 6 月 1 日閲覧）。

4）前掲注 1 参照。

5）厚生労働省「被保護者数令和 2 年 6 月分概数」https://www.mhlw.go.jp/toukei/saikin/hw/hihogosya/m2020/06.html（2020 年 9 月 8 日閲覧）。

6）厚生労働省社会・援護局地域福祉課生活困窮自立支援室「生活困窮者自立支援法等に基づく各事業の令和元年度事業実績調査集計結果」p. 18。

7）平成 30 年 6 月 8 日社援発 0608 第 6 号各都道府県知事・各指定都市市長・各中核市市長あて厚生労働省社会・援護局長通知「生活保護法による進学準備給付金の支給について」。

8）就学援助制度に日本スポーツ振興センターの共済掛金を含める考え方もあるが，本章では文科省の定義に従うことにする。

9）文部科学省初等中等教育局修学支援プロジェクトチーム「令和 2・元年度就学援助実施状況調査結果」https://www.mext.go.jp/content/20210323-mxt_shuugaku-000013453_1.pdf（2021 年 8 月 3 日閲覧）。

10) 学校事務職員とは，学校事務を行う職員のことである。学校教育法 37 条 1 項に法的根拠をもつ事務職員であり，その職務は同条 14 項において「事務職員は，事務をつかさどる」と定められている。

11) 授業料以外の教育費とは，教科書費，教材費，学用品費，通学用品費，教科外活動費，生徒会費，PTA 会費，入学学用品費，修学旅行費等をさす。

12) 制度の詳細は各都道府県により異なっている。文部科学省ホームページ「高校生等への修学支援」https://www.mext.go.jp/a_menu/shotou/mushouka/1344089.htm（2020 年 9 月 9 日閲覧）。

13) 社会権規約 13 条 1 項は，人間の教育に対する権利を保障する。同条 2 項（c）は高等教育について「すべての適当な方法により，特に，無償教育の漸進的な導入により，能力に応じ，すべての者に対して均等に機会が与えられるものとすること」と定める。

14) 日本の奨学金制度については，小川（2019）pp. 107-126。

15) 阿部（2019）は，生活保護制度における子どもの費用について，格差縮小の必要性や給付のあり方を総合的に論じている。

引用文献

・阿部彩（2019）「生活保護制度の給付体系における子どもの費用の扱いの変容と今後の方向性―岡部論考を手掛かりとして―」『社会福祉学』35 号，p. 15

・岩下誠（2016）「教育社会史研究における教育支援／排除という視点の意義」三時眞貴子ほか『教育支援と排除の比較社会史』昭和堂 p. 16

・小川正人（2019）『日本社会の変動と教育政策』左右社

・鳫咲子（2013）『子どもの貧困と教育機会の不平等』明石書店

・菊池馨実（2018）「大学進学と生活保護」『週刊社会保障』2959 号，p. 26

・厚生労働省社会・援護局地域福祉課生活困窮自立支援室（2018）「平成 30 年度 生活困窮者自立支援制度の実施状況調査 集計結果」

・小長井晶子（2020）「障害のある児童生徒に対する就学奨励制度の教育法学的検討―障害と経済的困窮に起因する特別ニーズに着目して―」『日本教育法学会年報』49 号，p. 175

・桜井啓太（2020）「生活保護と高等教育―諸課題と近年の政策動向―」『日本教育法学会年報』49 号，p. 124

・桜井啓太・鷲見佳宏・堀毛忠弘（2018）「生活保護と大学進学―生活保護世帯の大学生等生活実態調査（堺市）から―」『貧困研究』20 号，p. 89

・Jane Kotzmann（2018）HUMAN RIGHTS-BASED APPROACH TO HIGHER

EDUCATION, Oxford University Press
・申惠丰（2020）『友だちを助けるための国際人権法入門』影書房
・広田照幸（2015）『教育は何をなすべきか 能力・職業・市民』岩波書店
・藤澤宏樹（2006）「教育扶助の再検討」『賃社』1412 号 p. 4
・藤澤宏樹（2007）「就学援助制度の再検討（1）」『大阪経大論集』57 巻 1 号 p. 199
・藤澤宏樹（2010）「就学援助制度成立過程の一断面—学校給食法における就学援助規定の成立—」『大阪経大論集』61 巻 3 号 p. 131
・藤澤宏樹（2012）「学校保健安全法における就学援助規定の成立」『大阪経大論集』63 巻 4 号 p. 121
・藤澤宏樹（2014）「日本学校安全会法（現・独立行政法人日本スポーツ振興センター法）における就学援助規定の成立」『大阪経大論集』65 巻 1 号 p. 95
・ヘンリー・M・レヴィン＆キャロリン・ケリー（2005）「教育が単独でできること」ハルゼーほか編『教育社会学—第三のソリューション』九州大学出版会 pp. 279-285
・労働者中央福祉協議会（2018）「『奨学金や教育費負担に関する アンケート調査』調査結果の要約」

参考文献

・兼子仁（1978）『教育法』有斐閣
・申惠丰（2020）『国際人権入門』岩波書店
・中村文夫（2017）『子どもの貧困と教育の無償化 学校現場の実態と財源問題』明石書店
・藤本典裕・制度研編（2009）『学校から見える子どもの貧困』大月書店
・堀尾輝久（2019）『人権としての教育』岩波書店
・松岡亮二（2019）『教育格差』ちくま新書
・柳澤靖明・福島尚子（2019）『隠れ教育費』太郎次郎社エディタス
・世取山洋介・福祉国家構想研究会編（2012）『公教育の無償化を実現する』大月書店

研究課題

1. 義務教育段階の教育費支援について，日本と諸外国の政策を比較検討してみよう。

2．諸外国の高等教育政策について調べ，そこから，日本の高等教育政
策にどのような示唆が得られるか，検討してみよう。

14 | 住み続ける権利と福祉政策

鈴木　靜

　国際的に基本的人権の一つとして位置づけられている居住権は，日本ではいまだ議論の蓄積が乏しく，具体的施策も乏しい。本章では，日本における居住に関わる政策の歴史的展開を振り返り，住宅政策と福祉政策の不十分さによって生じた弊害を指摘する。次に，近年，日本において提唱されている住み続ける権利の考え方やその内容を概説し，最後に住み続ける権利の保障の萌芽としての取り組みを2例紹介する。
《キーワード》　居住権，住み続ける権利，ハウジング・ファースト

----

1. 住居は基本的人権の基礎

　2020年からの新型コロナウイルス感染症のまん延は，日本においても経済・社会状況を激変させ，失業や経済的困窮に陥る人たちを多く生み出した。非正規労働者を中心に，生活の基盤である住居を失う人が急増した。生活の基盤である住居を失うことは，生命権の危機に陥る危険性も高く，感染予防や健康維持，さらに生活再建に大きな障壁になることは疑いがない。また，コロナ禍での外出自粛や在宅勤務，休業が余儀なくされる中，生活への不安やストレスによって配偶者等からの暴力（DV）の増加が深刻化している。自治体が運営する全国の配偶者暴力相談支援センターと政府が運営する「DV相談＋」に寄せられたDVの相談件数は，2020年段階で，相談件数は5，6月にそれぞれ約1万7,500件だった。7，8月も前年同月と比べて1.4倍の1万6,000件程度で推移した。新型コロナ感染拡大による外出自粛で在宅時間が長くなる中，増加傾向が続いている[1]。

　コロナ禍で明らかになったことの一つは，健康で安心して過ごせる住

居は，人間にとって必要不可欠であり，諸要因によって脅かされること
は，生命権はじめ諸権利が侵害される危険性が高いということである。
コロナ禍のような非常事態は，その国や社会の問題を顕在化させるので
ある。コロナ禍以前から，東京には約 4,000 人にも上るインターネット
カフェや漫画喫茶，サウナなどで寝泊りしながら不安定就労に従事する
人がいることがわかっていた[2]。

　まさに，住居は基本的人権の基盤なのであり，同時に居住権は重要な
基本的人権なのである。住居の喪失は，重要な基本的人権が侵害されて
いるのである。しかし日本では住居を失うことは，人権に関わる問題だ
との認識が薄い。国際的には 1966 年の国際人権規約（経済的社会的文
化的規約）11 条でも，相当な水準である住居を人権の一つとして保障し
ている。また，憲法 25 条を根拠として，居住権さらには居住福祉の権
利も主張されているところである。近年では，憲法 22 条を直接的根拠
として，住居の保障だけではなく，住み続けるための居住環境や社会保
障，労働など生活保障全般等の整備を権利として保障することを視野に
入れた「住み続ける権利」も提唱されている。

　しかし実際には，日本における居住に関わる政策は，住宅政策と福祉
政策の一部で行われているにすぎない。そのため本章では，まず，住宅
政策と福祉政策の居住に関わる分野の歴史的展開を確認し，問題点を明
らかにする。次に，国際人権文書等に基づき，基本的人権としての居住
権の意味や位置付けを確認する。国際的動向をふまえ，かつ国内の自然
災害や社会的事情等で居住を失う現状を克服するために，近年提唱され
ている「住み続ける権利」を取り上げ，その法的構造や内容を概説す
る。最後に，居住権や住み続ける権利を保障の萌芽と呼べる民間団体の
取り組みを 2 例紹介する。

2. 住宅政策としての歴史的展開

　日本においては，すべての国民の住宅・居住に関する所管官庁は存在
せず，住宅政策については国土交通省，住居に関する低所得者向けの経
済的保障については厚生労働省に分かれている。必ずしも連携が取れて

いるわけではないことが特徴である。

　まずは，第二次世界大戦以降の住宅政策の展開をみていこう。住宅政策は国土交通省が管轄し，その特徴は「持ち家」促進政策と自己責任，民間任せ，市場主義化を基調にしてきた点にある。1990年代までは，低所得者のための公営住宅，大都市の中間層に向けての集合住宅の団地を開発した住宅公団，中間層の持ち家取得に対する低利の住宅ローンを展開した住宅金融公庫の「三本柱」により，進められた。1990年代以降は，「三本柱」を解体するものの，さらなる住宅の市場化と自己責任を基調とし，新たに「住宅確保要配慮者」向けの住宅供給を，民間で行う枠組みをとっている（平山 2020：14-23）。戦後一貫して，公的責任が弱いことが特徴である。西欧先進諸国では，労働者や低所得階層のための社会政策の一環として公共住宅を提供してきたことと対照的である。

（1）戦後から高度経済成長期の住宅政策

　戦後の住宅政策は，世帯数に比較して不足した住宅戸数の建設に重点がおかれた。住宅政策の「三本柱」が整備された。一つ目が，1950年の住宅金融公庫の設立である。住宅金融公庫は，住宅金融専門機関であり，政府出資金，政府からの借入金等を資金源として，個人及び賃貸住宅を建設しようとする国民に対して長期低利の資金を供給する特殊法人である。これにより，国民の自助努力で持ち家取得を推進するものである。二つ目が1951年の公営住宅法であり，これは国の補助を受けて地方公共団体が低所得者向けの低家賃の賃貸住宅として公営住宅を建設，管理する制度である。三つ目は，1960年の日本住宅公団設立であり，この公団により大規模宅地開発が行われることとなった。

　1963年には，住宅建設計画法が制定されたが，5年ごとの住宅総数が計画され，それによって大量の新規住宅建設が行われる。このため，住宅建設計画法が住宅の建て替えを促進する機能を果たすことになった。住宅の量的不足を解消させる役割をもつとともに，住宅建設を通じて，経済復興や経済成長を図ることが目指されたのである。こうしたなかでは，住宅の質や住宅がどのようにあるべきかを問う視点は弱かっ

た。

1960 年代までは増えていた公営住宅の建設は，次第に周縁化し，1970 年代以降ほぼ一貫して減少していった。同時に，国は財産形成貯蓄優遇策により持ち家助成政策を進め，労働者は自らの給与所得能力と住宅ローン・資金貸付に依存し，持ち家を取得する自助努力が通例とされるようになった。これが国民経済の景気刺激策として，活用された。また，企業による給与住宅，借家借り上げ，家賃補助，住宅金融や企業などの福利厚生の拡充により，住宅が提供されることが多く，住宅政策として発展することはなかった。

（2）住宅基本法と住宅セーフティネット法の制定

1990 年代に入ると，住宅政策の基調である公営住宅，住宅金融公庫，公営住宅の「三本柱」は，縮小または解体した。これ以降の住宅政策は，さらなる民間任せ，「持ち家」促進政策に加え，市場重視の方向に向かう。2000 年代に入ると，住宅政策に具体的に「市場重視」が盛り込まれる。2006 年には，住宅建設計画法が廃止され，住生活基本法が制定された。同法の下で作成される「住生活基本計画」では，「市場重視の施策展開」が強調され，「住生活は，一人一人が自ら努力することを通じて実現されるべきことを基本とするべきである」との住宅の市場化と，自己責任化が強調された。

2007 年には，住宅セーフティネット法が制定された。現行法は，2017 年改正に基づくが，「住宅確保要配慮者」を対象とし，民営借家空き家の活用を通じて入居を支援する内容である。「住宅確保要配慮者」とは，同法で「低額所得者，被災者，高齢者，障害者，子どもを育成する家庭その他住宅の確保に特に配慮を要する者」であるとし，さらに省令によって，地方自治体は，例えば，中国残留邦人，ホームレス，被生活保護者，失業者，DV 被害者などを支援対象に含めることができる。同法の入居支援の具体的仕組みは，①住宅確保要配慮者の入居を受け入れる民営借家の都道府県等への登録，②登録住宅の改修に対する補助，入居者の負担軽減のための家賃低廉化・家賃債務保証料助成などの経済

支援，③住宅確保用配慮者の入居を円滑にする支援などである。また，都道府県は，地方公共団体，社会福祉法人，不動産関連団体，NPO などが構成する「居住支援協議会」を設置することができ，また NPO 等の「居住支援法人」を指定することができる。「居住支援法人」は，登録住宅に関する入居相談，家賃債務保証などを実施する。

（3）住宅政策への批判とコロナ禍であらわれた問題

　こうした市場における住宅確保を基本とし，それが困難な人たちのためのセーフティネットを民間主導で形成する枠組みをもつ政策については，批判的な見解が多い。建築学の立場から住宅政策を専門にする平山洋介は，市場重視の新しい住宅政策の枠組みが矛盾を内在させていると批判する。具体的には，「政府は，市場のなかで住まいを確保できない世帯が存在することから，セーフティネットを用意せざるを得ず，そして同時に，市場領域を拡張するためにセーフティネットの役割を最小限に抑制するといった矛盾した政策」であるとする。さらに住宅セーフティネット法の「住宅確保要配慮者」のみを対象とする方法にも疑問を向ける。公営住宅の対象は「住宅に困窮する低所得者（公営住宅法 1条）」であることをあげ，「政策対象に不変性があること」を評価し，「公営住宅の周縁化に伴い，その供給対象は，『高齢』『母子』『障害』など福祉カテゴリーに合致する世帯に絞りこまれ」，さらにこのカテゴリー化の傾向が強まったのが「住宅確保要配慮者」であるとする。このことによって，カテゴリーに合致しない「単なる低所得者」が対象になる居住支援がますます減ると批判する。低所得者向け住宅供給の少なさもあり，平山は住宅政策の枠組みのあり方を問い直すべきだと批判する（平山 2017：11 - 13）。

　2020 年のコロナ禍では，住宅を失った人とともに，住宅を失うおそれのある人が大量にいることを顕在化させた。2020 年 4 月 16 日，新型コロナウイルス対策の特別措置法に基づく緊急事態宣言が全国を対象として発令された。経済・社会活動の多くが停止したことにより，失業や休業，時間短縮を余儀なくされ，経済的困窮に陥った人たちが増えた。

コロナ禍での住宅問題は，リーマンショック等の危機と異なり，賃借人に限らず，持ち家取得者までの広範囲にわたることにある。ここでは，持ち家取得者の実態の一部をみてみよう。住宅金融支援機構への住宅ローンの支払いに関する相談件数は，2020年2月はおよそ20件，3月は200件，4月は1,200件と急増している[3]。また，2020年6月6日に，全国の民間団体が共同で行った「コロナ災害を乗り越えるいのちとくらしを守るなんでも相談会」では，相談数全体の5,009件のうち，住宅ローンを含む生活費問題は2,723件と6割を占める。また，労働問題は669件で多くは，失業の危機や収入源による相談であり，経済的困窮と直結するものである[4]。持ち家であったとしても，住宅ローンを支払えず，住宅を失うおそれがある人たちが大勢いることが明らかになったのである。全国的な実態調査は実施されておらず，全貌を俯瞰することはできていない。しかし，持ち家とはいえ，住宅ローン滞納により住まいを失うおそれがある人が相当数に上ることが明らかになった。

3. 福祉政策としての居住に関する経済的保障

（1）生活保護法と生活困窮者自立支援法による経済的保障

　福祉政策として，居住に関する保障は生活保護法と生活困窮者自立支援法のみに限られている。2021年現在まで，ヨーロッパ諸国で広く採用されている，普遍的な住宅手当制度は日本では導入されていない。

　1950年に生活保護法が制定され，そのなかで借家，賃貸住宅に居住している場合には，住宅扶助が支給される。住宅扶助で支給される額は，世帯員数や居住地域によって異なり，生活保護法上の等級地別に扶助額の上限が決まる。たとえば，等級が最も高い東京都23区の場合では，単身世帯で床面積15平米超の場合53,700円，2人世帯で64,000円，3人世帯では69,800円である（2020年8月現在）。しかし，住宅扶助のみの単給は行われておらず，生活保護の適用を受ける必要がある。

　長らく，居住に関する経済的保障は生活保護法のみであったが，状況が変わったのは，2008年のリーマンショックであった。アメリカに端を発する経済後退であったが，日本でもその経済的，社会的影響は大き

く，製造業を中心に解雇が増えて非正規労働者の多くが職とともに住宅を失った。同年年末から翌年の年始にかけ，民間で「年越し派遣村」が開催され，食料とともに年越し期間の一時的な住居が提供された。貧困や格差社会が問題になっていたとはいえ，住居を失いその日の食料にも困る人たちが非常に多くいることは社会に衝撃を与えた。この状況を受け，2009 年には住宅手当緊急特別措置事業が創設された。これは，離職者で就労が可能で意欲のある者のうち，賃貸住宅に住み，かつその住宅を喪失するおそれのある人に対し，住宅手当を有期で行うものであった。就労機会の確保への努力を前提とする経済的保障であった。

　住宅手当緊急特別措置事業は，2013 年に制定された生活困窮者自立支援法によって，住宅確保給付金制度へと変更された。この制度は，生活保護を利用する状態に陥らないように就労支援の強化とともに住宅確保給付金制度が導入された。住宅確保給付金制度は，失業等の理由により，住居を失うことを防ぐことを目的に，就労するまでの間，原則 3 か月（最長 9 か月まで延長可能）で，家賃相当額を上限付きで支給する制度である。

（2）福祉政策への批判とコロナ禍での現状

　生活保護法と生活困窮者自立支援法のみでの制限的な居住に関する経済保障については，学説上批判が多い。たとえば，片桐由喜は，「生活保護法上の住宅扶助は半世紀にわたり，日本での唯一の支援ツールであった。居住支援が救貧立法にしか，長らく存在しなかった事実が住居の手配は自己責任という認識を一層強固にしたとも言えるだろう」と批判するとともに，生活保護開始のハードルは低くなく「生活保護受給対象であるにもかかわらず，受給を受けていない世帯，および，受給対象に該当しないまでも，相当程度，生活に困窮する世帯が存在すること」を指摘する。また，生活困窮者自立支援法の住宅確保給付金制度についても，対象者の狭さを批判する。すなわち「住宅確保給付金制度はいっとき失業したが，後日，就労が可能で，かつ，経済的に自立できる者を想定している。就労自体が困難——高齢者，障害者など——，あるいは

就職しても低所得（ワーキングプア）である者——非正規労働者等——などにとって，その居住保障機能は弱い」（片桐 2020：50-51）とする。

　コロナ禍では，リーマンショック以上に賃貸住宅を失うおそれのある人が多くなっている。厚生労働省は，緊急対策として住宅確保給付金制度の対象者を広げ，新型コロナウイルスの影響により収入が減少した世帯には失業如何を問わず支給するなど，支給要件が緩和されている。コロナ禍では，バイトによって学費や生活費を稼ぐ大学生の経済的困窮も問題視され，大学生の一部については住宅確保給付金の対象になった。しかし，この制度も就労支援を前提にしていること，利用期間が最長で9か月と限定されていることから，長期化するコロナ禍でどこまで効果があるかは，不透明なところが多い。コロナ禍に伴う住宅を失うおそれがある人たちの状況が，広範囲化し事態が深刻化していることで注視していかなければならない。

　以上のように，日本では居住に関して住宅政策と福祉政策に分かれて展開し，現在まで居住権保障のための諸制度の連携や一体的保障の観点が，非常に乏しかったことが特徴である。コロナ禍で浮かび上がったのは，居住権保障のないバラバラの施策では，家を失う人たちが広範囲に出現し，かつ住み続けることが深刻な状況であった。

4. 住み続ける権利の提唱と具体化

（1）人権としての居住権

　これまでみてきたように，日本においては，人権としての居住権をとらえる認識が非常に弱い。すでに居住権は，多くの国際人権文書において，もっとも重要な人権規範の一つとして認められている。そして，ヨーロッパ先進国では居住権を保障する住宅政策が整備されている。まず，国際人権文書における居住権を確認してみよう。

　世界人権宣言では，13条1項において，すべての人に各国の境界内においての移転の自由とともに，居住する権利を定め，また25条においてすべての人は衣食住を含む十分な生活を享受する権利を定めている。その後，法的拘束力をもつ1966年の社会的及び文化的権利に関す

る国際規約第 25 条において，すべての人に食糧および衣類に並んで住居についても，締約国に対して相当な生活水準と生活条件の不断の改善を求める権利を認めている。ここでは，最低限の生活水準ではなく，相当な生活水準としている点に着目すべきである。

　国際連合は，この居住権保障の具体化を図るために，さまざまな取り組みを展開してきた。1970 年代には第 1 回人間居住会議の人間居住宣言を受け，国連人間居住計画（ハビタット）を設立し，周知活動，政策策定，人材育成，知識の啓発，政府と市民社会とのパートナーシップの強化を図ってきた。1996 年には人間居住宣言を採択し，居住保障が人間の持続可能な発展に寄与することを確認している。

　1993 年世界人権会議では，ウィーン宣言原則 32 における人権享受を妨げる貿易上の一方的措置の禁止を求めるなかで，その措置が住居を含む相当な生活水準に影響を与える措置を禁止することを確認している。

　1990 年代以降になると，個別の国際人権文書にも居住権保障が盛り込まれるようになった。2004 年に国連総会で採択された障害のある人の権利条約 19 条において，障害のある人が，居住地を選択し，どこで誰と生活するかを選択する機会を有することを確認するとともに，特定の生活施設で生活する義務を負わないことを明記している（a）。また，地域社会から孤立及び隔離を防止するために居住サービスを利用する機会を有することを明記している（b）。

　高齢者分野の「国連の高齢者原則」（1991 年）は，法的拘束力を持たないが，高齢者の人権保障の原則を明らかにした文書であり，その第 1 原則で，高齢者は十分な住居が保障されていなければならないことも含まれている。住居の保障と暮らしていくための所得保障や地域社会の支援，衣食などを保障している。第 5 原則は，高齢者に対して広い意味で居住環境の保障を謳い，第 6 原則は，高齢者ができるだけ長い間，自宅に住むことができなければならないと明確に位置付けている。さらに，第 14 原則では，「高齢者はケア施設や治療施設等いかなる所に住もうと，その尊厳と信念とニーズとプライバシー，そして自分の受けるケアと生活の質について決定する権利を最大限尊重されることを含む人権と

基本的自由を享受できなければならない」と明記している。

（2）住み続ける権利の提唱

　日本においては，1970年代以降に居住権の学術的議論が開始され，居住権保障の具体的政策を求める学説がみられるようになった。その先駆けとなったのが，建築学の立場から「住居は人権」とした早川和男である（早川 1980）。住居は人間生存の基盤であり，基本的人権であり，生活と福祉の土台であるとの認識が示され，その後，自然科学や社会科学双方からの検討が行われている。早川は，1997年には「居住福祉」を提唱し，福祉の基盤には住宅があるとし，居住環境ストックの充実による町の防災・福祉機能向上を目指す分野を創設した。法律学からの検討では，居住権をどのような根拠に基づきとらえ，どのような法体系を構想するのかが模索されている。日本国憲法では，居住権について明記してはいないが，多くの学説が「健康で文化的な最低限度の生活」を保障する25条をその根拠として見出すと解釈している[5]。こうしたなかで，憲法22条を直接的根拠としつつ，13条や24条，25条など包括的な保障による，住み続ける権利が提唱されている。社会保障法学の井上英夫によるもので，住居の保障のみならず，住み続けるための関連法政策を含めていることが特徴である（井上 2012）。

（3）住み続ける権利の法的構造と内容

　住み続ける権利について，詳しくみていこう。井上によれば，住み続ける権利には，他の種々の人権の保障によって実現されるという意味で総合的な権利であるのと同時に，住み続ける権利の固有の権利でもあると説明する。他の種々の人権の保障によって実現されるという意味での総合的権利であることの意味は，住み続ける権利を発展させるためには，既存の人権保障の発展が不可欠であるし，必要に応じて新たな人権を創造すべきことになる。逆に，住み続ける権利の視点を有することによって，個々の人権をより豊かに発展させることができるのである。その意味で，各種人権の規定的権利としての性格を有する。住み続ける権

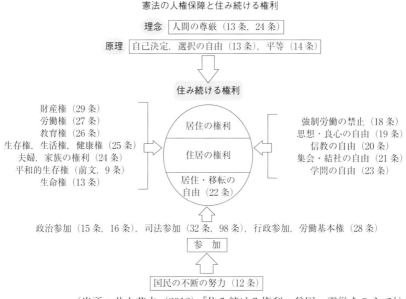

（出所：井上英夫（2012）『住み続ける権利：貧困，震災をこえて』）

図 14－ 1　　住み続ける権利の構造[6]

利という固有の権利は，まず居住・移転の自由が基礎になり，狭い意味
の住居の保障，住まいの内容，暮らし方，街並みなど居住環境を含めた
居住の権利あるいは居住福祉の権利であるとし，さらには自然環境保全
への権利も広義の住み続ける権利の固有の内容とする（図 14-1 ）。

　ここでは特に，住み続ける権利の固有の権利について，詳しくみてい
こう。従来，憲法 22 条は居住移転の自由として，積極的に広く人間の
移動する自由と理解されてきたが，移動する自由は当然の論理としてど
こに移動するかを人々が自分で決めるということを含んでいる。それを
踏まえれば，現代的には居住・移転の自由は，自己の意思で自由に移動
できることとともに，自己の意思に反して住所または居所を移すことを
要しない「移動しない自由」をも保障すべきであることになる。そして
この自由の保障は，国がその自由の行使を妨害しないというだけでは足
りず，移動しないで住み続けるための諸条件を満たすという積極的保障
をも内容とするといえる。

　この住み続けるための諸条件を満たす積極的保障を含む点で，他の居住権を保障する学説との違いがある。労働や所得，医療機関や福祉施設あるいは交通手段の保障，すなわち健康権や社会保障・社会福祉の権利，交通権といった権利が保障されることによってはじめて，「移動しない自由」も実現されることになる。

　このような「住み続ける自由」のレベルで考えると，土地や家を奪われている都市部の人も，過疎地の人も，同じ人権を侵害された人々としてとらえられる。さらに，移動しないだけでなく，移動してどこにいくかは本人の自由であり，同時に移動した先でも暮らせるように人権として保障されなければならない。

　ここまで読むなかで，住み続ける権利への反論として，「自分勝手に好きなところに住みたいというのは贅沢，わがままではないか」がありうる。井上はこの点につき，富士山頂に家や医療，介護サービスを要求するのは，物理的条件からわがままであると判断されるだろうが，日本の課題は自分の故郷で，自分の家に住み続けたいと願う人が住み続けられないことだと捉える。北欧では，人口減少した島で，福祉サービスを受けながら高齢者夫婦で暮らし続けることが可能であることをあげ，日本で医療，福祉サービスの不提供からこうした生活が事実上できなくなっている現状を批判する。ここに住み続ける権利の現代的な課題と，「居住」の本質が表れているといえよう。

　また，住み続ける権利の制約は可能かについても，井上は次のように言う。憲法22条は，「何人も，公共の福祉に反しない限り，居住，移転及び職業選択の自由を有する」と述べていることから，「公共の福祉」に反しないことを条件として，住む場所を含む居住の自由を保障するという規定である。この「公共の福祉」とは何かが問題になるが，国際人権規約の市民的政治的国際規約の移動・居住の自由の権利を参考にすべきとする。ここでの制約原理は，国の安全，公の秩序，公衆の健康，道徳又は他の者の権利及び自由を保護するために必要であることであり，かつ，規約において認められるほかの権利と両立することであるとする。それを敷衍すれば，たとえば，家で高齢期を迎えた人が，自分の家

で暮らし続けるか，施設で暮らすかを決定できるのが，高齢社会における公共の福祉であるという考え方も成り立ちうる。その考え方に立てば，ある人が「施設で暮らす」という選択をすれば，その施設はその人らしい自由な生活が保障されるものでなければならないし，「家で暮らしたい」ということになれば，高齢者でも家で暮らせるようなサービスが公的に保障されるようにするという具体的な措置に結び付くとする。

　日本の現状を前提に，住み続ける権利を保障する場合，段階的なアプローチが必要であるとする。まず出発点は日本国憲法 22 条の「居住・移転の自由」であり，この条項は改めて社会的合意を確認する必要がある。そのうえで，住む場所の問題として，まず「自分の家」に住み続ける権利については当然認められる。自分の家がない人に対しては，公的に住宅を保障する必要がある。公営住宅ならば借家となる場合が多くなろうが，人権としてとらえるならば，それを市場任せにせず保障するとの考え方にたってとられる措置である。それはまた，自分の所有する家に限らず，少し範囲を広げ「生まれ育ったところで暮らす」ことを保障することになる。その先に，自己決定に基づき，好きなところを選んで住むことを保障するという考えが生まれる。

　基本的人権としての住み続ける権利については，いまだ提唱された段階であり，その議論は深まっていない。住み続ける権利は，住居を得るということにとどまらず，生命権，生存権などを立体的に含むものとし構成されており，加えて人権保障の実践をも含むものとして提唱されている。日本社会においては，住み続けることが困難な状況がいくつも存在し続けていることから，住み続ける権利の保障が目指されなければならないだろう。

5.　居住保障の萌芽
──住み続ける権利を実現するための模索

（1）失業等により住居を失う人々とハウジング・ファーストの実践

　ここでは，現代日本において住み続けられない状況を改善しようとする民間団体の動きを紹介する。野宿者支援やホームレス支援の分野を取

り上げる。1990年代から野宿者支援を行ってきた稲葉剛らは，2018年ごろからハウジング・ファーストを紹介し，日本での実践を蓄積している。日本では，1990年代から失業等を理由に住居を失い野宿している人たちが急増し，稲葉らは生活保護申請をはじめとした支援活動を行ってきた。支援活動のなかから，自立支援より先にまずは住居確保の重要性を示すハウジング・ファーストを重視する見解を取っている。ハウジング・ファーストとは，1980年代にアメリカで開始されたプログラムであり，日本では稲葉らを中心によって紹介され，国内での具体的実践が蓄積し始めている。これらは，野宿状態にある人たちには，まず安心できる住宅を保障したうえで，生活支援や就労支援を行う方法である。2014年には，空き家・空き室を活用したシェルター，シェアハウスなど，住宅支援活動を行う「つくろい東京ファンド」を設立した。加えて，都市部では，住宅を得る際の初期費用が高い問題があり，敷金，礼金等の支出が捻出できない人も多いことから，2019年には緊急の支援金を出す「東京アンブレラ基金」を設立した。また，住宅を確保した後も，高齢や障害等のために働くことが難しく，社会的にも孤立しがちであることに着目し，そうした人々を支える場として2017年に「カフェ潮の路」を開設している。住宅を失った人が，再び，一人ひとりの尊厳を維持しながら住居を確保することの取り組みは開始されたばかりであるが，全国的に徐々に広がってきている。今後に期待したい。

（2）障害のある人を中心においた地域生活支援の実践

　岡山県岡山市では，2000年代初頭から精神科病院からの退院者，出所者，野宿者，家庭内暴力被害者等を対象にして，医療，社会福祉協議会を含む福祉，弁護士，不動産業等の連携により，生活保護申請や福祉サービス，成年後見制度の利用とともに，入居支援を行ってきた。その一つである「おかやまUFE」では，賃貸住宅への入居の際の連帯保証人等や入居後の状況把握，緊急時の対応方法についてなど，関連する専門家が連携を取りながら実践を積み重ねている。このNPOは，住居セーフティネット法に基づく居住支援法人でもある。

　岡山のこれらの民間活動の特徴は，関連する専門家集団のなかに不動産業が入ることであり，賃貸アパート等を希望する場合に選択肢が広がることである。従来は，不動産業の多くは，精神障害のある人や出所者等の賃貸住宅の入居については，火災のおそれや隣人への迷惑などを懸念し，入居を拒むことが多かった。岡山の民間活動では，不動産業が医療や福祉の専門家らと積極的に関わることにより，利用者への住宅提供の懸念を除去することを可能にしてきた。「おかやま UFE」の設立の背景には，1970 年代のイタリアのバザーリア法によるトレントの実践から学び，日本でも精神障害のある人らが，自らの尊厳を保ち自己決定に基づいて暮らすことを可能にしようとの狙いがある。UFE（ウーフェ）は，イタリア語の Utenti，Familiari，Esperti の略で，「Utenti」は障害のある本人，「Familiari」は家族，「Esperti」は医療等の専門家を意味する。障害のある本人こそ，障害について最も詳しい専門家であり，家族や医療等の専門家とともに，地域で暮らすための実践を行う発想である。また，住居をえた後の孤立化を防ぐために，2016 年には夜間帯に開店する「よるカフェうてんて」を開設し，精神疾患の経験をもつ人たちが対応にあたる。

　おかやま UFE では，住み続けるための活動を積み重ねるなかで，利用者の死後直後の対応に関する問題が顕在化してきた。賃貸アパートの場合，身寄りがなかったり，家族との関係が悪い人が亡くなった場合の，家財道具などの残置物や預貯金，遺骨等をどうするかである。生前に，利用者の尊厳と自己決定を尊重する実践活動をするなかで，死後には利用者の自己決定や意思が貫徹されないことである。居住権や住み続ける権利の保障からは，死後の問題は当然に出てくる問題であるが，現行福祉政策ではいまだこの問題に踏み込み十分な対応はなされていない。

6. 居住権の確立に向けて

　これまでみてきた通り，日本における居住権の確立はいまだ十分ではない。居住に関わる政策の歴史的展開からは，住宅政策と福祉政策の一

部でそれぞれ展開されてきた。本章では，住宅政策は，「持ち家」促進政策との自己責任，民間任せ，市場主義化を基調にした路線が一貫して取られ，福祉政策では，生活保護法や生活困窮者を対象にした非常に狭い部分的対応にとどまってきた。こうした政策で，コロナ禍では住宅を失う人たちの増加をもたらしたことを批判している。こうした状況を打開するために，居住権に関する国際動向を確認し，近年提唱されている「住み続ける権利」の法的構造と内容を説明した。最後に，この住み続ける権利保障の萌芽となる，東京と岡山の民間団体２か所の活動を紹介した。

　コロナ禍で住まいを失うおそれがある人の急増の中でこそ，居住権や住み続ける権利の本質を考えてほしい。そして人権としての居住権保障が実現するためにどのようなことが必要かを考え，行動してほしいと切に願う。

》》注

1）東京新聞「コロナで DV 相談件数が 1.6 倍に増加」2020 年 10 月 9 日。
https://www.tokyo-np.co.jp/article/60602（2021.1.14）

2）東京都福祉保健局生活福祉部生活支援課「住居喪失不安定就労者等の実態に関する調査報告書」2018 年 1 月。
https://www.metro.tokyo.lg.jp/tosei/hodohappyo/press/2018/01/26/documents/14_02.pdf（2021.1.14）

3）NHK「『住宅ローンが払えない』相談が急増 新型コロナ影響で」2020 年 4 月 29 日。
https://www3.nhk.or.jp/news/html/20200429/k10012409961000.html（2021.1.14）

4）生活保護問題対策全国会議「『コロナ災害を乗り越える いのちとくらしを守る何でも相談会』最終的な集計結果」。
http://seikatuhogotaisaku.blog.fc2.com/blog-entry-343.html（2021.1.14）

5）学説の動向については，山田晋「住宅保障と社会保障」日本社会保障法学会編『新・講座社会保障法 3 ナショナルミニマムの再構築』法律文化社 2012 年 pp. 293-310 が詳しい。

6）井上英夫（2012）『住み続ける権利：貧困，震災をこえて』新日本出版社 p. 137。

引用文献

- 井上英夫（2012）『住み続ける権利：貧困，震災をこえて』新日本出版社
- 稲葉剛，小川芳範，森川すいめい編（2018）『ハウジングファースト：住まいから始まる支援の可能性』山吹書店
- 片桐由喜（2020）「コロナ禍における居住危機とその支援策」『週刊社会保障』3090 号 pp. 250-251
- 早川和男（1980）『住居は人権である』文新社
- 早川和男（1997）『居住福祉』岩波新書
- 平山洋介（2017）「住宅セーフティネット法の改正をどう読むか」『国民経済』12 月号 pp. 11-13
- 平山洋介（2020）「住宅セーフティネット政策の位置と性質について」『季刊個人金融』2020 年冬号 pp. 14-23

参考文献

- 大本圭野（2006）『日本の居住政策と障害をもつ人』東信堂
- 稲葉剛，小林美穂子，和田靜香編（2020）『コロナ禍の東京を駆ける：緊急事態宣言下の困窮者支援日記』岩波書店

🔌 研究課題

1．居住権に関わる国際人権文書を確認し，日本に当てはめて考察してみよう。
2．住んでいる自治体で，居住支援活動を行っている民間団体はあるかを調べ，その現状と課題を説明してみよう。

15 総合福祉政策の形成

金川めぐみ

　本印刷教材の最終章として，講義全体を通じて福祉政策と人権という観点から学習したことを確認する。そしてこれらを踏まえ，福祉政策における人権保障を確立するための，今後の総合的かつ包括的な福祉政策形成の原理を明らかにするための論点を提示する。

《キーワード》　社会的投資国家，公正，脆弱性

1.　本印刷教材と福祉政策における人権

　第14章までの各章は，福祉政策の歴史的展開と人権保障の関係を踏まえつつ，特に2000年代以降の現代的な社会に対応した問題意識を持って書かれたものである。本章では福祉政策における人権課題としてどのような点が提起されていたかを，簡単にまとめておく。

(1)　福祉政策の基礎としての人権規定

　第1章で福祉政策と人権保障として，成熟化社会における福祉政策の論点と，わが国における人権理念の理論的基礎を確認した。前者については，社会保障制度における主体，社会保障制度におけるサービス需要のあり方，社会保障制度における資源制約の3点を概観した。後者においては，人権の概念を基礎に，自由権，社会権，法の下の平等を中心に，福祉政策の基礎としての憲法規定を確認してきた。

　これを踏まえ，生存権につき焦点を当てたのが第2章である。憲法25条における解釈論の展開および判例の動向を学修したが，特に読者には後半で述べられる生存権論の最先端としての福祉権の構想について，新しい知識を蓄えてほしい。生存権はその法的性格論の研究から始

まり，今やその基礎付けをめぐる多様な議論へと展開しつつある。

　同時に第 3 章では，地域福祉の問題について確認した。2000 年代以降の地域福祉の展開を，近年の地域共生社会の動向も踏まえ第 3 章では概観してきた。だが人々が地域社会で暮らすという重要な要素を持つ地域福祉が，その法的根拠が示されぬまま実施されているという課題も明らかになった。多様な人々が生活する社会を構成する地域福祉において，そうすると今後どのような人権基盤が意識されなければならないかについて，注視しておく必要があろう。

（2）働くことに関する人権と福祉政策

　第 4 章と第 5 章では，働くことと福祉政策，そして人権との関連を検討した章である。第 4 章では労働者保護と人権保障として，働き方改革の動向を確認した上，長時間労働をめぐる政策について学修してきた。本章の内容とも関連するが，労働と生活を調和させるワーク・ライフ・バランスの視点も，介護や保育と関わる福祉政策の関連では重要な視点である。

　第 5 章では外国人労働者と福祉政策として，近年増加している外国人労働者についての受入状況を確認したうえ，外国人労働者の処遇における課題を提示する。第 3 章でみたように，多様な住民が生活する地域において，外国人労働者に対し労働や社会保障制度がいかなる処遇を行うのがこの社会の形として真に公正なのか，その点につき読者も，考察を深めていただきたい。

　人権視点から市場を捉えなおすとき，「貧困」の問題があらためて浮き彫りになる。第 8 章は貧困や生活困窮および福祉政策について論じたものである。ここでは日本における生活保護および生活困窮者支援における権利保障の到達点を確認してきた。複合的不利を踏まえた柔軟な就労支援をいかに構築するか，そして生活保護世帯における大学進学をめぐり，制度は改善されてきたものの対応しきれない課題が残る点が指摘された。

（3）固有の人権保障を意識した福祉政策

　第6章では，障害のある人の保障の歴史的展開を確認した。ここでは憲法上当然に保障されるべき権利が保障されていない点を克服する歴史があったと結論づけられる。そして障害のある人が人権を侵害されやすい状況であることを理解し，固有の人権保障をさらに重視していく流れであった。このような流れにおける国際的な潮流からみた障害者の人権保障は能力主義の否定を出発点としていたが，日本における障害者福祉政策は逆に能力主義を前提としての出発である。これらを踏まえ第6章は，障害のある人が地域で暮らす権利とケア保障を確保するための論点を提起する。

　第7章のハンセン病医療政策や旧優生保護法被害訴訟をみると，まさに憲法上保障されるべき権利が実際には保障されていない点が論議となった。彼らに対してどのような人権侵害がなされたか，そしてなぜそのような状況が放置されることになったのか，第7章を学修することで読者にはその問題に向き合ってほしい。

（4）高齢者と社会福祉における人権

　第9章では，介護における人権と福祉政策について学修した。介護保険制度創設の背景を確認した上，保険料を負担することが難しい低所得被保険者への対応，そして人手不足に陥る介護労働者に対する政策の2点が人権課題として示された。介護人材をいかに安定的に供給することができるかは，超高齢社会における重要な政策課題であるものの，それは介護労働者の適切な労働条件整備と処遇改善を重視しながら実施されるべきであろう。

（5）複合領域との対話/複合的課題を抱えた主体における人権

　複合領域の対話という点で，第10，11，12章は刑事政策と福祉政策がどのように連携して政策実施すべきかという点が提示される。第10章では，罪を犯した未成年者，障害者，高齢者等，社会的に弱い立場にある者に対し，司法アプローチと福祉アプローチがいかに連携していく

べきかが示された。第 11 章は，罪を犯した者の社会復帰に向けた福祉的実践とその課題，そして事件の被害に遭った者やその家族への福祉的実践について検討され，後者の事件の被害者やその家族に対する支援は，これまでの社会福祉領域では等閑視されてきたとの指摘があった。

　さらに第 12 章では，数ある依存症の中でも刑事政策に関連の深い薬物依存症に焦点を当て，その捉え方と対応の変化について示される。薬物依存症者に対する医療的支援や福祉的支援が不可欠であるという点がいまや共通理解となっており，この分野における福祉専門職への期待も高まっているのである。

　第 13 章は，教育政策との対話である。教育支援制度を題材に，制度の現状と教育を受ける権利と福祉政策との関連を学修した。教育と福祉の連携という内容が持つ枠組みと課題を適切に理解しつつ，今後の両者の政策の対話がいかに行われるべきかが検討される必要がある。

　複合的課題を抱えた主体において，いまだ十分に議論されていない点が，第 14 章における住み続ける権利と福祉政策である。ここでは日本における住宅政策の歴史的展開を俯瞰した後，住宅政策と福祉政策の不充分さによる弊害が描かれる。そして人権としての居住権を日本において再考する必要性が主張されるのである。放送教材はこの点につき，おかやま UFE の活動実践が紹介される。ぜひ合わせて聞いてほしい。

　これらの各章における人権課題について，読者はさらに自らの生活実践と学修とを関連させつつ，考察を深めていただきたい。本章ではさらに，各章では論じきれなかった福祉政策と人権における残された課題について提起しておこう。

　具体的には，①総合福祉政策の形成のために私たちは，今後どのような社会を構想すべきか，この点についていわゆる福祉国家レジームおよび社会的投資国家の観点から論点提起を行う。そして②各主体における人権課題をさらに深く考えるための福祉政策における法的人間像について，課題提起する。

264

2. 福祉国家レジーム，そして社会への投資議論

（1）福祉国家レジームと日本における"特殊性"

日本の福祉政策の今後の方向性を検討する際に，確認しておかなくてはならないのが福祉国家レジームにおける議論とそこでの日本の位置付けであろう。いわゆるエスピン・アンデルセン（G. Esping-Andersen）の福祉国家レジームが登場したのは，1990年代であり，そこでは類型として「自由主義レジーム」「保守主義レジーム」「社会民主主義レジーム」の3類型が提唱された（アンデルセン／岡澤・宮本2001：28）[1]。

アンデルセンが示した当初の福祉国家レジームでは，日本が上記どのレジームに属するかの記載はない。だがその後，日本語版での序文にてアンデルセン自身が，日本はいずれのクラスターに分類するのも困難なケースとしつつ，苦肉の策として日本を自由主義と保守主義の混合型と呼んだ[2]。

このような諸外国と比較してのある種の日本の特殊性は，他の点においても指摘される。例えば大沢真理は，子どもが生活する世帯の成人の貧困に着目した際，日本を含む国際比較ができる最新の年次である2012年または2014年について，世帯の成人数とその就業形態別にみた場合，諸外国と比較して特殊な点を3点，指摘する（大沢2018：178）。

図15-1がそれだが，日本の特徴は第1に，成人が1人（以下「ひとり親」と略称）で就業している場合の貧困率が最高である点が，諸外国と比較して特殊な点だと大沢は指摘する。

第2に，ひとり親のなかでも，就業している場合の方がひとり親で無業の場合より貧困率が高い。しかし諸外国ではひとり親で無業の場合のほうが貧困率が高い。大沢によると2009年には諸外国と同じく日本でも無業のひとり親のほうが貧困率が高かったものの，2012年に逆転している。

第3に，成人が2人以上いる世帯で，就業者が1人の場合と就業者が2人以上の場合で貧困率にほとんど差がない点である。これは大沢によ

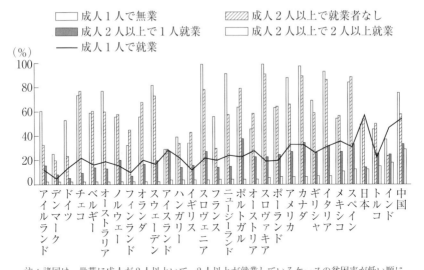

凡例：
- 成人 1 人で無業
- 成人 2 人以上で就業者なし
- 成人 2 人以上で 1 人就業
- 成人 2 人以上で 2 人以上就業
- 成人 1 人で就業

注：諸国は，世帯に成人が 2 人以上いて，2 人以上が就業しているケースの貧困率が低い順に左から配列されている。日本のデータは 2012 年が最新であり，他国は 2014 年の数値。
出典：OECD Family Database: CO2.2（http://www.oecd.org/eis/family/database.htm（2018年 1 月 18 日閲覧））より作成。

（出所：大沢 2017：178）

図 15 - 1　子どもがいる世帯の人口の貧困率，成人の数と就業形態別
　　　　（2012 年または 14 年）

ると 2 番目の稼ぎ手の貧困抑止効果が低いためとされる。

　これらの点は何を示すのか。日本のひとり親世帯は 2016 年の全国ひとり親世帯等調査によると 141 万 9 千世帯と推計され，うち 9 割近くの 123 万 2 千世帯が母子世帯である。特徴の第 1 および第 2 からは，日本ではひとり親，特に母子世帯の貧困が深刻であり，かつ働く母子家庭のほうが貧困率が高くなるというのは，その状態に対し税や社会保障政策がその解消に効果を発揮していないという結論になる。また特徴の第 3 において，2 番手の稼ぎ手の貧困抑止効果が低いという点から，男性と比較しての女性の低賃金の問題が示唆される。日本のこの特殊性から，福祉政策におけるジェンダーへの関心の薄さが見て取れる。

266

（2）ジェンダー/ケアを視野にいれた福祉レジーム

　前記の状況から今後の福祉政策の方向性を考えるにあたり，日本では特にジェンダーの視点の導入が不可欠であろう。だが先述のアンデルセンが提唱した当初の福祉国家レジームに対しては，ジェンダーの視点から，①家族の不可視性，②脱商品化について異議が唱えられた。

　アンデルセンは②の脱商品化の定義として「個人あるいは家族が，市場参加の有無にかかわらず，社会的に認められた一定水準の生活を維持することができるその程度」とし，具体的には労働能力のない者も含めて，あらゆる個人が労働市場への参加やそこでの労働パフォーマンスに関係なく，社会的に受容されている生活水準を享受できる状態とする。

　だがこの脱商品化論に対し，例えばジェーン・ルイスは，脱商品化論は労働力がすでに商品化されている男性労働者を前提にした議論であり，無償の家事労働から脱却して労働市場に参加することが課題である女性を埒外とし，ゆえに福祉国家と家族との関係が見えなくなっていると批判する。そのうえでルイスは，アンデルセンの類型論を市場労働だけでなく家庭内の無償労働も組み入れて検討し直し，各国の福祉国家が男性稼ぎ手モデルに依拠する度合いで整理した。ルイスが提示するのは①男性稼ぎ手モデル，②弱い男性稼ぎ手モデル，③修正された男性稼ぎ手モデル，の3類型であり，これは市場労働だけでなく家庭内の無償労働も視野に入れた上，福祉国家が「男性は稼ぎ手，女性はその被扶養者」という家族モデルにどの程度依拠しているかの観点から類型を試みたものである。なおアンデルセンはこの批判を受け，自説の福祉国家論を深化した「福祉レジーム論」を提唱し，「脱家族化（家族の福祉やケアに関する責任が，福祉国家からの給付ないしは市場からの供給によって緩和される程度）」の視点も組み入れたモデルを後年，提示した。このように福祉レジームにおいても，女性が主に担っている無償労働をどのような形で視点に反映させるかという点が論議されており，私たちは日本の社会が置かれている状態を考える際に，この点を常に意識せねばならないだろう。

（3）女性の「キャリア権」と男性の「ケアする権利」

三浦まりは，性別役割分担がいまだに強固に維持されている日本の現状下における今後の政策の方向性として，女性には「キャリア権」，男性には「ケアする権利」を戦略的に保障すべきであるとする（三浦2018：218）。ここでのキャリア権とは，職業生活において人的資本を形成し，それぞれの潜在的可能性を開かせる権利とされ，個人の主体性と自由意思に基づいて職業を選択する自由を保障することである。また「ケアする権利」の実現には，ケア責任を果たせるような生活時間が労働者に確保されることと，社会全体でケアの価値を高める動きが重要とされる。

そして三浦は，国際比較からみた日本の特色として，日本の制度設計は保育施策や育児休業をみても母親の職場復帰を早めるインセンティブに欠けており，また男性を「父親にする」ことを政策目標においていないと分析する（三浦2018：230）。つまり育児が母親の責任であることを前提にした制度設計であり，女性に対する就労支援は労働力としての女性の働き手が増えることのみが目標とされる半面，女性個人の人的資本形成が政策目標とされてきたわけではないとする（三浦2018：239）。それゆえ男性が「ケアする権利」も社会的に認識されていない状態におかれている。これらを踏まえ三浦は，今後の戦略的に重要な政策として育児休業のパパ・クオータ制度と保育士の待遇改善に着目する（三浦2018：243）。

（4）「社会的投資国家」の可能性

上記のようなジェンダーの変革も踏まえた今後の社会構築のあり方として，日本においても社会的投資国家の視点を導入すべきとの見解がある（三浦編2018）。ここでの社会的投資国家は，従来の福祉国家レジームからの変容概念として捉えられる。ここでいう社会的投資とは，福祉を「投資」と捉え，①一人ひとりが潜在能力を発揮できる条件を整え，個人がリスク回避する可能性を高め，②社会（とりわけ就労）への参加を促すことで，社会的排除や貧困の解消を目指すものである（三浦編

2018：vii）。そして具体的な政策として，さまざまな困難やケア責任を抱えた人々が就労できるような社会サービス（保育，介護，生活困窮者支援など）の提供，教育・訓練を通じた技能形成と適切な評価，すべての人の参加を可能にする多様な就労形態や場の形成，最低生活保障が柱となる。

　注意せねばならないのは，この議論においては社会的投資の部分の「社会」にこそ注目されるべきという点である。「投資」の部分のみに注目すると，それは見返りへの期待を肥大化させてしまい，見返りを計測しにくい政策の削減を逆に正当化してしまう（三浦 2018：viii）。そうあるべきではなく，社会的投資が福祉戦略として効果を発揮するために，見返りは個人だけでなく広く社会に還元されるものでなくてはならない。そのため高度人材への投資を強めるのと引きかえに生活保護などの補償を削減するのであれば，それは社会への投資を目指すものではない（三浦 2018：viii）。

　この意味で社会的投資国家の目指すところは，公正な社会の構築である。そのためには個人が一人で生きられるものではなく，社会とのつながりでその存在が認められることで尊厳が保たれ，そのつながりを構築するための社会関係資本を強化することが社会的投資国家として求められる。そして政府が人的資本と社会関係資本の双方に投資し強化をすることにより，リスクや災害に強い強靭な社会を形成し，個人の尊厳を守ることを目指すのが，社会的投資国家である（三浦 2018：viii-ix）。

　ヨーロッパ諸国ではすでにこの社会的投資国家の概念に基づく社会的投資戦略が注目されている。2015 年に欧州委員会と欧州社会政策ネットワークが連名で発表した『欧州における社会的投資――各国政策の研究　2015 年』では，①社会的投資戦略に基づいた政策が順調に実施されているグループ（フランス，オランダ），②就学前支援や子育て支援といった社会的投資とみなされる政策を部分的に導入しているが戦略としての体系取り組みを欠いているグループ（イギリス，スペイン，アイルランド），③社会的投資戦略がほぼ実施されていないグループ（東欧諸国など）に分類される（三浦 2018：23-24）。これらの動向を踏まえ，

日本でも社会的投資国家の視点を勘案しつつ，改めて今後の社会形成の
あり方を検討する必要があろう。

3. 福祉政策における法的人間像

（1）生活主体としての法的人間像

　本印刷教材の各章において福祉政策における各主体の人権課題を具体
的に検討してきた。終章では各主体の人権課題をさらに深く考えるため
に，施策形成の前提となる，福祉政策が想定するその人間像を確認して
おく。ここでは社会保障法学において論じられてきた法的人間像につい
て確認をしたうえ，論点提起を行うこととする。

　荒木誠之は社会保障法における法的人間像として，「生活主体」とい
う概念を提唱した（荒木 1983：57）。荒木は労働法がその法主体を「従
属労働における『労働力の担い手』としての労働者」としたのに対し，
社会保障法における法主体を「労働者に対する生活保障給付を，労働条
件保護の見地からではなく，労働関係の背後に展開される労働者の生活
人＝生活主体としての側面において規定する」と述べる（荒木 1983：
57）。そして社会保障の法主体を，生活を営む社会的実態としての人間，
職業的，機能的その他の要素を捨象した普遍的妥当性を持つ法的人間像
としたうえで，制度の理解がされるべきであるとする。社会保障制度に
おいていかなる人間像を想定するべきかの議論が存在しなかった当時，
この荒木論による生活主体としての法的人間像の提唱は，学問的にも大
きなインパクトを及ぼした。

（2）自律的人間像とその批判

　このような荒木による法的人間像の提唱の後，再び社会保障法学で法
的人間像が議論されたのは，菊池馨実による「自律的個人」としての法
的人間像が提唱されて以降である。

　菊地は，日本の社会保障制度を支えてきた基本理念としての生存権お
よび社会連帯の理念について意義を評価しつつ，ここでの「個人（国
民）が，積極的能動的な法主体というよりも，保護されるべき客体とし

て位置づけ得るものであった」と述べる（菊池2000：139）。そして「こ
れらの理念のみでは，社会保障法関係における本来的基礎的法主体であ
るはずの個人を適切に位置づけることができない」（菊池2000：139）と
した上で，「社会保障の根本目的が個人的自由の確保にあるという点に
着目」（菊池2000：140）し，社会保障の理念を再構築する必要性がある
とする。

　ここで菊池が述べる「個人的自由」とは「個人が人格的に自律した存
在として，主体的に自らの生を追求できること」（菊池2000：140）と定
義される。その上で社会保障の目的を「単に物質的ニーズの充足による
生活保障という物理的事象でとらえ切ってしまうのではなく，自立した
個人の主体的な生の追求による人格的利益の実現…のための条件整備と
とらえ」（菊池2000：140），「憲法との関係では13条に規範的根拠をお
く」（菊池2000：140）ものである，とする[3]。

　この自由を基礎に置いた法的人間像は，その意義を評価されるととも
に批判もある。例えば自己責任との関連でいえば，この「自律的個人」
像について堀勝洋は「自律・自立が強調されることにより過度に自己責
任が追及されることとならないか」（堀2006：304）と危惧する。

　さらに木下秀雄は，菊池が論じる従来の生存権を強調する見解に関す
るくだりの「そこでの個人（国民）とは，積極的能動的な権利義務主体
というよりも，『保護されるべき客体』として位置づけ」（菊池2000：
139）とした点を批判する。そして木下は「現代社会では市場経済への
『依存性』を緩和・調整するためにさまざまな形態と程度で『政府』が
介入・調整せざるをえなくなってい」るのに，「社会保障給付の活用の
場面だけを特に取り上げ」て「『政府の活動』に対する安易な依存を論
じるのは，こうした現代社会における政府の役割の意味から目をそら
す」と菊池の保護の客体との理解そのものを批判の俎上に置く（木下
2007：131）。

　そのうえで木下は「社会保障給付を利用する場合には，さまざまな形
で行政に対する要保障者の依存性・従属性が生じる余地があ」り，「要
保護者が主体的に，行政に対して自らの立場を『権利主張』という形で

主張することができるようにすることが，さまざまな社会的支援を受けるということによって生じる従属性・依存性からの脱出を可能にし，行政との『対等の立場』を構築することになる。」と「社会的支援を受ける事自体を前提として，自らの生活を構築する」点を「要保護者の権利の構造として把握」すべきと結論づける（木下 2007：132）。

　このように菊池は従来の生存権に基づく利用者像を保護の客体と理解するのに対し，木下は生存権に基づく権利主張を行うことにより，行政との対等な立場を構築することが可能になり，その試み自体が要保障者の主体性を確保・発展させるとの理解に立つ。このように社会保障制度における人間像をどのように解釈するかについては学問的論争がある。これらを踏まえ，読者も福祉政策の前提となる社会保障をめぐる法的人間像について学修を進めることを通じて，さらに福祉政策への理解を深めていってほしい。

（3）配慮および依存を前提とした法的人間像

　菊池が述べる自律的主体性を有する個人という視点も福祉政策には必要だが，この点に十分配慮しつつも，なお不利益な立場に置かれる権利主体に対しては，実質的な権利確立を目指しての具体的人間像を想定すべきだとの見解がある。

　例えば障害法分野において河野正輝は，障害者権利条約を起点としつつ，そこで想定される法的人間像として，抽象的な個人ではなく，機能障害と社会的障壁との相互作用により，社会に完全かつ効果的に参加することを妨げられている人であるとその人間像を措定する（河野 2020：82）。そしてそこで示される法原理は，従属的な劣位に置かれた人々に，その従属的劣位に挑戦する手段（すなわち差別禁止，合理的配慮の要求，および地域社会への包容を支援する社会権等）を付与することにより，すべての障害者をあらゆる人権および基本的自由の完全かつ平等な享有主体とする点にある。そして河野は，ここにおける法的人間像は，労働法における「従属的労働者」や，社会保障法における「生活主体」と異なり，「機能障害と社会的障壁の相互作用により社会に完全かつ効

果的に参加することを妨げられている障害者を含むもの」(河野 2020:
83) とし，従属的劣位におかれた存在の権利回復のための具体的人間像
に焦点を置いた点にその特徴がある。

　また河野は，障害者権利条約が自由権と社会権の混成を前提とした条
約であること（第1章参照）を根拠に，自由権と社会権の混成の要素を
含みその法的人間像を理解する重要性を主張する。伝統的な社会法が生
存権を基本原理として考えつつも，他方，自己決定など個人の尊厳の原
理が次第に尊重されてきたという流れと異なり，障害法における法的人
間像はあらゆる人権および基本的自由の完全かつ平等な享有を基本原理
として，自由権的側面と社会権的側面を分離せず，その一体的保障を目
的とすべきだと述べる。

　考えてみれば子育てや高齢者介護，障害者に対する介助に代表される
「ケア」の営みは，人生における一定の段階において誰しもが避けるこ
とのできない不可欠な依存である。私たちはこれらの依存や依存労働に
対する配慮こそを基準に，自らの社会を構築すべき (Kittay 1999) であ
る。そしてこの議論の背景には，人間の自立や自己決定を絶対的価値と
して捉え，依存状態を等閑視してきた，近代社会の構図がある。

　この点につきファインマン (M. A. Fineman) は，従来の西欧法の伝
統的な法主体を「リベラルな主体」と呼んだ上で，その「リベラルな主
体」は複数の社会的役割を担う能力のある，雇用主・被用者・配偶者・
消費者・製造業者・市民・納税者等の社会的アクターであり，それは
「責任主体としての個人」と「批判的で非介入な国家」という相補的な
イデオロギーにとって必要不可欠なものであるとした。

　しかしファインマンは，この「リベラルな主体」は，複雑な人間の状
況を単純化しすぎており，現在の私たちの生活実態にそぐわないとす
る。ファインマンはその点に関して，「人間とはどういうことか」とい
う問いの中心に「依存と脆弱性 (vulnerability)」を人間の本質に据え
ることこそが，人間の直面する複雑な現実を反映したものだとする。そ
してファインマンは，複雑化した現代社会における人間像を的確に提示
するためには，「脆弱な主体」である人間像こそ基礎におかれなければ

ならないと述べる。

　このように西欧法の伝統的な法主体の単純さを批判し，人間の本質を依存と脆弱性を基礎とした現実に置くべきとしたファインマンの議論は，福祉政策の法主体を考える際にも示唆に富む。人間は脆弱性を抱えるからこそ，社会とのつながりを意識しつつ，その状態を基礎に社会的な投資を受け自己を確立し自立（自律）していく。その意味で依存なしの自立はありえないし，公助や共助なしの自助はありえない。そして私たちはそのような人間の弱さを包摂する福祉政策をいかに構築すべきか，そのような方向性のあり方が問われているといえよう。

4. 総合福祉政策の形成に向けて

　この最終章ではまず，講義全体を通じて福祉政策と人権という観点から学習したことを確認した。福祉政策における具体的な人権課題を正確にかつ具体的に把握することこそが，私たちの社会におけるより公正な福祉政策の方向性を模索する第一歩となる。

　さらにこれらを踏まえ，社会福祉における人権保障を確立するための，今後の総合的かつ包括的な福祉政策形成の原理を明らかにするための論点を提示した。具体的には，総合福祉政策の形成のために私たちは，今後どのような社会を構想すべきか，という点において福祉国家レジームおよび社会的投資国家の観点から論点提起を行った。さらに，福祉政策における各主体における人権課題をより深く考えるために，社会保障法学で論じられてきた法的人間像について説明を行い，脆弱な主体を軸とした社会制度設計の構想が今こそ重要でないかという点を課題提起した。

　福祉政策と人権について，本教材では具体的な問題提起からその福祉政策を支える理念を含むものまで，多岐の論点を扱ったが，これらにつき読者の理解は深まっただろうか。人権は抽象的な概念ではない。日々の生活を生きる読者一人ひとりが，生活実践の中において福祉政策の具体的な人権課題を考え続けることこそが，人権課題の深化のために必要な営為なのである。

》 注

1)「自由主義レジーム」モデルに属する典型としては，アメリカ，カナダ，オーストラリアが挙げられる。これらの国では，ミーンズテスト付きの扶助，最低限の普遍主義的な所得移転，あるいは最低限の社会保険プランがみられ，給付の主な対象は低所得で，通常は労働者階級の，国家の福祉に依存的な層とされる。次に「保守主義レジーム」モデルに属する典型として，オーストラリア，フランス，ドイツ，イタリアをアンデルセンは挙げている。これらの国では社会権を広く保障していくものの，国家は職業的維持の格差を維持しており，再分配的な効果は後述の社会民主主義レジームほど高くない。補完性の原理に沿って，家族がその構成員にサービスを提供することができなくなった場合にのみ国家が介入する枠組みを取るとされる。最後の「社会民主主義レジーム」は，普遍主義の原理と社会権の脱商品化が新中間階級までその効果を及ぼしているような体制を言い，福祉国家は社会サービスに対して重い責任を負う。

2)しかしながらアンデルセンのこの分類についてはその意義とともに批判もある（アンデルセン/岡澤・宮本 2001 における訳者解説）。なお福祉レジームそのものについて詳しくは新川編 2015 を参照のこと。

3)この菊池の「自律的個人」を基礎においた人間像（以下，「自律基底的理論」とする）は，憲法学における憲法 13 条が保障する「個人の自律」を生存権の基礎に求める学説と親和性をもつものであり，日本国憲法がその 13 条をもってリベラリズムの思想を採用したと考えられることからこれらが主張される（菊池 2010：14）。

引用文献

・新川敏光編（2015）『福祉レジーム』ミネルヴァ書房
・荒木誠之（1983）『社会保障の法的構造』有斐閣（※本章では，荒木誠之（2011）『社会保障の法的構造（オンデマンド版）』有斐閣，のページ数を引用。）
・アンデルセン/岡澤憲芙・宮本太郎監訳（2001）『福祉資本主義の三つの世界　比較福祉国家の理論と動態』ミネルヴァ書房
・大沢真理（2018）「「社会への投資」としての貧困削減」三浦まり編『社会への投資　〈個人〉を支える〈つながり〉を築く』岩波書店
・河野正輝（2020）『障害法の基礎理論　新たな法理念の転換と構想』法律文化社
・菊池馨実（2000）『社会保障の法理念』有斐閣
・木下秀雄（2007）「「権利の体系としての社会保障」の意義」『法律時報』79 巻 8 号

・堀勝洋（2006）「社会保障と憲法に関する今日的課題」『季刊社会保障研究』41 巻 4 号
・三浦まり（2018）「変革のカギとしてのジェンダー平等とケア」三浦まり編『社会への投資　〈個人〉を支える〈つながり〉を築く』岩波書店

参考文献

・Kittay Eva Feder, 1999. *Love's Labor*：*Essays on Women, Equality and Dependency*, Routledge.（E. フェダー・キテイ/岡野八代・牟田和恵監訳（2010）『愛の労働あるいは依存とケアの正義論』白澤社）
・Fineman, Martha Albertson, 2004. *the Autonomy Myth: a Theory of Dependency*, New Press（穐田信子・速水葉子訳（2009）『ケアの絆：自律神話を超えて』岩波書店）
・三浦まり編『社会への投資　〈個人〉を支える〈つながり〉を築く』岩波書店

🔋 研究課題

1．直近 5 年間までの厚生労働白書を確認し，現在の日本の福祉政策が有する課題についてまとめてみよう。
2．「ケアを必要とする人」や「ケアを必要とする人をケアする人」に対して，貴方の関係する自治体ではどのような支援施策が行われているかを確認してみよう。

276

索 引

●配列は五十音順。欧文は A，B，C 順。＊は人名を表す。

分担執筆者紹介

（執筆の章順）

藤澤　宏樹（ふじさわ・ひろき）

執筆章→2・8・13

1993 年	立命館大学法学部卒業
1998 年	金沢大学大学院社会環境科学研究科博士課程単位取得
2013 年	博士（法学）
現在	大阪経済大学経営学部教授
専攻	憲法，社会保障法，教育法

主な著書　社会保障裁判研究（分担執筆　ミネルヴァ書房）
　　　　　福祉権保障の現代的展開（分担執筆　日本評論社）
　　　　　新・社会保障法講座 3　ナショナルミニマムの再構築（分
　　　　　担執筆　法律文化社）
　　　　　学校から見える子どもの貧困（分担執筆　大月書店）

根岸　忠（ねぎし・ただし）

執筆章→4・5・9

2007 年	上智大学大学院法学研究科博士後期課程単位取得
学位	修士（法学）
現在	高知県立大学文化学部准教授
専攻	労働法、社会保障法、日台比較法
主な著書	アジア労働法入門（分担執筆　晃洋書房）

　　　　　基礎から学ぶ労働法 II（分担執筆　エイデル研究所）
　　　　　トピック社会保障法（分担執筆　不磨書房）
　　　　　変わる福祉社会の論点（共編著　信山社）
　　　　　家族法と社会保障法の交錯（分担執筆　信山社）
　　　　　台湾を知るための 72 章（分担執筆　明石書店）

鈴木　靜 (すずき・しずか)

執筆章→6・7・14

1994 年	福島大学行政社会学部卒業
1996 年	福島大学大学院地域政策科学研究科修了
2001 年	金沢大学大学院社会科学研究科（博士課程）単位取得
現在	愛媛大学法文学部教授
専攻	社会保障法
主な著書	新・初めての社会保障論（分担執筆　法律文化社）
	社会保障裁判研究（共著　ミネルヴァ書房）
	いのちを選ばないで：やまゆり園事件が問う優生思想と人権（分担執筆　大月書店）
	社会保障レボリューション：いのちの砦・社会保障裁判（分担執筆　高菅出版）
	人権としての社会保障（共著　法律文化社）

深谷　裕 (ふかや・ひろい)

執筆章→10・11・12

1998 年	立教大学文学部心理学科卒業
2009 年	早稲田大学大学院社会科学研究科博士後期課程単位取得
2013 年	博士（学術）
現在	北九州市立大学地域戦略研究所教授
専攻	司法福祉，精神保健福祉
主な著書	触法精神障害者をめぐる実証的考察：責任主体としての家族（単著　日本評論社）
	加害者家族のライフストーリー：日常性の喪失と再構築（単著　法律文化社）
	不安解消！出所者支援：わたしたちにできること（分担執筆　旬報社）
	出所者支援ハンドブック：刑事司法ソーシャルワークを実践する（分担執筆　旬報社）

編著者紹介

金川　めぐみ（かながわ・めぐみ）

執筆章→1・3・15

1995 年	早稲田大学社会科学部卒業
2001 年	早稲田大学大学院社会科学研究科博士後期課程単位取得
2021 年	龍谷大学大学院法学研究科博士後期課程修了
2021 年	博士（法学）
現在	和歌山大学経済学部教授
専攻	社会保障法学、福祉法政策
主な著書	新・初めての社会福祉論（分担執筆　法律文化社）
	社会保障裁判研究（分担執筆　ミネルヴァ書房）
	福祉社会へのアプローチ（上・下巻　共編著　成文堂）
	社会保険の考え方　法的理解と実務の論点（共著　ミネルヴァ書房）
	社会保障法のプロブレマティーク（共編著　法律文化社）
	社会保障法解体新書（分担執筆　法律文化社）
	チャレンジ現代社会と福祉（共編著　法律文化社）
	医療・福祉を学ぶ人のための法学入門（分担執筆　法律文化社）
	新・初めての人権（分担執筆　法律文化社）
	若者の雇用・社会保障（分担執筆　日本評論社）

放送大学大学院教材　8911053-1-2211（ラジオ）

福祉政策と人権

発　行　　2022 年 3 月 20 日　第 1 刷

編著者　　金川めぐみ

発行所　　一般財団法人　放送大学教育振興会
　　　　　〒 105-0001　東京都港区虎ノ門 1-14-1　郵政福祉琴平ビル
　　　　　電話　03（3502）2750

Printed in Japan　ISBN978-4-595-14173-7　C1330